AS MICRO E PEQUENAS EMPRESAS E O SIMPLES NACIONAL

Tratamentos tributário, fiscal e comercial

Respeite o direito autoral

O GEN | Grupo Editorial Nacional – maior plataforma editorial brasileira no segmento científico, técnico e profissional – publica conteúdos nas áreas de ciências sociais aplicadas, exatas, humanas, jurídicas e da saúde, além de prover serviços direcionados à educação continuada e à preparação para concursos.

As editoras que integram o GEN, das mais respeitadas no mercado editorial, construíram catálogos inigualáveis, com obras decisivas para a formação acadêmica e o aperfeiçoamento de várias gerações de profissionais e estudantes, tendo se tornado sinônimo de qualidade e seriedade.

A missão do GEN e dos núcleos de conteúdo que o compõem é prover a melhor informação científica e distribuíla de maneira flexível e conveniente, a preços justos, gerando benefícios e servindo a autores, docentes, livreiros, funcionários, colaboradores e acionistas.

Nosso comportamento ético incondicional e nossa responsabilidade social e ambiental são reforçados pela natureza educacional de nossa atividade e dão sustentabilidade ao crescimento contínuo e à rentabilidade do grupo.

LÁUDIO Camargo Fabretti
DENISE Fabretti
DILENE Ramos Fabretti

AS MICRO E PEQUENAS EMPRESAS E O SIMPLES NACIONAL
Tratamentos tributário, fiscal e comercial

Os autores e a editora empenharam-se para citar adequadamente e dar o devido crédito a todos os detentores dos direitos autorais de qualquer material utilizado neste livro, dispondo-se a possíveis acertos caso, inadvertidamente, a identificação de algum deles tenha sido omitida.

Não é responsabilidade da editora nem dos autores a ocorrência de eventuais perdas ou danos a pessoas ou bens que tenham origem no uso desta publicação.

Apesar dos melhores esforços dos autores, do editor e dos revisores, é inevitável que surjam erros no texto. Assim, são bem-vindas as comunicações de usuários sobre correções ou sugestões referentes ao conteúdo ou ao nível pedagógico que auxiliem o aprimoramento de edições futuras. Os comentários dos leitores podem ser encaminhados à Editora Atlas Ltda. pelo e-mail faleconosco@grupogen.com.br.

Direitos exclusivos para a língua portuguesa
Copyright © 2019 by
Editora Atlas Ltda.
Uma editora integrante do GEN | Grupo Editorial Nacional

Reservados todos os direitos. É proibida a duplicação ou reprodução deste volume, no todo ou em parte, sob quaisquer formas ou por quaisquer meios (eletrônico, mecânico, gravação, fotocópia, distribuição na internet ou outros), sem permissão expressa da editora.

Rua Conselheiro Nébias, 1384
Campos Elísios, São Paulo, SP — CEP 01203-904
Tels.: 21-3543-0770/11-5080-0770
faleconosco@grupogen.com.br
www.grupogen.com.br

Designer de capa: Marcelo S. Brandão

Imagem de capa: Anna_de_la_Cruz

CIP – BRASIL. CATALOGAÇÃO NA FONTE.
SINDICATO NACIONAL DOS EDITORES DE LIVROS, RJ.

F12m
Fabretti, Láudio Camargo

As micro e pequenas empresas e o Simples Nacional: tratamentos tributário, fiscal e comercial / Láudio Camargo Fabretti, Denise Fabretti, Dilene Ramos Fabretti. – São Paulo: Atlas, 2019.

ISBN 978-85-97-01919-3

1. Simples (Imposto). 2. Pequenas e médias empresas - Impostos - Legislação - Brasil. 3. Direito tributário. I. Fabretti, Denise. II. Fabretti, Dilene Ramos. III.Título.

18-53415

CDU: 336.22(81)

Leandra Felix da Cruz - Bibliotecária - CRB-7/6135

PREFÁCIO

O objetivo deste livro é expor, de forma clara, didática e prática, segundo a lógica jurídica e econômica, a respeito da tributação nacional e das normas civis e empresariais aplicáveis às microempresas e empresas de pequeno porte (MPE), bem como ao MEI, instituídas pela Lei Complementar nº 123/06 (também denominada Lei Geral da MPE ou de Simples Nacional) e alteradas de acordo com as recentes mudanças introduzidas pela Lei Complementar nº 155/16, que criou uma nova forma de cálculo e apuração de valores para recolhimento dos tributos devidos pelos empreendimentos optantes pelo regime do Simples Nacional. Essa é a matéria de que se ocuparão os contadores, auditores, administradores e advogados.

Neste livro também serão brevemente abordados alguns aspectos referentes ao acesso ao crédito e ao mercado, ao associativismo, à tecnologia, à capitalização e ao estimulo à inovação.

A Lei Complementar nº 155/16 traz normas que se presumem positivas e outras negativas, no sentido de simplificar o tratamento favorecido para as MPE.

Simplifica, por exemplo, quando institui tabelas (anexos) próprias para o comércio, para a indústria e para a prestação de serviços; quando institui novo regime civil e empresarial para as MPE que aderirem ao Simples Nacional; quando institui normas que determinam a retenção do ISS no município onde o serviço for prestado, permitindo posterior desconto do ISS devido no município do estabelecimento do prestador, problema que tem atormentado os prestadores e abarrotado os tribunais.

Complica, por exemplo, quando instituiu o pagamento do INSS separado, para certos serviços discriminados na nova Lei Complementar, incidindo sobre a folha de salários, retiradas de pró-labore, acrescida dos encargos previdenciários e FGTS, para depois determinar a porcentagem que esse valor representa sobre a receita, a fim de se determinar qual a tabela aplicável às empresas prestadores de serviços; quando elimina uma alternativa de planejamento tributário, vedando a adesão ao Simples Nacional de alguns setores que não podem assumir a condição de MEI, embora tenham as mesmas características.

Em muitos casos, conforme a faixa de receita bruta e a atividade econômica, é preferível que esse contribuinte avalie a sua opção pelo Simples Nacional, comparando-a com o regime de apuração pelo lucro presumido ou até mesmo pelo lucro real, como será demonstrado, por meio de estudo e resolução de casos práticos.

Cabe ao Comitê Gestor da Tributação do Simples Nacional (CGSN), a quem o Decreto nº 6.038/07 deu competência, regulamentar a Lei Complementar nº 123/06, mediante Resoluções. Entre essas Resoluções, destaca-se a de nº 94/11, que tem conteúdo abrangente e aborda vários aspectos da tributação pelo regime do Simples Nacional.

Na Parte Geral serão apresentadas as noções fundamentais das legislações tributária, fiscal, civil e empresarial aplicáveis as MPE.

Na Parte Aplicada serão estudadas e analisadas as normas gerais do Simples Nacional, as diversas formas de cálculo dos tributos, segundo a atividade econômica (comércio, indústria, prestação de serviços, locação de bens móveis). Há normas especiais para a revenda de mercadorias sujeitas à substituição tributária ou com desconto do COFINS e para a exportação por meio de empresas comerciais exportadoras (trading companys) ou consórcios de exportação. Em cada capítulo referente à tributação do comércio, da indústria e dos serviços, serão demonstrados exemplos práticos.

São Paulo, outubro de 2018.

Os Autores

SUMÁRIO

PARTE GERAL
Noções Fundamentais da Legislação Tributária e Empresarial

1 Introdução ao Estudo da Legislação Tributária, 3
1.1 Fontes do Direito, 3
1.2 Fontes Principais do Direito, 4
    1.2.1 Lei, 4
        1.2.1.1 Constituição, 4
        1.2.1.2 Emendas à Constituição, 5
        1.2.1.3 Leis Complementares à Constituição, 6
        1.2.1.4 Leis Ordinárias, 8
        1.2.1.5 Medidas Provisórias (MP), 8
        1.2.1.6 Resolução do Senado, 9
        1.2.1.7 Leis Delegadas, 9
        1.2.1.8 Decreto Legislativo, 10
    1.2.2 Tratados e Convenções Internacionais, 10
1.3 Fontes Secundárias do Direito, 10
    1.3.1 Decreto Regulamentar, 10
    1.3.2 Normas Complementares das Leis, dos Tratados e dos Decretos, 11
    1.3.3 Jurisprudência, 11
    1.3.4 Usos e Costumes, 12
1.4 Vigência da Legislação Tributária, 12
1.5 Aplicação da Legislação Tributária, 13
1.6 Interpretação e Integração da Legislação Tributária, 14

2 Tributos, 18
2.1 Conceito, 18
2.2 Espécies de Tributo, 19
2.3 Impostos, 20
2.4 Taxas, 22
2.5 Contribuição de Melhoria, 22
2.6 Contribuições Federais, 23
    2.6.1 Contribuições Sociais, 24

2.6.2 Contribuição de Intervenção no Domínio Econômico (Cide), 25
2.6.3 Contribuição Provisória sobre Movimentação Financeira (CPMF), 26
2.7 Contribuições Municipais e do Distrito Federal, 27

3 Elementos do Tributo, 28
3.1 Elementos Fundamentais, 28
   3.1.1 Fato Gerador, 29
   3.1.2 Contribuinte ou Responsável, 31
   3.1.3 Base de Cálculo, 34
3.2 Elementos Complementares do Tributo, 35
   3.2.1 Alíquota, 35
   3.2.2 Adicional, 37
   3.2.3 Prazo de Pagamento, 37

4 Princípios Constitucionais Tributários, 39
4.1 Princípio da Legalidade, 39
4.2 Isonomia Tributária, 40
4.3 Irretroatividade Tributária, 41
4.4 Anterioridade , 42
   4.4.1 Exceções, 43
4.5 Do Esclarecimento do Consumidor, 44
4.6 Da Reserva de Lei para Anistia, 44
4.7 Da Reserva de Lei Complementar, 45

5 Renúncia Fiscal, 48
5.1 Isenção, 49
5.2 Imunidade Tributária, 50
   5.2.1 Imunidade do IPI, 52
   5.2.2 Imunidades do ICMS, 52
   5.2.3 Imunidade do ISS, 53
5.3 Não Incidência, 53
5.4 Incentivos Fiscais, 54
5.5 Redução de Alíquota ou Base de Cálculo, 55
5.6 Anistia de Créditos Tributários, 56
5.7 Parcelamento do Crédito Tributário, 56
   5.7.1 Consequências da Adesão ao Parcelamento do Crédito Tributário, 57

PARTE APLICADA

6 Noções Elementares de Legislação Empresarial, 61
6.1 Ato e Negócio Jurídico, 61
   6.1.1 Fato Jurídico, 62
   6.1.2 Ato Jurídico, 63
   6.1.3 Negócio Jurídico, 64
   6.1.4 Contrato, 65
6.2 Sociedade, 66

7 Empresário, Empresa e Sociedades Empresária e Simples, 68
7.1 Empresário, 68
    7.1.1 Empresário Estabelecido com Firma Individual, 70
    7.1.2 Empresário Rural, 72
    7.1.3 Microempreendedor Individual – MEI, 74
7.2 Capacidade, 75
7.3 Empresa, 76
7.4 Sociedade Empresária, 77
7.5 Sociedade Simples, 77
    7.5.1 Conceito, 77
    7.5.2 Responsabilidade dos Sócios, 79
7.6 Cláusulas Específicas dos Contratos de Sociedades, 80
    7.6.1 Sociedade Simples, 80
        7.6.1.1 Sociedades Empresárias Prestadoras de Serviços, 81
    7.6.2 Sociedade Limitada, 81
    7.6.3 Contrato Social de Sociedade Limitada, 83
    7.6.4 Responsabilidade dos Sócios, 84
    7.6.5 Quotas de Capital Social, 86
        7.6.5.1 Administração, 87
    7.6.6 Conselho Fiscal, 89
    7.6.7 Deliberações dos Sócios, 90
    7.6.8 Direito de Retirada, 92
    7.6.9 Dissolução de Sociedade, 92
        7.6.9.1 Dissolução Total, 93
        7.6.9.2 Dissolução Parcial, 94
7.7 Investidores Não Sócios de PJ, 94
7.8 Sociedade de Propósito Específico, 97

8 Escrituração, 100
8.1 Dever de Escriturar, 100
8.2 Valor Probante da Escrituração, 104
    8.2.1 A Importância da Escrituração como Meio de Prova Extrajudicial e Judicial, 106

9 Normas Civis, Empresariais e Fiscalizatórias para as MPEs, 113
9.1 Normas Civis e Empresariais, 113
    9.1.1 Nome Empresarial, 116
9.2 Protesto de Títulos, 117
    9.2.1 Títulos de Crédito e Cheque, 118
        9.2.1.1 Duplicata Mercantil, 118
        9.2.1.2 Nota Promissória, 122
        9.2.1.3 Cheque, 123
9.3 Recuperação Judicial para as MPEs, 124
9.4 Normas Fiscalizatórias, 126

9.4.1 Fiscalização Tributária, 126
9.4.1.1 Omissão de Informações, 130
9.4.2 Processo Administrativo Fiscal, 131
9.4.3 Processo Judicial, 132
9.4.4 Exclusão do Regime do Simples Nacional, 132
9.5 Obrigações Fiscais Acessórias, 134
9.6 Regime Trabalhista e Previdenciário das MPEs, 135
9.6.1 Dispensa de Obrigações Acessórias, 135
9.6.2 Normas de Fiscalização, 138
9.7 Outras Disposições, 139
9.7.1 Do Acesso aos Mercados, 139
9.7.1.1 Aquisições Públicas, 139
9.7.1.2 Acesso ao Mercado Externo, 141
9.8 Estímulo ao Crédito e à Capitalização, 141
9.9 Associativismo, 142
9.10 Estímulo e Apoio à Inovação, 143
9.11 Apoio e Representação, 145

10 Simples Nacional – Regime Tributário das MPEs, 146
10.1 Legislação Anterior à LC nº 123/06, 146
10.2 Lei Complementar nº 123/06, 147
10.3 Definição de ME e EPP, 147
10.4 Definição de Receita Bruta, 148
10.4.1 Cálculo do Limite de Receita Bruta no Início das Atividades e Excesso de Receita da EPP, 150
10.5 Vedações de Ingresso no Simples Nacional, 151
10.5.1 Vedações quanto à Atividade Exercida pela ME e EPP, 151
10.5.2 Vedações quanto à Estrutura Jurídica da Empresa, 153
10.5.3 Vedações quanto aos Sócios da Empresa, 154
10.5.4 Vedações quanto à Situação Fiscal, 157
10.5.4.1 Parcelamento para Ingresso, 161
10.5.5 Vedações Aplicáveis ao MEI, 162
10.6 Vedação de Apropriação de Créditos Tributários, 164
10.7 Tributos Abrangidos pelo Simples Nacional, 167
10.8 Normas para Cálculo dos Tributos, 169
10.8.1 Base de Cálculo, 169
10.8.1.1 Sublimites, 170
10.8.2 Alíquotas, 172
10.9 Excesso de Receita, 175
10.10 Distribuição de Lucros Isenta do IR, 176

11 Tributação do Comércio, 179
11.1 Introdução, 179
11.2 Empresa Estabelecida, 179

SUMÁRIO | **XI**

11.3 Empresa que Inicia sua Atividade no Próprio Ano-Calendário, 180
11.4 Segregação da Receita, 182
11.5 Norma Geral da Substituição Tributária, 182
11.6 Exportação, 183
    11.6.1 Introdução, 183
    11.6.2 Normas sobre Exportação da Lei Geral, 184
        11.6.2.1 Tributação na Exportação, 185
11.7 Exemplo Prático, 185

12 Tributação da Indústria, 189
12.1 Introdução, 189
12.2 Indústria com Atividade Durante o Ano-Calendário Anterior, 189
12.3 Indústria que Inicia sua Atividade no Próprio Ano-Calendário, 191
12.4 Indústria com Substituição Tributária apenas do IPI, 192
12.5 Indústria com Substituição Tributária do IPI e do ICMS, 194
12.6 Normas Gerais da Substituição Tributária, 194
12.7 Produtos Exportados, 196

13 Tributação dos Serviços, 198
13.1 Introdução, 198
13.2 Serviços Tributados na Forma do Anexo III, 199
    13.2.1 Determinação da Alíquota, 201
    13.2.2 Serviços do Anexo III com Retenção do ISS, 202
    13.2.3 Serviços de Locação de Bens Móveis, 203
13.3 Serviços Tributados na Forma do Anexo IV, 204
    13.3.1 Serviços Advocatícios e Demais Serviços de Profissão Regulamentada , 206
13.4 Serviços Tributados na Forma do Anexo V, 207
    13.4.1 Exceções dos Serviços Sujeitos à Tributação Prevista no Anexo V e no Anexo III, 208
13.5 Escritórios de Serviços Contábeis, 211
13.6 Prestação de Serviços de Comunicação e de Transporte Intermunicipais e Interestaduais de Cargas, 212
13.7 Serviços com Incidência Simultânea de IPI e ISS, 213
13.8 Serviços com Retenção Obrigatória do ISS na Fonte, 214
13.9 Caso Prático: Alternativa pelo Lucro Presumido, 215
13.10 Anexos da Lei Complementar nº 123/06 – Tributação de Serviços, 218

14 Microempreendedor Individual – MEI, 221
14.1 Características, 221
14.2 Impedimentos, 223
14.3 Desenquadramento , 223
14.4 Retiradas e Limites de Isenção do IRPF, 225
14.5 Outras Disposições, 225

XII | As Micro e Pequenas Empresas e o Simples Nacional • Fabretti

15 Alternativas Tributárias para as MPEs, 227

15.1 Introdução, 227

15.2 Normas Gerais, 227

    15.2.1 Período de Apuração, 228

    15.2.2 Fato Gerador do IR, 229

    15.2.3 Base de Cálculo, 231

    15.2.4 Contribuinte, 233

15.3 Lucro Real, 234

    15.3.1 Pessoas Jurídicas Obrigadas à Apuração do IR pelo Lucro Real, 234

    15.3.2 Base de Cálculo, 235

    15.3.3 Compensação de Prejuízos Fiscais, 236

    15.3.4 Custos e Despesas Operacionais – Limitações, 238

    15.3.5 Custos, 238

    15.3.6 Tributos e Multas, 239

    15.3.7 Outras Limitações, 241

        15.3.7.1 Perdas por Desfalque, Apropriação Indébita ou Furto, 241

        15.3.7.2 Pagamentos sem Causa ou a Beneficiário Não Identificado, 241

        15.3.7.3 Provisões, 242

        15.3.7.4 Arrendamento Mercantil e Aluguel, 242

        15.3.7.5 Custos e Despesas Gerais, 242

        15.3.7.6 Despesas com Alimentação, 242

        15.3.7.7 Contribuições Não Compulsórias, 243

        15.3.7.8 Doações, 243

        15.3.7.9 Brindes, 244

        15.3.7.10 Contribuições para a Previdência Privada e para o Fundo de Aposentadoria Programada Individual – FAPI, 244

    15.3.8 Estudo de Caso, 245

    15.3.9 Provisão para o IR, 247

15.4 Lucro Presumido, 247

    15.4.1 Introdução, 247

    15.4.2 Conceito de Lucro Presumido, 248

    15.4.3 Condições para Opção pelo Lucro Presumido, 248

    15.4.4 Percentuais de Presunção, 249

    15.4.5 Apuração do Resultado Trimestral, 249

15.5 Distribuição de Lucros Isenta, 251

PARTE GERAL

NOÇÕES FUNDAMENTAIS DA LEGISLAÇÃO TRIBUTÁRIA E EMPRESARIAL

1

INTRODUÇÃO AO ESTUDO DA LEGISLAÇÃO TRIBUTÁRIA

1.1 FONTES DO DIREITO

Em Ciência do Direito, fonte tem o sentido de origem, proveniência, lugar de onde emanam as normas e os princípios jurídicos. Fontes principais são aquelas que podem inovar na ordem jurídica, vale dizer, podem criar, modificar ou extinguir preceitos legais. Fontes secundárias são as que não podem inovar na ordem jurídica: sua função é esclarecer, interpretar ou dar detalhes de aplicação relativos às disposições das fontes principais. São fontes principais: a Lei e os Tratados e Convenções Internacionais; são fontes secundárias: a regulamentação, a jurisprudência e o costume.

Para poder interpretar corretamente o Direito Tributário, é necessário estudar a hierarquia que existe entre as leis e tratados e convenções internacionais e os decretos e as normas complementares. Ou seja, estudar as fontes do Direito.

Só assim poderemos interpretar, entre comandos contraditórios de Medida Provisória (MP), Portaria, Instrução Normativa (IN), Convênios etc., qual a regra correta e aplicá-la nos exatos termos da lei.

O Código Tributário Nacional (CTN), ao definir as normas gerais como normas gerais de Direito Tributário, dispõe em seu art. 96:

> Art. 96. A expressão "legislação tributária" compreende as leis, os tratados e as convenções internacionais, os decretos e as normas complementares que versem, no todo ou em parte, sobre tributos e relações jurídicas a eles pertinentes.

1.2 FONTES PRINCIPAIS DO DIREITO

1.2.1 Lei

Lei é norma jurídica emanada do poder competente. As leis, no sentido jurídico e político do termo, só podem ser elaboradas e promulgadas pelo Poder Legislativo. O principal fundamento do Estado Democrático de Direito é a tripartição dos poderes em Legislativo, Executivo e Judiciário.

Ao Legislativo, e somente a ele, cabe elaborar e promulgar a Lei; ao Executivo cabe administrar o Estado, de acordo com os poderes que lhe são conferidos por lei; ao Judiciário cabe julgar as demandas que lhe são apresentadas, aplicando a lei ao caso concreto, e decidir qual a interpretação correta e a causa.

São leis:

1.2.1.1 Constituição

A Constituição é a lei básica, fundamental do Estado de Direito. Ela o constitui e lhe dá estrutura. Define poderes e competências. Traça as diretrizes políticas, sociais e econômicas por ele adotadas. Estabelece os princípios e as normas jurídicas que vão organizar e sistematizar o comportamento social, de tal sorte que o encaminhe para a consecução dos fins a que se propõe.

No que concerne ao nosso estudo, podemos destacar na Constituição Federal (CF): os princípios, as normas definidoras e as sistematizadoras.

Princípios são as diretrizes fundamentais do Estado de Direito e se sobrepõem a todas as normas que a eles devem se submeter.

Enumerá-los todos deveria ser, na prática, reproduzir todo o texto constitucional. Os princípios são o conteúdo básico das Constituições bem elaboradas que não entram em detalhes, que ficam para a legislação infraconstitucional seguindo a velha máxima do Direito Romano: *de minimis non curat lege* (a lei não cuida dos detalhes mínimos). Não é o caso da nossa Constituição, emendada e remendada para atender de forma casuística às dificuldades de caixa dos nossos governantes.

A título de ilustração, citaremos apenas alguns capítulos que englobam princípios próprios, por exemplo:

- Direitos e garantias individuais e coletivos – arts. 5º a 11.
- Limitações ao poder de tributar – arts. 150 a 152.

Normas definidoras e sistematizadoras são as que tornam aplicável, segundo a lógica jurídica, um grupo de normas relativas a determinado tipo de atividade.

Por exemplo:

- Os arts. 145 a 162 organizam o Sistema Tributário Nacional. Neles estão definidos os tributos adotados pelo nosso direito positivo; distribuídas as competências tributárias da União, dos Estados, dos Municípios e do Distrito Federal; estabelecidas as limitações ao poder de tributar etc.
- Os arts. 194 a 204 dispõem sobre a Seguridade Social. Neles estão definidas as formas do seu financiamento por toda a sociedade; os planos de previdência social; de aposentadoria; a prestação dos serviços de saúde e de assistência social.
- Os arts. 170 a 181 dispõem sobre os Princípios Gerais da Atividade Econômica. Neles estão definidos como princípios: a função social da propriedade, o tratamento favorecido para as empresas de pequeno porte, a livre-iniciativa, a defesa do consumidor etc.

1.2.1.2 *Emendas à Constituição*

Têm como função modificar parte da Constituição. Sua natureza jurídica é a de norma constitucional. Seu processo legislativo está previsto no art. 60 da CF. Não podem, entretanto, nem ser deliberadas propostas de emenda constitucional (EC) sobre as chamadas cláusulas pétreas:[1]

> Art. 60:
>
> [...]
>
> § 4° Não será objeto de deliberação a proposta de emenda tendente a abolir:
>
> I – a forma federativa de Estado;
>
> II – o voto direto, secreto, universal e periódico;
>
> III – a separação dos Poderes;
>
> IV – os direitos e garantias individuais.

A Proposta de Emenda Constitucional (PEC) deve ser discutida em cada Casa do Congresso Nacional (Câmara dos Deputados e Senado), em dois turnos, e somente será aprovada se obtiver em ambos 3/5 (três quintos) dos votos dos respectivos membros.

---

[1] Cláusulas permanentes da Constituição Federal que não podem ser alteradas por emenda constitucional. Para modificá-las é necessária a criação de uma nova Constituição por meio de Assembleia Nacional Constituinte.

1.2.1.3 Leis Complementares à Constituição

Têm como função complementar dispositivos da Constituição que, por sua complexidade, são enunciados de maneira genérica para, depois de estudados e debatidos, serem complementados por lei especial. Devem ser aprovadas por maioria absoluta (art. 69 da CF).

As leis complementares têm caráter nacional, isto é, sobrepõem-se às leis ordinárias (federais, estaduais e municipais).

Exemplo marcante de lei complementar é o Código Tributário Nacional (Lei nº 5.172/66), que define as normas gerais de Direito Tributário.

A CF distribui a competência Tributária da União, dos Estados, do Distrito Federal e dos Municípios, e diz quais os impostos que cada ente da federação pode instituir, mas remete à lei complementar o poder de definir os tributos e suas espécies, fato gerador, base de cálculo, estabelecer normas gerais em matéria de legislação tributária etc.

> Art. 146. Cabe à lei complementar:
>
> I – dispor sobre conflitos de competência, em matéria tributária, entre a União, os Estados, o Distrito Federal e os Municípios;
>
> II – regular as limitações constitucionais ao poder de tributar;
>
> III – estabelecer normas gerais em matéria de legislação tributária, especialmente sobre:
>
> a) definição de tributos e de suas espécies, bem como, em relação aos impostos discriminados nesta Constituição, a dos respectivos fatos geradores, bases de cálculo e contribuintes;
>
> b) obrigação, lançamento, crédito, prescrição e decadência tributários;
>
> c) adequado tratamento tributário ao ato cooperativo praticado pelas sociedades cooperativas.
>
> d) definição de tratamento diferenciado e favorecido para as microempresas e para as empresas de pequeno porte, inclusive regimes especiais ou simplificados no caso do imposto previsto no art. 155, II, das contribuições previstas no art. 195, I e §§ 12 e 13, e da contribuição a que se refere o art. 239. *(Incluído pela Emenda Constitucional nº 42, de 19.12.2003)*
>
> Parágrafo único. A lei complementar de que trata o inciso III, *d*, também poderá instituir um regime único de arrecadação dos impostos e contribuições da União, dos Estados, do Distrito Federal e dos Municípios, observado que: *(Incluído pela Emenda Constitucional nº 42, de 19.12.2003)*

PARTE GERAL • Cap. 1 • INTRODUÇÃO AO ESTUDO DA LEGISLAÇÃO TRIBUTÁRIA | **7**

> I – será opcional para o contribuinte; *(Incluído pela Emenda Constitucional n° 42, de 19.12.2003)*
>
> II – poderão ser estabelecidas condições de enquadramento diferenciadas por Estado; *(Incluído pela Emenda Constitucional n° 42, de 19.12.2003)*
>
> III – o recolhimento será unificado e centralizado e a distribuição da parcela de recursos pertencentes aos respectivos entes federados será imediata, vedada qualquer retenção ou condicionamento; *(Incluído pela Emenda Constitucional n° 42, de 19.12.2003)*
>
> IV – a arrecadação, a fiscalização e a cobrança poderão ser compartilhadas pelos entes federados, adotado cadastro nacional único de contribuintes. *(Incluído pela Emenda Constitucional n° 42, de 19.12.2003)*
>
> Art. 146-A. Lei complementar poderá estabelecer critérios especiais de tributação, com o objetivo de prevenir desequilíbrios da concorrência, sem prejuízo da competência de a União, por lei, estabelecer normas de igual objetivo. *(Incluído pela Emenda Constitucional n° 42, de 19.12.2003)*

Assim, o Código Tributário Nacional (Lei n° 5.172/66) é nossa principal lei complementar em matéria tributária.

Definida a competência tributária, cada ente federativo instituirá, por lei ordinária, seus impostos. Por exemplo: União – IR, IPI, IOF etc.; Estado – ICMS, IPVA etc.; Município – ISS, IPTU etc.

A lei ordinária que institui esses impostos se submete às normas gerais do CTN, que define o fato gerador, a base de cálculo, o contribuinte e as normas gerais de Direito Tributário.

Exemplificando: o Imposto sobre a Renda e Proventos de Qualquer Natureza (IR), embora seja um imposto da União, legislado por lei federal, tem definidos pelo CTN o fato gerador (art. 43), a base de cálculo (art. 44) e o contribuinte (art. 45), bem como se submete às demais normas gerais de Direito Tributário. Por exemplo: vigência, aplicação, interpretação e integração da legislação tributária; modalidade de extinção do crédito tributário (pagamento, decadência, prescrição etc.); administração tributária etc.

Em relação ao Simples Nacional, a Lei Complementar n° 123/06 é a fonte principal que estatuiu o regime de tributação simplificada para Microempreendedor Individual (MEI), Microempresa (ME) e Empresa de Pequeno Porte

(EPP). Essa lei estabelece um regime único de tributação especial para empresas e empresários que se enquadrarem nas condições estabelecidas por ela.

1.2.1.4 Leis Ordinárias

São as leis comuns federais, estaduais e municipais.

Não existe qualquer tipo de hierarquia entre elas, ou seja, a lei federal não vale mais que a estadual, nem esta mais que a municipal e vice-versa.

O processo legislativo da lei ordinária está disciplinado no art. 61 da CF/88.

São leis próprias de cada ente da federação, e suas normas valem apenas dentro dos limites de sua competência e do seu território.

Por exemplo, a Lei nº 6.374/89 instituiu o ICMS no Estado de São Paulo, obedecidos os princípios e normas da CF e do CTN.

Ressalte-se que a Constituição Federal (art. 22) dá competência privativa à União para legislar, por lei especial federal, sobre determinadas matérias, como: Direito Civil, Comercial, Penal, Processual, do Trabalho, Previdenciário, de Defesa do Consumidor etc.

Por exemplo, o Código Civil foi instituído pela Lei Federal nº 10.406, de 10-1-2002. É uma das leis especiais, prevista no art. 22 da CF, de caráter nacional.

A relação completa das matérias cuja legislação é privativa da União e que são disciplinadas por lei federal está no art. 22, incisos I a XXIX, da CF.

1.2.1.5 Medidas Provisórias (MP)

O art. 62 da CF, com a nova redação dada pela EC nº 32, dispõe que, em casos de relevância e urgência, o Presidente da República poderá adotar medidas provisórias, com força de lei, devendo submetê-las de imediato ao Congresso Nacional.

O § 1º desse artigo proíbe a edição de medidas provisórias sobre diversas matérias, nele discriminadas. Destacamos duas que mais interessam a esse nosso estudo:

a) É vedada a edição de MP que verse sobre matéria reservada à lei complementar (inciso III).

b) MP que implique a instituição ou majoração de impostos, exceto os previstos nos arts. 153, I, II, IV, V e 154, II, só produzirá efeitos no exercício seguinte, se houver sido convertida em lei até o último dia útil daquele em que for editada.

A partir da promulgação da EC nº 32/01, as medidas provisórias perderão sua eficácia, se não forem convertidas em lei, no prazo de 60 dias prorrogável por

PARTE GERAL • Cap. 1 • INTRODUÇÃO AO ESTUDO DA LEGISLAÇÃO TRIBUTÁRIA | **9**

igual período de tempo, uma única vez, devendo o Congresso Nacional disciplinar, por decreto legislativo, as relações jurídicas dela decorrentes.

A medida provisória, a rigor, não pode ser qualificada como lei, pela simples e boa razão jurídica de que é editada pelo Presidente da República, chefe do Executivo.

Ela tem força provisória de lei, mas limitada ao prazo de 60 dias, para ser convertida em lei federal, prazo esse prorrogável por mais 60 dias.

O § 2º do art. 62, com a nova redação dada pela EC nº 32/01, dispõe que:

> § 2º Medida Provisória que implique instituição ou majoração de impostos, exceto os previstos nos arts. 153, I, II, IV, V, e 154, II, só produzirá efeitos no exercício financeiro seguinte se houver sido convertida em lei até o último dia daquele em que foi editada.

Esse § 2º ressalta o fato de que a Medida Provisória não é lei, no sentido estrito e rigorosamente científico da definição de lei. É, como o nome já indica, apenas um ato normativo, expedido pelo Executivo, com força provisória de lei.

1.2.1.6 Resolução do Senado

O Senado tem competência para, por meio de resoluções, legislar sobre assuntos definidos na CF, por exemplo:

a) Quando o STF julga determinada norma jurídica inconstitucional, como órgão do Judiciário, não tem poder para retirá-la do ordenamento jurídico, tarefa que cabe exclusivamente ao Poder Legislativo. Portanto, o STF deve remeter essa decisão ao Senado para que este, por meio de resolução, retire-a do ordenamento jurídico.

b) A CF dá ao Senado o poder de dispor com exclusividade sobre determinadas matérias tributárias, como:

b.1) fixar, por meio de lei complementar, as alíquotas aplicáveis às operações interestaduais ou de exportação (art. 155, § 2º, IV, da CF);

b.2) fixar as alíquotas máximas do ITCMD (art. 155, § 1º, IV, da CF).

1.2.1.7 Leis Delegadas

São leis elaboradas pelo Presidente da República, sobre determinadas matérias, por autorização (delegação) do Congresso Nacional (art. 68).

Embora haja previsão constitucional, não é adotada na prática pela política brasileira.

1.2.1.8 Decreto Legislativo

Tem por função promulgar lei que não dependa de sanção do Executivo. Exemplo: aprovação de tratados e convenções internacionais celebrados pelo Presidente da República.

Também é usado para promulgar lei que, vetada total ou parcialmente pelo Executivo, retorna ao Legislativo e, se este derrubar o veto presidencial, a promulgará, na forma original, por meio do decreto-legislativo.

1.2.2 Tratados e Convenções Internacionais

São acordos celebrados pelos Executivos de dois Estados soberanos que, para vigorarem em seus territórios, devem ser aprovados pelos respectivos Legislativos. Só podem ser aprovados ou rejeitados na sua totalidade, não sendo admissíveis emendas ou vetos parciais.

1.3 FONTES SECUNDÁRIAS DO DIREITO

São as que não podem inovar na ordem jurídica. Sua função é a de interpretar a lei ou dar detalhes para sua aplicação prática.

São, respectivamente:

1.3.1 Decreto Regulamentar

São normas jurídicas elaboradas e promulgadas pelo Executivo. Não podem ir além do que já fora estabelecido pela lei ou pelos tratados e convenções internacionais. Limita-se a dar detalhes de aplicação prática, ou, ainda, reunir e consolidar, num único texto legal, a legislação esparsa sobre determinado tributo, que se acumulou durante longo período de tempo, eliminando o que foi revogado; dando a redação atualizada ao que foi alterado; classificando as normas vigentes por assuntos. Exemplo: Decreto nº 3.000/99 – Regulamento do Imposto de Renda que é dividido nos seguintes Livros: I – Tributação das pessoas físicas; II – Tributação das pessoas jurídicas; III – Tributação na fonte e sobre operações financeiras; IV – Administração do Imposto.

A lei promulgada pelo Legislativo às vezes autoriza o Executivo a editar normas sobre determinados assuntos, de sua competência, para arrecadação tributária.

Mediante convênio celebrado entre a União, os Estados, o Distrito Federal e os Municípios, é possível usar o decreto para disciplinar o conteúdo do referido convênio. Exemplo: a Lei nº 6.374/89, que instituiu o ICMS em São Paulo, em seu art. 5º dá essa permissão ao seu Executivo. Fundamentado no Convênio ICMS nº 36/00, o Governo do Estado de São Paulo, por meio do Decreto nº 44.970/00, permitiu que os débitos cujos fatos geradores ocorreram até 31-12-1999, desde que pagos à vista até 31-8-2000, fossem dispensados de multas, juros e acréscimos financeiros.

1.3.2 Normas Complementares das Leis, dos Tratados e dos Decretos

São as previstas no art. 100 do CTN. Representam orientações dadas pelas autoridades administrativas aos seus subordinados. Exemplos: portarias, ordens de serviço, circulares, pareceres, instruções normativas, atos declaratórios etc.

Também são normas complementares os convênios que entre si celebram a União, os Estados, o Distrito Federal e os Municípios (art. 100, IV, do CTN), cuja validade está sujeita à aprovação por meio de decreto legislativo emanado do Poder Legislativo de cada Estado ou Município participante do Convênio. Por exemplo, ATO COTEPE/ICMS 49/17 que divulga a planilha eletrônica com as informações sobre a substituição tributária do ICMS no Estado de São Paulo.

Igualmente, são normas complementares as decisões dos órgãos singulares ou coletivos de jurisdição administrativa a que a lei atribua eficácia normativa.

Assim, as decisões em consultas e processos administrativos, desde que atendido o princípio da hierarquia das fontes de Direito, estabelecem regras para os envolvidos. Ressalte-se que essas decisões são passíveis de revisão pelo Poder Judiciário.

1.3.3 Jurisprudência

É o conjunto de decisões reiteradas proferidas pelos juízos e tribunais, no mesmo sentido e em casos semelhantes. Fala-se, impropriamente, também numa jurisprudência administrativa, que é o conjunto de decisões de órgãos administrativos.

A jurisprudência não tem poder normativo. Vale, entretanto, como precedente que pode ser alegado perante juízos e tribunais.

As decisões dos tribunais superiores, proferidas reiteradamente sobre determinadas causas, são unificadas e editadas de forma resumida. Por exemplo: Súmulas do Supremo Tribunal Federal; Enunciados do Tribunal Superior do Trabalho etc.

Embora as súmulas e os enunciados não tenham força de lei, não obrigando as partes e os magistrados, inegável é sua importância como instrumento prático da advocacia e da magistratura, pela interpretação jurídica solidificada que representam.

1.3.4 Usos e Costumes

São as práticas geralmente adotadas na ausência de lei. Ajudam a solucionar pendências não esclarecidas pela legislação. Quando suficientemente adotadas e generalizadas, acabam sendo a fonte geradora de uma norma jurídica que as acolhe e insere na ordem jurídica.

O Direito Tributário não acolhe o costume como fonte para interpretação.

1.4 VIGÊNCIA DA LEGISLAÇÃO TRIBUTÁRIA

A vigência da legislação tributária refere-se ao vigor das leis no tempo, isto é, define a partir de que momento a legislação tributária começa a ter valor, a ser exigível.

O art. 101 do CTN assim estabelece:

> Art. 101. A vigência, no espaço e no tempo, da legislação tributária rege-se pelas disposições legais aplicáveis às normas jurídicas em geral, ressalvado o previsto neste Capítulo.

As disposições legais aplicáveis às normas jurídicas em geral estão estabelecidas na Lei de Introdução ao Código Civil, que estabelece em seu art. 1º:

> Art. 1º Salvo disposição contrária, a lei começa a vigorar em todo o país quarenta e cinco dias depois de oficialmente publicada.

Dessa forma, uma vez publicada a lei, ela passa a ter valor 45 dias após sua divulgação em Diário Oficial. Entretanto, pode o legislador estabelecer prazos maiores ou menores para a vigência da lei, podendo esta vigorar até mesmo a partir da data de sua publicação. O período compreendido entre a publicação da lei e sua vigência denomina-se *vacatio legis*, e não se confunde com o princípio da anterioridade, pois aquela pode ser livremente fixada pelo legislador e pode ser até prescindida por ele, o que não ocorre com o princípio da anterioridade.

Em matéria tributária, é necessário, porém, que se observem algumas restrições tanto em relação às leis como às normas complementares.

Em primeiro lugar, as leis que instituem ou aumentam impostos, que criam novos impostos ou que venham a extinguir ou reduzir isenções devem observar os princípios da anterioridade (ser editadas antes do início do exercício financeiro seguinte) e o da noventena (entram em vigor 90 dias após sua publicação). Tal disposição está reiterada no art. 104 do CTN.

Outro princípio é o da irretroatividade da lei, que só pode atingir os fatos geradores ocorridos depois da sua entrada em vigor.

A exceção a esse princípio é referente à lei penal mais branda, que sempre deve retroagir para beneficiar o réu (art. 5º, inciso XL, da CF).

No que se refere às normas complementares, o CTN deixa a critério da autoridade administrativa fixar o período de vigência de tais atos. Caso não tenha sido fixada qualquer disposição pela autoridade administrativa, a vigência das normas complementares rege-se pelo que determina o art. 103 do CTN:

- Atos administrativos (portarias, circulares, ordens de serviço etc.) – entram em vigor na data de sua publicação.
- Decisões proferidas em processos administrativos – 30 dias após a data de sua publicação.
- Convênios celebrados entre as unidades da Federação – na data neles prevista (após a aprovação e publicação dos respectivos decretos legislativos).

O CTN estabelece também que, em relação à legislação tributária dos Estados, do Distrito Federal e dos Municípios, ela só é válida nos respectivos territórios, devendo existir convênios que permitam sua aplicação fora do território a que se destinam (art. 102).

1.5 APLICAÇÃO DA LEGISLAÇÃO TRIBUTÁRIA

A lei tributária regula situações concretas e, portanto, deve ser empregada para reger determinada situação.

No sentido jurídico do termo, quem aplica a lei ao caso concreto é a autoridade administrativa e o juiz. Na aplicação da lei, devem ser observadas algumas imposições estabelecidas pela CF e pelo CTN.

Os fatos cuja ocorrência tenha se iniciado, mas ainda não esteja concluída, e os fatos que ocorrerem após a publicação da norma tributária serão regulados pela lei tributária nova. Tal disposição encontra-se no art. 105 do CTN.

Exemplos: um processo de importação iniciado em março de determinado ano e concluído em maio do mesmo ano. Se entre o início e a conclusão desse processo a legislação tributária sobre importação for alterada em abril, por exemplo, a nova lei será aplicada no momento da retirada da mercadoria do porto ou aeroporto em maio. Além disso, obviamente todos os fatos ocorridos a partir da vigência da lei, em abril, serão regulados por ela.

A lei nova somente se aplica aos atos e fatos passados nas seguintes hipóteses:

- Quando interpretativa e quando não imponha a aplicação de penalidade à infração dos dispositivos interpretados.

- Tratando-se de ato definitivamente julgado: quando deixe de defini-lo como infração; quando deixe de tratá-lo como contrário a qualquer ação ou omissão exigida do contribuinte, desde que não fraudulenta e que não tenha como resultado a falta de pagamento do tributo; quando a penalidade aplicada ao ato praticado pelo contribuinte seja menos severa que a prevista em lei anterior.

Essas disposições encontram-se no art. 106 do CTN e, na verdade, implicam a retroatividade da lei mais benigna para o contribuinte. A lei ou os atos administrativos interpretativos são severamente repudiados pela doutrina, pois não cabe ao legislador interpretar a lei, tarefa exclusiva do Poder Judiciário.

A aplicação da lei não se confunde com sua vigência. Uma lei pode estar em vigor, porém não será aplicada enquanto não ocorrerem os fatos regulados por ela. Assim, por exemplo, uma lei que regule determinada operação de exportação pode estar em vigor, porém pode não ser aplicada, porque ninguém ainda realizou o tipo de operação nela previsto.

1.6 INTERPRETAÇÃO E INTEGRAÇÃO DA LEGISLAÇÃO TRIBUTÁRIA

A hermenêutica jurídica é uma ciência auxiliar do Direito, como ensina Carlos Maximiliano, e "tem por objeto o estudo e a sistematização dos processos aplicáveis para determinar o sentido e o alcance das expressões do Direito".[2]

Nenhuma lei existe por si mesma, isto é, isoladamente. Ela é parte de um todo maior, ou seja, de um sistema que se denomina ordenamento jurídico, no qual está inserida. Portanto, sua relação com o ordenamento jurídico é a de parte com o todo, razão pela qual deve ser interpretada de forma sistemática. Deve-se, portanto, confrontar a lei com as demais que compõem o Direito Positivo, respeitando a hierarquia das leis.

---

[2] *Hermenêutica e aplicação do Direito*. 16. ed. Rio de Janeiro: Forense, 1996.

PARTE GERAL • Cap. 1 • INTRODUÇÃO AO ESTUDO DA LEGISLAÇÃO TRIBUTÁRIA | 15

Portanto, a interpretação da lei deve ser iniciada pelo estudo dos princípios e normas constitucionais aplicáveis a que ela se subordina.

A Lei de Introdução às Normas do Direito Brasileiro (Decreto-Lei nº 4.657/42) dispõe em seu art. 4º:

> Quando a lei for omissa, o juiz decidirá o caso de acordo com a analogia, os costumes e os princípios gerais de direito.

Interpretar, como já foi frisado, significa, basicamente, determinar o conteúdo da lei, seu sentido e seu alcance. A interpretação é realizada pela autoridade que tem competência para aplicar a lei. Essa autoridade é exercida pelo Poder Judiciário. Devido a isso, a doutrina moderna faz sérias restrições às leis interpretativas, pois não é função do Legislativo interpretar as leis que ele mesmo cria.

Na interpretação da lei, tanto o juiz quanto a autoridade administrativa devem integrar, isto é, inserir a lei no sistema de Direito vigente. A interpretação deve ser sistemática; isso significa que deve o intérprete analisar toda a legislação pertinente e intimamente relacionada com a norma jurídica que pretende investigar, obedecida a hierarquia da lei (constituição, lei complementar, lei ordinária, resolução do Senado), para só então examinar a regulamentação (decretos, instruções normativas, portarias etc.).

O Direito Tributário não deve ter suas normas interpretadas em separado; sua autonomia ou separação dos demais ramos do Direito é simplesmente didática, ou seja, para fins de estudo de determinada área. Entretanto, o Direito Tributário está inserido no Direito Financeiro, que por sua vez está inserido no Direito Constitucional.

A ciência jurídica divide o Direito em dois grandes ramos: Direito Público (em que predomina o interesse público sobre o particular e as obrigações e relações surgem em virtude de lei colocada pelo Estado) e Direito Privado (no qual predomina a autonomia da vontade; os particulares são livres para convencionar direitos e obrigações desde que lícitos).

O Direito Público destina-se a regular as relações entre Estado, e os particulares e o Privado, a regular as relações entre os indivíduos da sociedade (particulares).

Assim, tem-se a seguinte divisão:

DIREITO PÚBLICO

- Direito Constitucional.
- Direito Administrativo.

- Direito Financeiro.
- Direito Tributário.
- Direito Penal.
- Direito Processual.

DIREITO PRIVADO

- Direito Civil.
- Direito Comercial.
- Direito Trabalhista.

O intérprete da legislação tributária, ao aplicar uma norma a um fato concreto, deve relacioná-la com as demais de Direito Tributário, Financeiro, Administrativo e Constitucional, investigando, assim, todo o sistema de Direito Público.

O CTN (art. 108) estabelece que, na ausência de normas expressas que se apliquem a determinado caso, a autoridade competente para aplicar a lei tributária poderá utilizar as seguintes técnicas de interpretação em Direito:

- **Analogia:** destina-se a buscar pontos de semelhança entre fatos diferentes para que uma regra jurídica aplicável a um deles possa também ser aplicada a outro. Entretanto, o emprego da analogia não pode resultar em exigência de tributo não previsto em lei.
- **Princípios gerais de Direito Tributário:** são diretrizes que não estão explícitas diretamente nas normas jurídicas de Direito Tributário, mas que podem ser extraídas a partir de um exame do contexto em que estas normas estão inseridas. Por exemplo: se o contribuinte preenche uma guia de recolhimento de tributo de forma errada, mas não causa prejuízo ao Fisco recolhendo exatamente a quantia devida, não pode ser responsabilizado a recolher multa, juros e correção monetária por uma infração fiscal.
- **Princípios gerais de Direito Público:** são as mesmas diretrizes, mas que se encontram de uma forma geral no Direito. Assim, por exemplo, o princípio que se retira das normas de Direito Penal: a falta de provas da culpabilidade do réu permite que a regra jurídica a ser aplicada lhe seja mais favorável. Portanto, a ausência de provas para caracterizar um crime de sonegação fiscal permite que o contribuinte seja penalizado apenas com aplicação de multa, sem a aplicação de pena privativa de liberdade.
- **Equidade:** significa que, entre as várias interpretações possíveis para uma regra jurídica tributária, a autoridade competente deve utilizar a mais benigna para o contribuinte, a mais justa e condizente com os valores atuais

PARTE GERAL • Cap. 1 • INTRODUÇÃO AO ESTUDO DA LEGISLAÇÃO TRIBUTÁRIA | **17**

da sociedade, adequando a lei às circunstâncias. Entretanto, o emprego da equidade na interpretação da lei tributária não pode resultar na dispensa de pagamento de tributo previsto em lei, tributo este devido pelo contribuinte.

O CTN não permite a integração da legislação tributária com os institutos de Direito Privado. Os princípios gerais de Direito Privado, seus institutos e conceitos não podem ser adaptados para efeitos de interpretação da legislação tributária (arts. 109 e 110 do CTN).

A interpretação sistemática e o uso das técnicas jurídicas afastam a possibilidade de uma interpretação literal da legislação tributária, ou seja, uma interpretação isolada de determinado dispositivo, em que se busca apenas o significado dos termos usados pelo legislador para elaborá-lo.

O art. 111 do CTN, porém, reconhece alguns casos em que é possível a interpretação literal (ou gramatical) da legislação tributária. Esta legislação deve dispor sobre os seguintes assuntos:

- Suspensão ou exclusão do crédito tributário.
- Concessão de isenção.
- Dispensa de obrigações acessórias.

Por exemplo, nos casos em que uma lei concede isenção de ICMS para a aquisição de determinado tipo de maquinário, essa isenção é interpretada de forma restritiva, ou seja, não se estende para maquinários semelhantes que não estejam expressamente indicados na lei concessiva do benefício.

O CTN estabelece ainda os casos em que a legislação tributária deve sempre ser interpretada de maneira mais favorável ao contribuinte (art. 112). Essa forma de interpretação deve ser realizada toda vez que a autoridade competente tiver dúvidas quanto:

- À adequação do fato à norma jurídica, ou seja, se este realmente está regulado por determinada lei ou não.
- À natureza do fato ocorrido, suas circunstâncias, natureza e extensão de seus efeitos (por exemplo, o recolhimento a menor de tributo. Entre sonegação fiscal e erro no cálculo do tributo, a autoridade deverá decidir pelo erro se não há provas ou indícios que apontem para a prática de crime).
- À autoria do fato, ou seja, a quem ele pode ser atribuído, ou à pessoa que pode ser punida.
- À penalidade a ser aplicada ou à graduação dessa penalidade (aplica-se a penalidade mais branda).

2

TRIBUTOS

2.1 CONCEITO

O CTN define tributo em seus arts. 3º a 5º:

> Art. 3º Tributo é toda prestação pecuniária compulsória, em moeda ou cujo valor nela se possa exprimir, que não constitua sanção por ato ilícito, instituída em lei e cobrada mediante atividade administrativa plenamente vinculada.

Analisando esse artigo, poderemos resumir o conceito de tributo, dizendo que é sempre um pagamento compulsório em moeda, forma normal de extinção da obrigação tributária.

Entretanto, se autorizado por lei, o pagamento pode ser feito em outro valor que possa ser expresso em moeda.

Por exemplo: A Lei nº 9.711/98 autorizou o pagamento de débitos ao INSS, até 31-12-99, em Título da Dívida Agrária (TDA) (art. 1º), limitando o valor do débito a R$ 500.000 (art. 3º).

O CTN distingue ainda "que não constitua sanção por ato ilícito", pois nesse caso o pagamento compulsório refere-se à multa por infração fiscal e não a tributo.

Multa não é tributo. É classificada pela Lei nº 4.320/64, que rege as normas de contabilidade pública, como receita extraordinária e não como receita tributária, que é receita ordinária.

O CTN dispõe que o tributo só pode ser exigido por lei (princípio da legalidade, art. 150, I, da CF) e cobrado mediante atividade administrativa plenamente vinculada. O fisco só pode agir na forma e nos estritos limites fixados em lei, sem o que haverá abuso ou desvio de poder.

Dispõe, ainda, o CTN:

> Art. 4º A natureza jurídica específica do tributo é determinada pelo fato gerador da respectiva obrigação, sendo irrelevantes para qualificá-la:
> I – a denominação e demais características formais adotadas pela lei;
> II – a destinação legal do produto da sua arrecadação.

Logo, tributo é gênero e as espécies são impostos, taxas e contribuições conforme prevê o art. 5º do referido Código.

De acordo com os incisos I e II do art. 4º, a natureza jurídica específica do tributo, ou seja, se é imposto, taxa ou contribuição de melhoria, é determinada pelo seu fato gerador. Este é a concretização de uma hipótese de incidência prevista na lei, que faz nascer (gera) a obrigação de pagar o tributo. Por exemplo: hipótese de incidência: prestar serviços discriminados na LC nº 116/03. Prestado o serviço, ou seja, concretizada a hipótese de incidência prevista na lei, segue-se o mandamento: pague Imposto Sobre Serviços (ISS), gerando, portanto, a obrigação tributária.

A obrigação tributária é o vínculo jurídico que se estabelece entre o sujeito ativo – credor (Estado) –, o sujeito passivo – que é sempre um particular, pessoa física ou jurídica, definido como contribuinte quando sua relação com o fato gerador é pessoal e direta –, ou responsável – quando é escolhido pela lei para responder pelo tributo –; tem como objeto o seu pagamento e como causa a vontade da lei que o instituiu.

Dessa forma, é irrelevante para determinar a natureza jurídica específica de um tributo a denominação adotada (por exemplo: Contribuição Social sobre o Lucro) ou a destinação do produto de sua arrecadação (por exemplo: para a saúde – CPMF).[3]

2.2 ESPÉCIES DE TRIBUTO

O art. 5º do CTN dispõe:

> Art. 5º Os tributos são impostos, taxas e contribuição de melhoria.

---

[3] Embora a CPMF tenha sido extinta a partir de 2008, existem propostas por parte do governo federal, e de seus aliados no Congresso Nacional, no sentido de se retornar a cobrança desse tributo ou de se criar um novo com as mesmas características. Embora a CPMF tenha sido extinta a partir de 2008, existem propostas por parte do governo federal, e de seus aliados no Congresso Nacional, no sentido de se retornar a cobrança desse tributo ou de se criar um novo com as mesmas características.

20 | As Micro e Pequenas Empresas e o Simples Nacional • Fabretti

Para o CTN, editado em 1966, o gênero tributo tem três espécies, ou seja, imposto, taxa e contribuição de melhoria.

Entretanto, a CF foi promulgada em 5-10-88, ou seja, 22 anos após.

Em seu art. 149, autorizou a União a instituir contribuições federais sociais e de intervenção no domínio econômico, bem como de interesse das categorias econômicas ou profissionais. Estas últimas são arrecadadas pelos órgãos de habilitação, registro e fiscalização das profissões regulamentadas (OAB, CRC, CRM etc.).

As contribuições federais, ou seja, contribuições sociais, de intervenção no domínio econômico e a CPMF, pelo fato de, embora constituírem tributo no gênero, mas não serem impostos na espécie, são consideradas, na doutrina e na jurisprudência, como uma quarta espécie de tributo. Não estão obrigadas à repartição da receita com os Estados e Municípios. Devem ser cobradas mesmo de pessoa com imunidade tributária (art. 150, VI, da CF), pois a imunidade só se refere a impostos. Esses fatores, por si só, explicam a preferência da União pela instituição e aumento de alíquotas e das bases de cálculo das contribuições, que representam parcela significativa dos sucessivos recordes de arrecadação que a Receita Federal vem conseguindo.

A EC nº 42/03, art. 159, III, determinou a repartição de 25% do produto de arrecadação da CIDE com os Estados e o Distrito Federal. A EC nº 44/04 elevou esse percentual para 29%.

Os Estados, por sua vez, devem repartir 25% de sua parte na CIDE com os Municípios.

Essa repartição deve ser feita na forma da lei, prevalecendo o que está disposto na Lei nº 10.866/04.

2.3 IMPOSTOS

O art. 16 do CTN define:

> Art. 16. Imposto é o tributo cuja obrigação tem por fato gerador uma situação independente de qualquer atividade estatal específica, relativa ao contribuinte.

Portanto, trata-se de tributo não vinculado a nenhuma atividade dos entes federativos em relação direta ao contribuinte. Este paga compulsoriamente o imposto, mesmo que não utilize nenhum serviço público.

A competência para cobrar impostos é dada pela CF a cada ente federativo.

A CF distribui a competência tributária para cobrar impostos da seguinte forma:

União, art. 153:

I – importação de produtos estrangeiros;

II – exportação, para o exterior, de produtos nacionais ou nacionalizados;

III – renda e proventos de qualquer natureza (IR);

IV – produtos industrializados (IPI);

V – operações de crédito, câmbio e seguro, ou relativas a títulos ou valores mobiliários (IOF);

VI – propriedade territorial rural (ITR);

VII – grandes fortunas, nos termos de lei complementar.

Esta última, apesar das constantes instituições de novos tributos, não foi ainda instituída por lei complementar.

Estados e Distrito Federal, art. 155:

I – transmissão *causa mortis* e doação, de quaisquer bens ou direitos (ITCMD);

II – operações relativas à circulação de mercadorias e sobre prestações de serviço de transporte interestadual e intermunicipal e de comunicação, ainda que as operações se iniciem no exterior (ICMS);

III – propriedade de veículos automotores (IPVA).

Municípios, art. 156:

I – propriedade predial e territorial urbana (IPTU);

II – transmissão *inter vivos*, a qualquer título, por ato oneroso, de bens imóveis, por natureza ou acessão física, e de direitos reais sobre imóveis, exceto os de garantia, bem como cessão de direitos a sua aquisição (ITBI);

III – serviços de qualquer natureza, não compreendidos no art. 155, II, definidos em lei complementar (ISS).

2.4 TAXAS

Estão definidas nos arts. 77 e 78 do CTN e têm como fato gerador o exercício regular do poder de polícia ou a utilização efetiva ou potencial de serviço público, específico e divisível, prestado ou colocado à disposição do contribuinte (art. 77).

Poder de polícia é a atividade da Administração Pública que limita e disciplina direito, interesse ou liberdade em razão do interesse público, concernente à segurança, à higiene, à ordem, aos costumes, à disciplina da produção, do mercado, à tranquilidade pública ou ao respeito à propriedade e aos direitos individuais ou coletivos (art. 78).

Assim, embora todo cidadão seja livre para estabelecer-se com uma indústria, não pode, entretanto, instalá-la em um bairro estritamente residencial. O poder da Administração Pública de limitar esse direito de instalar indústria chama-se poder de polícia. Polícia, no caso, refere-se à possibilidade de fiscalizar e autorizar determinada atividade, limitando-a em razão do interesse público, relativo à segurança, à higiene, à ordem, aos costumes etc., em conformidade com o art. 78 do CTN.

Por exemplo, pelo serviço prestado pela Administração Pública de verificar as condições de um estabelecimento comercial (concessão de alvarás) é cobrada uma taxa anual.

A taxa não pode ter base de cálculo ou fato gerador idênticos ao imposto, nem ser calculada em função do capital das empresas (parágrafo único do art. 77).

2.5 CONTRIBUIÇÃO DE MELHORIA

Só pode ser cobrada se, em virtude de obra pública, decorrer valorização imobiliária para o contribuinte, na forma dos arts. 81 e 82 do CTN:

> Art. 81. A contribuição de melhoria cobrada pela União, pelos Estados, pelo Distrito Federal ou pelos Municípios, no âmbito de suas respectivas atribuições, é instituída para fazer face ao custo de obras públicas de que decorra valorização imobiliária, tendo como limite total a despesa realizada e como limite individual o acréscimo de valor que da obra resultar para cada imóvel beneficiado.

Assim, por exemplo, se em decorrência de uma obra pública um imóvel passa a ter uma variação positiva ou valorização em torno de R$ 100.000,00 é lícito a entidade publica (União, Estado ou Município) que realizou a obra cobrar

Parte Geral • Cap. 2 • TRIBUTOS | **23**

uma contribuição de melhoria sobre essa variação. Todavia, essa contribuição deverá ser instituída em lei que observe os requisitos do art. 82 do CTN:

> Art. 82. A lei relativa à contribuição de melhoria observará os seguintes requisitos mínimos:
>
> I – publicação prévia dos seguintes elementos:
>
> a) memorial descritivo do projeto;
>
> b) orçamento do custo da obra;
>
> c) determinação da parcela do custo da obra a ser financiada pela contribuição;
>
> d) delimitação da zona beneficiada;
>
> e) determinação do fator de absorção do benefício da valorização para toda a zona ou para cada uma das áreas diferenciadas, nela contidas;
>
> II – fixação de prazo não inferior a 30 (trinta) dias, para impugnação, pelos interessados, de qualquer dos elementos referidos no inciso anterior;
>
> III – regulamentação do processo administrativo de instrução e julgamento da impugnação a que se refere o inciso anterior, sem prejuízo da sua apreciação judicial.

Em face das exigências do art. 82, retrotranscrito (publicação prévia do memorial descritivo do projeto, orçamento do custo da obra etc.), e da possibilidade de impugnação pelos interessados (inciso II) de qualquer dos elementos previamente publicados (inciso I), a contribuição de melhoria, na prática, raramente é cobrada. Nas poucas vezes em que se tem tentado cobrá-la, foi de forma ilegal, isto é, sem atender aos requisitos mínimos do art. 82.

2.6 CONTRIBUIÇÕES FEDERAIS

A CF, em seu art. 149, dá competência exclusiva à União para instituir três tipos de contribuições: sociais, de intervenção no domínio econômico e de interesse das categorias profissionais ou econômicas, como instrumento de sua atuação nas respectivas áreas.

Devem ser instituídas mediante lei complementar (art. 146, III), atendendo dessa forma ao princípio da legalidade (art. 150, I), vedada a cobrança do tributo em relação a fatos geradores ocorridos antes do início da vigência da lei que o houver instituído (art. 150, III, *a*) e observado o princípio da anterioridade restrita

24 | As Micro e Pequenas Empresas e o Simples Nacional • Fabretti

ou noventena (90 dias), conforme dispõe o art. 195, § 6º, não se lhe aplicando o princípio da anterioridade (art. 150, III, *b*), todos da CF.

Por exemplo, um eventual aumento nas alíquotas ou na base de cálculo de PIS e COFINS, instituído em março de determinado ano, somente poderá ser cobrado a partir de junho desse mesmo ano.

A doutrina vem procurando demonstrar que essas contribuições são uma quarta espécie do gênero tributo, enquanto a Receita Federal insiste em separar tributos e contribuições. Para ela, tributos são os discriminados no Sistema Tributário Nacional (arts. 145 a 162 da CF), ou seja, impostos, taxas e contribuições de melhoria. Com essa interpretação, o Fisco tem instituído uma série de contribuições em desacordo com as limitações ao poder de tributar e a exigência de lei complementar do art.146, III, *a*, da CF.

Note-se, entretanto, que a competência da União para instituir contribuições é dada pelo art. 149 da CF; portanto, dentro do Capítulo I – Do Sistema Tributário Nacional.

Assim, não pode haver dúvidas quanto ao fato de que as contribuições são uma nova espécie do gênero tributo, pouco importando o fato de as contribuições sociais estarem previstas no art. 195, a contribuição para o PIS/Pasep no art. 239 da CF e a CPMF no art. 74 do ADCT.

2.6.1 Contribuições Sociais

Foram instituídas pelo art. 195 da CF, que teve sua redação alterada pela EC nº 20/98. Essa emenda constitucional ampliou o conceito de contribuinte das contribuições sociais, de empregador para empregador, empresa ou entidade a ela equiparada. Ampliou também as hipóteses de incidência, que passaram a ser:

- A folha de salários e demais rendimentos do trabalho pagos ou creditados, a qualquer título, à pessoa física que lhe preste serviço, mesmo sem vínculo empregatício (INSS – Lei nº 8.212/91).
- A receita ou o faturamento (Cofins – LC nº 70/91 e Lei nº 9.718/98).
- O lucro (CSL – Lei nº 7.689/88).
- O PIS, instituído pela LC nº 7/70, foi recepcionado pela CF, em seu art. 239, é também uma contribuição social que incide sobre a mesma base de cálculo da COFINS, ou seja, o faturamento, fato que caracteriza evidente bitributação. Cada uma dessas contribuições é estudada na Parte Especial deste livro. As contribuições sociais devem obedecer ao princípio da anterioridade restrita, ou seja, entram em vigor 90 dias após sua publicação (art. 195, § 6º da CF).

Parte Geral • Cap. 2 • TRIBUTOS | 25

- Contribuições sociais para pagamento da correção monetária das contas vinculadas do FGTS.

A LC n° 110/01, publicada no *DOU* de 30-6-2001, entrou em vigor em 1°-10-2001 e instituiu duas novas contribuições sociais, a cargo dos empregadores, cuja arrecadação destina-se ao pagamento das diferenças de correção monetária, provocadas pelos Planos Verão e Collor I, nas contas vinculadas do FGTS dos empregados.

A primeira, à alíquota de 10% (dez por cento), incide sobre o montante de todos os depósitos devidos, referentes ao FGTS, durante a vigência do contrato de trabalho, acrescidos das remunerações aplicáveis às contas vinculadas, no caso de despedida sem justa causa.

A segunda, à alíquota de 0,5% (cinco décimos por cento) sobre a remuneração devida no mês anterior, a cada trabalhador. A lei complementar previa que essa contribuição seria devida por 60 (sessenta meses) a contar de sua exigibilidade, ou seja, de 1°-10-2001, até a mesma data de 2006.

Ficaram isentos as microempresas inscritas no Simples e os empresários rurais, ambos com receita bruta anual dentro dos limites legais, e os empregadores domésticos.

2.6.2 Contribuição de Intervenção no Domínio Econômico (Cide)

São contribuições regulatórias, utilizadas como instrumento de política econômica para enfrentar determinadas situações que exijam intervenção da União na economia do país.

A EC n° 33/01 acrescentou o § 2° ao art. 149, renumerando o antigo parágrafo único para 1°, e dispondo:

> § 2° As contribuições sociais e de intervenção no domínio econômico de que trata o caput deste artigo:
>
> I – não incidirão sobre as receitas decorrentes de exportação;
>
> II – poderão incidir sobre a importação de petróleo e seus derivados, gás natural e seus derivados e álcool combustível;
>
> III – poderão ter alíquotas:
>
> a) *ad valorem*, tendo por base o faturamento, a receita bruta ou o valor da operação e, no caso de importação, o valor aduaneiro;
>
> b) específica, tendo por base a unidade de medida adotada.

26 | As Micro e Pequenas Empresas e o Simples Nacional • Fabretti

Foram instituídas pela União duas Cides:

a) Cide sobre *royalties*

Instituída pela Lei n° 10.168/00 e regulamentada pelo Decreto n° 3.949/02, incide sobre as importâncias pagas, creditadas, entregues, empregadas ou remetidas em cada mês, a residentes ou domiciliados no exterior, a título de *royalties* ou remuneração previstos em contratos de fornecimento de tecnologia, prestação de serviços de assistência técnica, cessão e licença de exploração de patentes.

Sua alíquota é de 10% (dez por cento) e o prazo de pagamento é até o último dia útil da quinzena subsequente ao mês de ocorrência do fato gerador.

b) Cide sobre combustíveis

Instituída pela Lei n° 10.336/01 e regulamentada pelo Decreto n° 4.565/03. Seus elementos são os seguintes:

- **Contribuinte**: a pessoa jurídica que importar ou comercializar no mercado interno petróleo e seus derivados, gás natural e seus derivados e álcool etílico combustível.
- **Fato gerador**: importação ou comercialização desses produtos.
- **Alíquotas**: específicas, ou seja, determinado valor em reais sobre a unidade de medida estabelecida em lei, como base de cálculo. Base de cálculo: no caso metros cúbicos (m^3) ou tonelada (t).

Exemplo:

a) gasolina, R$ 541,10 por m^3;

b) óleos combustíveis com alto teor de enxofre, R$ 29,70 por t.

Obs.: alíquotas reduzidas pelo Decreto n° 4.565 de 1°-1-2003.

2.6.3 Contribuição Provisória sobre Movimentação Financeira (CPMF)

A CPMF foi instituída pela EC n° 12/96, mediante inclusão do art. 74 no ADCT. Sua vigência provisória foi sucessivamente prorrogada por emendas constitucionais.

Seu término ocorreu em 31-12-2007. Sua alíquota era de 0,38% (trinta e oito centésimos por cento) (EC n° 42/03).

Pela facilidade e rapidez de sua arrecadação, pois era debitada na conta do contribuinte e recolhida pela instituição financeira, por maior dificuldade de sonegação e por fornecer dados da movimentação financeira do contribuinte para a Receita Federal, existem estudos técnicos da área econômica do governo para tentar restabelecê-la.

A Lei nº 9.311/96 regulamentava a CPMF e foi igualmente prorrogada pelas citadas emendas constitucionais. Ela dispunha sobre:

- **Fato gerador**: o lançamento a débito na conta corrente relativa a cada tipo de movimentação financeira (art. 2º).
- **Contribuintes**: os titulares das contas correntes movimentadas (art. 4º).
- **Responsáveis pela retenção e recolhimento**: as instituições financeiras.
- **Base de cálculo**: o valor da movimentação financeira.
- **Administração**: compete à Secretaria da Receita Federal, incluídas as atividades de tributação, fiscalização e arrecadação.

No mais, aplicavam-se à CPMF as normas referentes aos tributos federais, administrados pela SRF, ao processo administrativo, ao processo de consulta e à inscrição na Dívida Ativa.

2.7 CONTRIBUIÇÕES MUNICIPAIS E DO DISTRITO FEDERAL

A EC nº 39, de 19-12-2002, introduziu o art. 149-A na CF, que permite aos Municípios e ao Distrito Federal, na forma das respectivas leis, instituir contribuição para o custeio do serviço de iluminação pública, observado o disposto no art. 150, I e III, da CF, ou seja, cobrada mediante lei (inciso I) e aplicável somente aos fatos geradores ocorridos a partir da vigência da lei, respeitado o princípio da anterioridade (inciso III). Portanto, não pode ser cobrada no mesmo exercício financeiro da publicação da lei, por disposição expressa do art. 150, III, da CF.

Em razão dessa emenda constitucional, está aberto o caminho para a criação de outras contribuições para o custeio de serviços pelos Municípios e pelo Distrito Federal.

3

ELEMENTOS DO TRIBUTO

3.1 ELEMENTOS FUNDAMENTAIS

Pela sua relevância, os elementos fundamentais do tributo só podem ser definidos pela lei complementar, conforme dispõe o art. 146, III, da CF. São o fato gerador, o contribuinte e a base de cálculo. Na verdade, o inciso III, alínea *a*, limita essa reserva de lei complementar aos **impostos** previstos na Constituição:

> Art. 146. Cabe à lei complementar:
>
> [...]
>
> III – estabelecer normas gerais em matéria de legislação tributária, especialmente sobre:
>
> a) definição de tributos e de suas espécies, bem como, em relação aos impostos discriminados nesta Constituição, a dos respectivos fatos geradores, bases de cálculo e contribuintes.

Com base nessa limitação, a União tem entendido que as contribuições, sociais e de intervenção no domínio econômico podem ter esses elementos fundamentais definidos por lei ordinária, o que tem sido acolhido pelos tribunais.

Não obstante isso, é oportuno ressaltar que o art. 149 da CF dispõe:

> Art. 149. Compete exclusivamente à União instituir contribuições sociais, de intervenção no domínio econômico e de interesse das categorias profissionais ou econômicas, como instrumento de sua atuação nas respectivas áreas, observado o disposto nos arts. 146, III e 150, I e III, e sem prejuízo do previsto no art. 195, § 6º, relativamente às contribuições a que alude o dispositivo.

Logo, essas contribuições devem ser instituídas por lei complementar (art. 146, III), respeitado o princípio da legalidade, portanto por lei (art. 150, I) e da irretroatividade da lei (art. 150, III), todos da CF.

A União tem modificado os elementos fundamentais das contribuições sociais por lei ordinária, sob o argumento de que não são tributos, mas uma nova forma de exação de natureza tributária, entendimento esse que tem sido acompanhado pelos tribunais em decisões muito mais políticas do que jurídicas.

3.1.1 Fato Gerador

Também chamado de fato imponível, é a concretização da hipótese de incidência tributária prevista em abstrato na lei, que gera (faz nascer) a obrigação de pagar o tributo.

Exemplos de fatos geradores:

- Prestar serviços previstos na Lista da LC nº 116/03 = obrigação de pagar o ISS.
- Circular mercadorias = obrigação de pagar o ICMS.
- Receber renda = obrigação de pagar o IR etc.

A concretização do fato gerador faz nascer uma relação jurídica denominada obrigação principal, que tem sempre por objeto uma prestação de caráter patrimonial, isto é, pagar um tributo.

Essa relação jurídica obrigacional se estabelece entre o sujeito ativo (credor) que no caso é sempre uma pessoa jurídica de direito público (União, Estado, Município, Autarquia como o INSS), que pode exigir de um sujeito passivo (devedor), que é o contribuinte ou o responsável, o pagamento de um tributo (objeto) em virtude de uma causa que é a lei tributária.

Faz nascer também a obrigação acessória, que é um dever administrativo. Por exemplo: inscrição nos cadastros fiscais, emitir notas fiscais, escriturar livros fiscais e contábeis, manter e conservar livros e documentos, prestar declarações em formulários próprios etc.

O CTN os define nos arts. 114 e 115:

> Art. 114. Fato gerador da obrigação principal é a situação definida em lei como necessária e suficiente à sua ocorrência.
>
> Art. 115. Fato gerador da obrigação acessória é qualquer situação que, na forma da legislação aplicável, impõe a prática ou a abstenção de ato que não configure obrigação principal.

A partir da instituição do Sistema Público de Escrituração Digital (Decreto nº 6.022/07 que regulamentou dispositivos da Lei nº 10.406, de 10 de janeiro de 2002), as empresas ficaram obrigadas a demonstrar o cumprimento de suas obrigações acessórias por meio do chamado Sistema Público de Escrituração Digital (SPED), que inclui a escrituração contábil (SPED Contábil) e a contabilidade tributária (SPED Fiscal). Além disso, foi regulamentado pelo Decreto nº 8.373/14 o sistema público de escrituração digital das obrigações fiscais, trabalhistas e previdenciárias do empregador (eSocial). Esse sistema tem como finalidade I - viabilizar a garantia de direitos previdenciários e trabalhistas; racionalizar e simplificar o cumprimento de obrigações; eliminar a redundância nas informações prestadas pelas pessoas físicas e jurídicas; aprimorar a qualidade de informações das relações de trabalho, previdenciárias e tributárias; conferir tratamento diferenciado às microempresas e empresas de pequeno porte (art. 3º do Decreto nº 8.373/14).

Esse sistema, aliado àquele que instituiu as notas fiscais eletrônicas, permite um controle mais aprimorado, por parte da Administração Pública, do pagamento de tributos das empresas e cumprimento de suas respectivas obrigações acessórias.

Para as empresas que aderem ao Simples Nacional, existe o "Portal do Simples Nacional", disponibilizado pela Administração Pública, no qualé possível fazer a solicitação de opção pelo regime. Inexistindo pendências por parte da empresa, os registros e a inscrição são gerados automaticamente. Ressalte-se que as pendências devem ser solucionadas até o prazo limite para ingresso no Simples Nacional (31 de janeiro em regra).

Nesse portal, o contribuinte poderá cumprir obrigações acessórias, tais como: calcular o valor devido e gerar o Documento de Arrecadação Simplificado; optar pelo Regime de Apuração de Receitas; entregar a Declaração Anual do Simples Nacional e consultar a transmissão dessa Declaração. Atualmente essa declaração denomina-se *Declaração de Informações Socioeconômicas e Fiscais (DEFIS)*.

Uma das novidades instituídas pela Lei Complementar nº 139, de 10 de novembro de 2011, consiste no fato de que a opção pelo Simples Nacional obrigatoriamente implica a aceitação do sistema de comunicação eletrônica entre a Administração Pública e o contribuinte. Esse sistema tem como finalidade dar ciência à empresa dos atos praticados pela Administração a fim de fiscalizar e controlar a arrecadação pelo sistema do Simples Nacional.

Dessa forma, ao optar pela inclusão no Simples Nacional, o empresário deverá estar ciente de que se obrigou a acompanhar, por meios eletrônicos, os atos da Administração Pública cujas finalidades podem ser: cientificar o sujeito passivo de quaisquer tipos de atos administrativos, incluídos os relativos ao indeferimento de opção, à exclusão do regime e a ações fiscais (incluindo-se nesse tópico os processos administrativos fiscais), encaminhar notificações e intimações e expedir avisos em geral.

Uma vez que tais comunicações serão feitas em portal próprio e não há necessidade de que a Administração venha a publicar seus atos em Diários Oficiais, o contribuinte deve possuir equipamentos que lhe possibilitem o acesso seguro a esse portal, pois essas comunicações irão substituir as notificações pessoais. Deverá ter cautela também em relação às pessoas autorizadas a acessar o portal em nome da empresa, pois a lei prevê que a ciência das ações da Administração, por meio do sistema eletrônico, com utilização de certificação digital ou de código de acesso, será considerada válida para todos os efeitos de Direito. Tal circunstância poderá interferir na defesa em processos administrativos e judiciais. A data em que o contribuinte acessar o teor da comunicação, na prática, irá corresponder à notificação do sujeito passivo para fins de futuros processos administrativos ou judiciais.

A adoção desse sistema eletrônico de comunicação requer outras cautelas por parte do empresário, pois a Lei Complementar nº 139/11 também estabelece que as informações prestadas pelo contribuinte quanto aos cálculos e recolhimentos de tributos de forma simplificada têm caráter declaratório, constituindo confissão de dívida. Portanto, tais declarações feitas pelo contribuinte facultam à Administração Pública a possibilidade de exigir e executar a cobrança dos tributos e contribuições que não tenham sido recolhidos e cujas informações de ocorrência dos respectivos fatos geradores já foram prestadas por esse meio de comunicação. Ressalte-se que a lei obriga o contribuinte a prestar informações à Secretaria da Receita Federal do Brasil até o vencimento do prazo para pagamento dos tributos devidos no Simples Nacional, em cada mês, relativamente aos fatos geradores ocorridos no mês anterior. Além disso, com a adoção do sistema de notas fiscais eletrônicas, a Administração Pública dispõe de dados sobre as operações realizadas entre o micro, pequeno ou médio empresário e outras empresas antes mesmo que o contribuinte, inscrito no Simples Nacional, venha a fornecê-las em formulário próprio.

Ressalte-se que a obrigação acessória, pelo simples fato de sua inobservância, gera a obrigação principal de pagar a multa, prevista em lei.

Nesse caso, a sanção pelo descumprimento da obrigação acessória é a imposição de uma nova obrigação principal de pagamento da multa.

Note-se também que a multa não é tributo, mas penalidade. De acordo com a Lei nº 4.320/64, que rege as normas de contabilidade pública, a multa é contabilizada como receita extraordinária e não como receita tributária.

3.1.2 Contribuinte ou Responsável

O sujeito passivo da obrigação tributária, o devedor, denomina-se contribuinte quando tem relação pessoal e direta com o fato gerador.

As Micro e Pequenas Empresas e o Simples Nacional • Fabretti

Por exemplo: ser proprietário de um veículo = obrigação de pagar o IPVA; ser proprietário de um imóvel na área urbana= obrigação de pagar o IPTU.

Denomina-se responsável a pessoa que a lei escolher para responder como sujeito passivo da obrigação tributária, em substituição ao contribuinte de fato, em razão da maior complexidade para alcançá-lo.

A responsabilidade tributária é uma forma de evitar possível sonegação, mas principalmente antecipar a receita de tributos. Por essa razão, ela vem sendo cada vez mais aplicada, por exemplo, pelas legislações do IR, da COFINS, da CSL, do ISS e do INSS.

O responsável não arca com o ônus tributário, que é suportado pelo contribuinte de fato. Atua como uma espécie de agente arrecadador do fisco e depositário do tributo. Cabe-lhe recolher as importâncias descontadas ou cobradas do contribuinte de fato, à Receita, nos prazos de lei, pois não recolhendo o tributo descontado comete o crime de depositário infiel (arts. 1º e 2º, Lei nº 8.866/94), ou de apropriação indébita previdenciária (Lei nº 9.983/2000).

Exemplo: Depositário infiel – IPI. O industrial não arca com o ônus tributário, que é suportado pelo contribuinte, uma vez que o valor desse tributo recolhido por antecipação será repassado ao consumidor final do produto. Atua como uma espécie de agente arrecadador do fisco e como seu depositário. Cabe-lhe recolher as importâncias descontadas ou cobradas do contribuinte ao fisco, nos prazos de lei. Não o fazendo, será declarado depositário infiel, sujeito à pena de prisão (Lei nº 8.866/94).

Outros exemplos: (a) Imposto de Renda Retido na Fonte; (b) contribuição ao INSS (ambos descontados dos empregados). A contribuição ao INSS, descontada dos empregados e não recolhida, configura o crime de apropriação indébita previdenciária (Lei nº 9.983/00). O mesmo acontece com o IR retido do salário dos empregados.

O contribuinte e o responsável estão definidos no art. 121 do CTN:

> Art. 121. Sujeito passivo da obrigação principal é a pessoa obrigada ao pagamento de tributo ou penalidade pecuniária.
>
> Parágrafo único. O sujeito passivo da obrigação principal diz-se:
>
> I – contribuinte, quando tenha relação pessoal e direta com a situação que constitua o respectivo fato gerador;
>
> II – responsável, quando, sem revestir a condição de contribuinte, sua obrigação decorra de disposição expressa em lei.

Exemplificando: a empresa contrata serviços profissionais de um contador autônomo, combinando pagar-lhe honorários de R$ 3.000,00.

Por ocasião do pagamento, a lei determina que a empresa, como responsável, desconte o IRRF incidente sobre essa remuneração de trabalho sem vínculo empregatício.

Vamos supor, para simplificar o exemplo, que, no caso, a alíquota progressiva seja de 15% (quinze por cento) e, aplicada sobre a base de cálculo de R$ 3.000,00, determina o montante do imposto de R$ 95,20, de acordo com a tabela vigente a partir de abril de 2015 (veja Tabela 3.1). Paga-se ao prestador do serviço a importância líquida de R$ 2.904,80.

Tabela 3.1 Tabela Progressiva para o cálculo mensal do Imposto sobre a Renda da Pessoa Física a partir de abril de 2015

Base de cálculo (R$)	Alíquota (%)	Parcela a deduzir do IRPF (R$)
Até 1.903,98	-	-
De 1.903,99 até 2.826,65	7,5	142,80
De 2.826,66 até 3.751,05	15	354,80
De 3.751,06 até 4.664,68	22,5	636,13
Acima de 4.664,68	27,5	869,36

Rendimentos: R$ 3.000,00
Base de Cálculo: R$ 3.000,00 x Alíquota 15% = R$ 450,00
R$ 450,00 – parcela a deduzir R$ 354,80 = R$ 95,20
IR a reter: R$ 95,20

A empresa do exemplo desembolsa exatamente a despesa combinada, ou seja, R$ 3.000,00, dividindo, entretanto, esse valor em dois pagamentos: R$ 2.904,80 para o contador e R$ 95,20 para a Receita Federal, sem ônus financeiro, portanto, para ela.

O contador que combinou pelos seus serviços honorários de R$ 3.000,00 e que só recebeu o valor líquido de R$ 2.904,80 é o contribuinte de fato que arcou com o ônus tributário de R$ 95,20.

34 | As Micro e Pequenas Empresas e o Simples Nacional • Fabretti

Se a empresa cumpriu com a determinação legal de responsável, retendo e recolhendo esse imposto no prazo, não arcará com nenhum ônus. Ela é contribuinte de direito, simples intermediário entre o contribuinte de fato e o Fisco.

Se não retiver o IRRF, será responsável pelo seu pagamento, acrescido de multa e juros, o que importará em considerável ônus financeiro, pois sua despesa será de:

	R$
Honorários contábeis pagos	3.000,00
IR por responsabilidade	95,20
Multa 20%	19,04
Despesa total	3.114,24

Obs.: Sobre o IR por responsabilidade incidem também juros à taxa Selic, pelos meses em atraso nesse recolhimento.

Esse ônus será agravado ainda mais pelo fato de a lei não permitir a dedução do IR pago, por qualquer que seja o motivo, na apuração do lucro real do IRPJ (art. 344, §§ 2º e 5º, do RIR). Por essa razão, pagará mais 15% de IR sobre R$ (imposto + multa), ou seja, mais R$ 131,38, totalizando a despesa final de R$ 3.245,62.

Se retiver o IRRF e não recolhê-lo à Receita Federal, poderá responder pelo crime de depositário infiel (Lei nº 8.866/94, arts. 1º e 2º).

Essa pena, entretanto, poderá ser relevada se o contribuinte recolher o imposto devido, acrescido de multa e juros, no prazo máximo de dez dias a partir da citação judicial (art. 4º). Não recolhida nem depositada judicialmente a importância, o juiz, nos 15 dias seguintes à citação, decretará a prisão do depositário infiel, por período não superior a noventa dias.

3.1.3 Base de Cálculo

A base de cálculo, também denominada de base imponível, é o valor fixado em lei, sobre o qual se aplica a alíquota para determinar o montante do tributo devido.

A base de cálculo dos impostos deve ser definida em lei complementar. Sua alteração está sujeita aos princípios da legalidade, da anterioridade, da noventena e da irretroatividade da lei, uma vez que implica aumento do tributo.

Assim, a lei complementar deve definir com muita clareza os critérios para determinação da base de cálculo.

Como exemplos, podemos citar:

- COFINS: base de cálculo = faturamento mensal (art. 2º da Lei Complementar nº 70/91).
- IRPJ: base de cálculo = lucro real, presumido ou arbitrado (art. 44 do CTN).

3.2 ELEMENTOS COMPLEMENTARES DO TRIBUTO

Os elementos complementares podem ser fixados por lei ordinária, e os fundamentais para os impostos só podem ser definidos por lei complementar.

3.2.1 Alíquota

É um fator definido em lei que, aplicado sobre a base de cálculo, determina o montante do tributo a ser pago.

As alíquotas podem ser *ad valorem* ou específicas.

a) Alíquota *ad valorem*

O fator é um percentual definido em lei que será aplicado sobre a base de cálculo.

Exemplo: IRPJ – alíquota 15% × lucro real de 100.000,00 = 15.000.00

A lei pode estabelecer uma tabela progressiva em que serão aplicadas alíquotas diferentes que vão sendo elevadas, incidindo sobre faixas de valores cada vez maiores, ou regressiva, em que a alíquota diminui em função de um fator determinado em lei.

Tabela 3.2 Tabela Progressiva para o cálculo mensal do Imposto sobre a Renda da Pessoa Física a partir de abril de 2015

Base de cálculo (R$)	Alíquota (%)	Parcela a deduzir do IRPF (R$)
Até 1.903,98	-	-
De 1.903,99 até 2.826,65	7,5	142,80
De 2.826,66 até 3.751,05	15	354,80
De 3.751,06 até 4.664,68	22,5	636,13
Acima de 4.664,68	27,5	869,36

O Imposto progressivo incide sobre cada faixa de renda. Por exemplo:

Em R$
Renda: 3.000,00
1ª faixa de renda: 1.903,98 – isenta
2ª faixa de renda: 2.826,55 – 1.903,98 = 922,57
× 7,5% =   69,19
3ª faixa de renda: 3.000,00 – 2.826,66 = 173,34
× 15% =   <u>26,01</u>
Total do IRRF   95,20

Para simplificar o cálculo, pode ser aplicado o percentual da última alíquota sobre o total da renda, deduzindo-se do valor encontrado de IR a parcela de dedução indicada na tabela.

Exemplo:

R$ 3.000,00 × 15% = 450,00 – 354,80 = 95,20
Tabela regressiva = IR sobre aplicações financeiras a prazo.

Nesse tipo de aplicação, a título de incentivo, as alíquotas vão sendo reduzidas à medida que o prazo de aplicação vai aumentando.

O aumento da alíquota está sujeito aos princípios da legalidade, da irretroatividade, da noventena e da anterioridade com exceção, quanto a sua anterioridade e noventena, dos casos previstos na própria Constituição, ou seja:

- Impostos: de Importação, de Exportação, sobre Produtos Industrializados e sobre Operações Financeiras (art. 153, I, II, IV e V).
- Empréstimo compulsório para atender a despesas extraordinárias decorrentes de calamidade pública ou de guerra externa ou sua iminência (art. 148, I).
- Impostos extraordinários em caso de guerra externa ou sua iminência (art. 154, II).

As contribuições sociais estão sujeitas apenas ao princípio da noventena (§ 6º do art. 195 – 90 dias).

b) Alíquotas específicas

Consistem em determinado valor em moeda que deve ser multiplicado pela base de cálculo estabelecida em determinada medida ou unidade.

Exemplo:

CIDE sobre combustíveis:[4]

R$ 860,00 por m³ de gasolina;
R$ 40,90 por t de combustíveis com alto teor de enxofre etc.

3.2.2 Adicional

Além do imposto devido, apurado pela aplicação da alíquota sobre a base de cálculo, às vezes a lei determina o pagamento de mais um valor, sob o nome de adicional, que incide sobre determinada base de cálculo que ela fixar.

Por exemplo: Adicional do IR = 10% do valor do lucro real que exceder a R$ 20.000,00, multiplicado pelo número de meses do período de apuração (§ 3º do art. 542 do RIR).

Exemplo: período trimestral – LUCRO REAL = 300.000

a) IR 15% de 100.000   15.000

b) Adicional – Trimestral = 3 × 20.000 =   60.000

Base de cálculo 300.000 – 60.0000 =   240.000

Adicional 10% de 240.000 =   24.000

Total do IR =   39.000

O adicional é na verdade um aumento da alíquota fixada por outro parâmetro de apuração.

No caso: R$ 39.000 : 300.000 × 100 = 23%

Portanto, a alíquota efetiva do IR, nesse caso, foi de 19%.

3.2.3 Prazo de Pagamento

O prazo de pagamento pode ser fixado pelo ente competente para arrecadar o tributo, por lei ordinária.

---

[4]   Redação dada pela Lei nº 10.636/02.

Na prática, há casos em que a lei ordinária expressamente delega ao Chefe do Executivo a competência para fixar os prazos por meio de decreto. Ressalte-se que esse poder delegado ao Chefe do Executivo deve estar previsto em lei ordinária, portanto, editada pelo Poder Legislativo.

O mesmo pode ocorrer com a redução de alíquotas como forma de enfrentar, com eficácia, a chamada "guerra fiscal".

4

PRINCÍPIOS CONSTITUCIONAIS TRIBUTÁRIOS

Os princípios jurídicos fundamentos do Estado de Direito prevalecem sobre todas as normas jurídicas que só têm validade se editadas em rigorosa consonância com eles.

Em matéria tributária, podemos destacar, entre outros, na CF, os princípios do art. 150 e seguintes.

4.1 PRINCÍPIO DA LEGALIDADE

> Art. 150. Sem prejuízo de outras garantias asseguradas ao contribuinte, é vedado à União, aos Estados, ao Distrito Federal e aos Municípios:
>
> I – exigir ou aumentar tributo sem lei que o estabeleça.

É de suma importância atentar para o fato de que o princípio diz claramente: lei (fonte principal), ato do Poder Legislativo e não: decreto, portaria, instrução normativa etc. (fontes secundárias) que são atos do Poder Executivo.

O aumento de tributo pode dar-se não só pela elevação da alíquota, mas também pela ampliação da base de cálculo, em ambos os casos, ou na hipótese de qualquer outra forma de alteração que implique aumento do tributo, mas somente ato do Poder Legislativo poderá criar a nova regra. Portanto, alteração na legislação tributária que importe em aumento de tributo não pode ser feita por ato do Poder Executivo, por exemplo, uma instrução normativa da Receita Federal que altere a base de cálculo de um tributo incluindo nela valores que não estão expressamente previstos em lei.

40 | As Micro e Pequenas Empresas e o Simples Nacional • Fabretti

Em relação aos impostos utilizados como instrumentos reguladores da economia (importação, exportação, industrialização etc.), a CF faculta ao Poder Executivo alterar suas alíquotas por decreto, desde que estas fiquem dentro dos parâmetros já regulados por lei.

Os aumentos por medidas provisórias sujeitam-se à regra do § 2º do art. 62 da CF, conforme foi estudado no item 1.2.1.5 deste livro.

4.2 ISONOMIA TRIBUTÁRIA

O art. 150 também proíbe à União, aos Estados, Municípios e Distrito Federal

> (...)
>
> II – instituir tratamento desigual entre contribuintes que se encontrem em situação equivalente, proibida qualquer distinção em razão de ocupação profissional ou função por eles exercida, independentemente da denominação jurídica dos rendimentos, títulos ou direitos.

A isonomia tributária é espécie do princípio geral de isonomia, expresso no *caput* do art. 5º da CF:

> Art. 5º Todos são iguais perante a lei, sem distinção de qualquer natureza, garantindo-se aos brasileiros e aos estrangeiros residentes no País a inviolabilidade do direito à vida, à liberdade, à igualdade, à segurança e à propriedade, nos termos seguintes.

Dessa forma a lei prestigia a igualdade de direitos para que todos os cidadãos em situação econômica idêntica paguem os tributos de acordo com sua força econômica.

Exemplo: IR sobre os rendimentos do trabalho assalariado. Independentemente da categoria profissional (médico, advogado, contador, professor, etc.), todos que obtiverem o mesmo valor de rendimento estão sujeitos à mesma alíquota de imposto.

Todavia, o princípio da igualdade proíbe que a lei efetue distinções injustas entre as pessoas (sexo, raça, crença, nacionalidade, etc.), mas determina que as distinções que busquem a justiça social sejam feitas pela lei. Assim, por exemplo, a lei atribui tratamento diferenciado à criança e ao adolescente por meio do Estatuto da Criança e do Adolescente e também ao idoso por meio do Estatuto do Idoso. A ideia é buscar a justiça social.

Dessa busca pela justiça social resulta o princípio segundo o qual os contribuintes deverão pagar os tributos (impostos) de acordo com a sua força econômica ou capacidade contributiva.

Assim, pessoas físicas ou jurídicas que se encontram na mesma condição financeira deverão ter o mesmo tratamento para que seja realizada a justiça tributária.

É o que acontece, por exemplo, com o MEI, as microempresas e empresas de pequeno porte têm direito a um tratamento diferenciado e devem ser tributadas de acordo com a sua força econômica.

4.3 IRRETROATIVIDADE TRIBUTÁRIA

Esse princípio estabelece que é vedado à União, aos Estados, aos Municípios e ao Distrito Federal.

> Art. 150. (...)
>
> III – cobrar tributos:
>
> a) em relação a fatos geradores ocorridos antes do início da vigência da lei que os houver instituído ou aumentado.

A irretroatividade tributária também é espécie do princípio geral da irretroatividade da lei, expresso no inciso XXXVI do art. 5º da CF, que diz:

> XXXVI – a lei não prejudicará o direito adquirido, o ato jurídico perfeito e a coisa julgada;

Em resumo, a lei aplica-se aos fatos que ocorrem após sua entrada em vigor. Não pode retroagir para alcançar fatos já ocorridos na vigência de lei anterior.

Assim, por exemplo, se um consumidor adquire um veículo em uma concessionária na data de 22/03/18 pagando uma determinada alíquota de IPI e esta alíquota aumenta em 25/03/18, o aumento não poderá afetar a operação que já foi concretizada (venda), pois já se realizou o fato gerador do tributo que é a saída do veículo do estabelecimento industrial (montadora). A nova alíquota somente irá afetar os veículos produzidos a partir de 25/03/18.

A exceção dessa regra é, em matéria penal, conforme disposto no inciso XL do art. 5º da CF, que dispõe:

> XL – a lei penal não retroagirá, salvo para beneficiar o réu;

42 | As Micro e Pequenas Empresas e o Simples Nacional • Fabretti

Dessa forma, a lei que prevê pena mais branda retroagirá para beneficiar o réu, nos casos em que a lei anterior previa penas mais severas.

4.4 ANTERIORIDADE

O princípio da anterioridade pressupõe que o devedor da obrigação tributária tem o direito de conhecer, com antecedência, as alterações na legislação que venham a caracterizar aumento na carga tributária. Dessa forma, o art. 150 veda à União, Estados, Municípios e Distrito Federal a possibilidade de aumentar ou criar impostos:

> Art. 150
>
> (...)
>
> b) no mesmo exercício financeiro em que haja sido publicada a lei que os instituiu ou aumentou;

Assim, para instituir um tributo ou aumentá-lo para o exercício financeiro de 2017, por exemplo, a lei deveria ser promulgada até, no máximo, 31-12-2016. Porém, esse princípio isoladamente não assegurava ao contribuinte o direito de conhecer com antecedência razoável a mudança na legislação tributária. Por isso ocorreu, por meio da EC nº 42/03, a instituição do princípio da noventena que alterou essa contagem.

Citado princípio estabelecido pela EC nº 42/03 acrescentou uma nova alínea *c* ao inciso 111 do art. 150 da CF, vedando a criação ou o aumento de impostos dentro do mesmo exercício financeiro e:

> c) antes de decorridos noventa dias da data em que haja sido publicada a lei que os instituiu ou aumentou, observado o disposto na alínea *b*.

Portanto, a instituição de novo tributo ou seu aumento deve observar, além do princípio da anterioridade (alínea *b*), também o da noventena (alínea *c*).

Assim, um novo imposto ou seu aumento, para vigorar em 1º de janeiro do exercício financeiro seguinte, a lei que instituiu a mudança deve ser publicada até 30 de setembro do exercício anterior. Exemplo: aumento do ICMS no Estado de São Paulo a partir de janeiro de 2018. A lei deverá ser publicada até o final de setembro de 2017.

NOTA: A noventena não se aplica ao Imposto de Renda (art. 150, §1º). Se, por exemplo, for aprovada pelo Congresso Nacional uma lei que aumenta a alíquota do Imposto sobre a Renda para pessoa física em 31/12/2017, esse aumento passará a ter validade a partir de janeiro de 2018.

4.4.1 Exceções

A própria CF estabelece algumas exceções ao princípio da anterioridade, a saber:

I – ALTERAÇÃO DE ALÍQUOTA – IMPOSTOS FEDERAIS

> **Art. 153**
>
> (...)
>
> 1º É facultado ao Poder Executivo, atendidas as condições e os limites estabelecidos em lei, alterar as alíquotas dos impostos enumerados nos incisos I, II, IV e V.

As alíquotas referidas são as dos seguintes impostos da União: I – Importação; II – Exportação; IV – Produtos industrializados; V – Sobre operações financeiras.

Tal exceção ao princípio justifica-se pelo fatodesses impostos serem mencionados, utilizados como instrumento de política econômica e social do governo federal: para equilibrar a balança comercial é facultado ao Poder Executivo alterar as alíquotas dos impostos sobre importação (II) e exportação(IE); para restringir ou incentivar o consumo há a autorização para alterar as alíquotas do Imposto sobre Produtos Industrializados(IPI) e para regular o mercado financeiro poderão ser alteradas as alíquotas do Imposto sobre Operações Financeiras (IOF). Em razão disso, são denominados *impostos extrafiscais.*

II – CONTRIBUIÇÕES SOCIAIS

> **Art. 195**
>
> (...)
>
> § 6º As contribuições sociais de que trata este artigo só poderão ser exigidas após decorridos noventa dias da data da publicação da lei que as houver instituído ou modificado, não se lhes aplicando o disposto no art. 150, III, *b.*

4.5 DO ESCLARECIMENTO DO CONSUMIDOR

Esse princípio está previsto no § 5º do art. 150 da CF:

> Art. 150
>
> (...)
>
> § 5º A lei determinará medidas para que os consumidores sejam esclarecidos acerca dos impostos que incidam sobre mercadorias e serviços.

A Lei nº 12.741/12 regula a forma como esse princípio deve ser aplicado.

Praticamente todos os tributos que incidem sobre a formação do preço de produtos ou serviços devem ser informados ao consumidor. Assim, ao consumir produtos ou serviços, o contribuinte tem o direito de saber o percentual referente à carga tributária incidente sobre eles.

Essas informações deverão ser disponibilizadas no estabelecimento, sejam divulgadas em painel afixado em local visível, ou por qualquer outro meio eletrônico ou impresso, de forma a demonstrar o valor ou percentual, ambos aproximados, dos tributos incidentes sobre todas as mercadorias ou serviços postos à venda.

4.6 DA RESERVA DE LEI PARA ANISTIA

Anistia corresponde ao perdão de crimes e infrações praticadas pelo contribuinte ou responsável pela obrigação tributária. Essa anistia poderá ser acompanhada da respectiva redução ou perdão das penalidades aplicadas e de parte do débito tributário (remissão).

Corresponde a um mecanismo que permite ao Poder Público procurar receber débitos atrasados perdoando infrações e penalidades aplicáveis ao devedor de tributos, uma vez que poderá exigir o total ou parte do débito corrigido do devedor que, por sua vez, reconhece a prática de irregularidade, mas se propõe a pagar o total ou parte de sua dívida.

Uma vez que importam em redução do valor total a ser exigido do devedor e abrir mão de direito de processar e condenar o devedor por irregularidades fiscais, a anistia e a remissão somente poderão ser concedidas pelo ente da federação que tem a competência para instituir e arrecadar o tributo.

> Art. 150
>
> (...)
>
> § 6º Qualquer subsídio ou isenção, redução de base de cálculo, concessão de crédito presumido, anistia ou remissão, relativos a im-

> postos, taxas ou contribuições, só poderá ser concedido mediante lei específica, federal, estadual ou municipal, que regule exclusivamente as matérias acima enumeradas ou o correspondente tributo ou contribuição, sem prejuízo do disposto no art. 155, § 2º, XII, g. (Redação dada pela Emenda Constitucional nº 3, de 1993)

O CTN disciplina as normas gerais sobre anistia (arts. 180 a 182) e remissão (art. 172).

4.7 DA RESERVA DE LEI COMPLEMENTAR

O constituinte de 1988 reservou para a lei complementar certas matérias que considerou mais relevantes. A razão é que a lei complementar exige, para sua aprovação, maioria absoluta de votos (50% mais um do total de membros da casa que a estiver aprovando), enquanto a lei ordinária pode ser aprovada por maioria simples (50% mais um dos presentes à sessão).

Exemplo: Supondo (para arredondar os números) que a Câmara dos deputados tenha 500 membros e que estejam presentes à sessão 300, serão necessários os seguintes números de votos para a aprovação:

- Lei complementar: 251 votos
- Lei ordinária: 151 votos

Portanto, a lei complementar deve ser objeto de maior estudo, discussão e convencimento para ser aprovada, fato que visa assegurar o princípio da representatividade.

Em matéria tributária, a CF prevê em seu art. 146:

> Art. 146. Cabe à lei complementar:
>
> I – dispor sobre conflitos de competência, em matéria tributária, entre a União, os Estados, o Distrito Federal e os Municípios;

O inciso I tem a função de evitar que União, Estados, Municípios ou Distrito Federal venham a invadir a competência uns dos outros em relação aos tributos que podem instituir, arrecadar e fiscalizar.

> II – regular as limitações constitucionais ao poder de tributar;

Esse dispositivo refere-se às limitações previstas no art. 150 da CF.

> III – estabelecer normas gerais em matéria de legislação tributária, especialmente sobre:

46 | As Micro e Pequenas Empresas e o Simples Nacional • Fabretti

a) definição de tributos e de suas espécies, bem como, em relação aos impostos discriminados nesta Constituição, a dos respectivos fatos geradores, bases de cálculo e contribuintes;

O inciso II, letra "a", refere-se às normas gerais tributárias tais como a Lei Kandir (Lei Complementar nº 87/96) que estabelece as normas gerais de ICMS que devem ser seguidas por todos os Estados e a Lei Complementar nº 116/03 que disciplina as normas de ISS que devem ser seguidas por todos os Municípios.

b) obrigação, lançamento, crédito, prescrição e decadência tributários;

Esses temas são tratados pelo Código Tributário Nacional.

c) adequado tratamento tributário ao ato cooperativo praticado pelas sociedades cooperativas;

A lei que regula o ato cooperativo é de 1971 (Lei nº 5.764/71) e é uma lei ordinária (comum) e não complementar. O STF tem decidido os conflitos que surgem em matéria tributária em relação às cooperativas.

d) definição de tratamento diferenciado e favorecido para as microempresas e para as empresas de pequeno porte, inclusive regimes especiais ou simplificados no caso do imposto previsto no art. 155, II, das contribuições previstas no art. 195, I e §§ 12 e 13, e da contribuição a que se refere o art. 239.

Parágrafo único. A lei complementar de que trata o inciso III, *d*, também poderá instituir um regime único de arrecadação dos impostos e contribuições da União, dos Estados, do Distrito Federal e dos Municípios, observado que:

I – será opcional para o contribuinte;

II – poderão ser estabelecidas condições de enquadramento diferenciadas por Estado;

III – o recolhimento será unificado e centralizado e a distribuição da parcela de recursos pertencentes aos respectivos entes federados será imediata, vedada qualquer retenção ou condicionamento;

IV – a arrecadação, a fiscalização e a cobrança poderão ser compartilhadas pelos entes federados, adotado cadastro nacional único de contribuintes.

Art. 146-A. Lei complementar poderá estabelecer critérios especiais de tributação, com o objetivo de prevenir desequilíbrios da

> concorrência, sem prejuízo da competência de a União, por lei, estabelecer normas de igual objetivo.

A Lei Complementar nº 123/06 instituiu o Estatuto da Microempresa e da Empresa de Pequeno Porte e regulou a figura jurídica do MEI (Microempreendedor Individual) e regula o sistema do Simples Nacional.

5

RENÚNCIA FISCAL

A arrecadação de receita pelo Estado, por meio da cobrança de tributos, faz parte de sua atividade financeira (receita, gestão e despesa) ordinária, isto é, normal, comum, rotineira.

Entretanto, é frequente o Estado utilizar-se dos tributos para alcançar outros fins que não o de arrecadação.

Denomina-se extrafiscalidade essa forma de o Estado usar o tributo, dispensando, postergando ou reduzindo seu pagamento, para alcançar determinados objetivos políticos, econômicos ou sociais. Por exemplo: redução de alíquota, incentivos fiscais etc. Assim, para coibir a prática de preços abusivos, por oligopólios, o Estado pode reduzir as alíquotas do Imposto de Importação, permitindo a entrada, no mercado nacional, de produtos estrangeiros mais baratos que o similar nacional, provocando, pela concorrência, a redução de preços no mercado. Ou, ainda, prestigiar a indústria nacional e incentivando as vendas da produção interna, estabelecendo alíquotas maiores para a importação de produtos concorrentes dos similares nacionais. Em 2015, por exemplo, o governo federal tomou medidas legais no sentido de restringir a importação de produtos siderúrgicos chineses a partir do aumento da tributação sobre a importação desses bens com a finalidade de beneficiar a indústria nacional. Todavia, em 15 de dezembro de 2008, devido à grave crise econômica mundial, foi editada a MP nº 451/08, que reduziu as alíquotas do IPI sobre os automóveis, além de reduzir em 50% o IOF sobre empréstimos e operações com cheques especiais.

Dessa forma, o aumento ou redução de tributos é um mecanismo para regular a economia.

Na prática, tem-se preferido empregar a expressão genérica *renúncia fiscal*, mais fácil de ser compreendida do que a expressão, rigorosamente técnica, *extrafiscalidade*.

Ressalte-se, entretanto, que a renúncia fiscal só será válida se instituída por lei do ente federativo competente para arrecadar o respectivo tributo.

5.1 ISENÇÃO

Tecnicamente, a isenção é considerada um favor fiscal, de natureza temporária, excluindo o pagamento do tributo. Por intermédio da isenção, o ente federativo competente para legislar sobre determinado tributo concede ao contribuinte a dispensa do seu pagamento. Por exemplo: o ICMS é um imposto estadual. O Estado de São Paulo, por meio de lei, concede isenção de ICMS para a aquisição de veículos por taxistas.

A isenção é sempre decorrente de lei, que deve especificar as condições e os requisitos exigidos para sua concessão, os tributos aos quais se aplica e, sendo o caso, o prazo de sua duração (art. 176, CTN).

Dessa forma a lei que concede o benefício regula o prazo em que os contribuintes terão direito a ele, indica quem são os contribuintes alcançados pela regra e qual o tributo a que se aplica. No exemplo anterior, os contribuintes são os taxistas que comprovam estar habilitados para a profissão, o prazo do benefício é até outubro de 2017 (podendo ser prorrogado) e o tributo é o ICMS.

O art. 178 do CTN dispõe:

> Art. 178. A isenção, salvo se concedida por prazo certo e em função de determinadas condições, pode ser revogada ou modificada por lei, a qualquer tempo, observando o disposto no inciso III do art. 104.

A isenção concedida por prazo certo gera direito adquirido para aqueles que forem beneficiados por ela. Se um determinado município concede, por exemplo, isenção de IPTU por três anos, para indivíduos que são residentes em uma região fortemente atingida pelas chuvas, essa isenção não poderá ser revogada em caso de alteração de comando na prefeitura.

Sua revogação ou modificação deve observar o disposto no CTN:

> Art. 104. Entram em vigor no primeiro dia do exercício seguinte àquele em que ocorra a sua publicação os dispositivos de lei, referentes a impostos sobre o patrimônio ou a renda:
>
> (...)
>
> III – que extinguem ou reduzem isenções, salvo se a lei dispuser de maneira mais favorável ao contribuinte, e observado o disposto no art. 178.

Significa, na prática, que se deve observar o princípio da anterioridade para a revogação de isenção quando esta não for concedida por prazo certo.

Dispõe, ainda, o CTN em seu art. 177:

> Art. 177. Salvo disposição de lei em contrário, a isenção não é extensiva:
>
> I – às taxas e às contribuições de melhoria;
>
> II – aos tributos instituídos posteriormente à sua concessão.

Logo, a lei pode conceder, por prazo determinado, a isenção de algum tributo por tipo de bem ou serviço, ou pode condicioná-la a parâmetros por ela definidos. Por exemplo: isenção do IRRF sobre o rendimento do trabalho até o limite mensal de R$ 1.903,98 (valor para 2017).

A isenção, em geral, não dispensa o cumprimento de obrigações acessórias, embora possa simplificá-las. Por exemplo: empresas que tenham direito à isenção de ICMS devem emitir nota fiscal de vendas (com a menção da isenção) e contabilizar a entrada e a saída dessas mercadorias do estabelecimento, Isso ocorre inclusive para que a empresa não tenha problemas com a fiscalização e o Estado tenha o controle de circulação de mercadorias isentas.

Não existe isenção definitiva. Ela é sempre condicionada a determinado período de tempo, por tipo de bem ou serviço ou a algum parâmetro que a lei fixar.

O que se tem confundido, na prática, com isenção definitiva são, na verdade, as hipóteses de imunidade ou de não incidência.

As MPEs (micro e pequenas empresas), optantes pelo regime do Simples Nacional, ao efetuarem o cálculo dos valores a recolher mensalmente, deverão separar as receitas decorrentes de atividades que são isentas de ISS ou ICMS, uma vez que esses tributos deverão ser excluídos do cálculo. A demonstração da apuração da alíquota está descrita no Capítulo 10, item 10.8.

5.2 IMUNIDADE TRIBUTÁRIA

É um princípio constitucional que visa resguardar a independência dos entes da federação (União, Estados, Distrito Federal e Municípios), a liberdade de culto religioso, de associação política, sindical, de educação, de assistência social, de divulgação científica e cultural dos fatos de interesse da sociedade.

Esse princípio está disposto na CF:

> Art. 150. Sem prejuízo de outras garantias asseguradas ao contribuinte, é vedado à União, aos Estados, ao Distrito Federal e aos Municípios:

> (...)
>
> VI – instituir impostos sobre:
>
> a) patrimônio, renda ou serviços, uns dos outros;
>
> b) templos de qualquer culto;
>
> c) patrimônio, renda ou serviços dos partidos políticos, inclusive suas fundações, das entidades sindicais dos trabalhadores, das instituições de educação e de assistência social, sem fins lucrativos, atendidos os requisitos da lei;
>
> d) livros, jornais, periódicos e o papel destinado a sua impressão;
>
> e) fonogramas e videofonogramas musicais produzidos no Brasil contendo obras musicais ou literomusicais de autores brasileiros e/ou obras em geral interpretadas por artistas brasileiros bem como os suportes materiais ou arquivos digitais que os contenham, salvo na etapa de replicação industrial de mídias ópticas de leitura a laser.

As imunidades não poderão ser revogadas por qualquer tipo de lei uma vez que são normas constitucionais e, portanto, somente poderão ser revisadas por emenda constitucional que venha a reformá-las.

Uma vez que as imunidades previstas no art. 150, VI, estão ligadas aos direitos e garantias individuais, somente poderão ser alteradas se houver uma reforma da CF.[5]

Além das imunidades previstas no art. 150, VI, a CF estabelece também as seguintes imunidades:

---

[5] Art. 60. A Constituição poderá ser emendada mediante proposta:
I – de um terço, no mínimo, dos membros da Câmara dos Deputados ou do Senado Federal;
II – do Presidente da República;
III – de mais da metade das Assembleias Legislativas das unidades da Federação, manifestando-se, cada uma delas, pela maioria relativa de seus membros.
(...)
§ 4º Não será objeto de deliberação a proposta de emenda tendente a abolir:
I – a forma federativa de Estado;
II – o voto direto, secreto, universal e periódico;
III – a separação dos Poderes;
IV – os direitos e garantias individuais.

5.2.1 Imunidade do IPI

O IPI não poderá incidir sobre as operações que destinem produtos para o exterior:

> Art. 153. Compete à União instituir impostos sobre:
>
> (...)
>
> IV – produtos industrializados;
>
> (...)
>
> § 3° O imposto previsto no inciso IV:
>
> (...)
>
> III – não incidirá sobre produtos industrializados destinados ao exterior.

5.2.2 Imunidades do ICMS

Em relação ao ICMS, a CF estabelece várias imunidades referentes à cobrança desse imposto: a) nas operações de exportação; b) remessa entre Estados das seguintes mercadorias e serviços: petróleo, lubrificantes e combustíveis líquidos e gasosos e energia elétrica; c) aquisição de ouro como investimento (ativo financeiro ou instrumento cambial). Nessa hipótese a operação sujeita-se ao IOF e não ao ICMS.

> Art. 155. Compete aos Estados e ao Distrito Federal instituir impostos sobre:
>
> (...)
>
> II – operações relativas à circulação de mercadorias e sobre prestações de serviços de transporte interestadual e intermunicipal e de comunicação, ainda que as operações e as prestações se iniciem no exterior;
>
> (...)
>
> § 2° O imposto previsto no inciso II atenderá ao seguinte:
>
> (...)
>
> X – não incidirá:
>
> a) sobre operações que destinem mercadorias para o exterior, nem sobre serviços prestados a destinatários no exterior, assegurada a manutenção e o aproveitamento do montante do imposto cobrado nas operações e prestações anteriores;

b) sobre operações que destinem a outros Estados petróleo, inclusive lubrificantes, combustíveis líquidos e gasosos dele derivados, e energia elétrica;

c) sobre o ouro, nas hipóteses definidas no art. 153, § 5º;

d) nas prestações de serviço de comunicação nas modalidades de radiodifusão sonora e de sons e imagens de recepção livre e gratuita;

5.2.3 Imunidade do ISS

Essa imunidade depende da edição de lei complementar que, todavia, não poderá revogá-la.

Art. 156. Compete aos Municípios instituir impostos sobre:

(...)

III – serviços de qualquer natureza, não compreendidos no art. 155, II, definidos em lei complementar.

(...)

§ 3º Em relação ao imposto previsto no inciso III do *caput* deste artigo, cabe à lei complementar:

(...)

II – excluir da sua incidência exportações de serviços para o exterior.

5.3 NÃO INCIDÊNCIA

É a dispensa definitiva do tributo sobre determinadas operações, bens ou serviços. A própria lei dispõe que, embora ocorrendo o fato gerador, não haverá incidência de imposto. Dessa forma, a lei afasta a incidência do imposto, de maneira definitiva, sobre o fato gerador.

A não incidência só pode ser determinada pelo ente competente para arrecadar o imposto.

Exemplo: o Regulamento do ICMS de São Paulo (Decreto nº 33.118/91) dispõe sobre os casos de não incidência desse imposto em seu art. 7º. Citamos, entre outros, o inciso VI:

VI – a saída decorrente de operação que destine ao exterior produtos industrializados.

As Micro e Pequenas Empresas e o Simples Nacional • Fabretti

Dessa forma, ocorre a saída da mercadoria do estabelecimento (fato gerador do imposto), porém, a própria legislação estabelece que não há a incidência do imposto nesse ato, uma vez que, para as operações que destinem produtos ao exterior, a CF veda a cobrança de ICMS.

5.4 INCENTIVOS FISCAIS

A lei de cada ente da federação, titular da competência do imposto, poderá conceder redução do imposto a título de incentivo fiscal.

Tome-se como exemplo o incentivo fiscal relativo ao Programa de Alimentação do Trabalhador (PAT) (arts. 585 e 586 do RIR/94).

Nesse caso, a empresa pode abater do lucro real, como despesa operacional, o valor pago na aquisição do vale-refeição, deduzido do valor que houver sido descontado do empregado.

Além desse abatimento do lucro real, a empresa pode, a título de incentivo fiscal, deduzir 15% (alíquota do IRPJ) dessa despesa líquida, limitada, entretanto, a 4% do imposto devido.

Exemplo:	Valores em R$
Despesa com vale-refeição	10.000,00
(–) Descontado do empregado	(3.000,00)
Despesa operacional líquida	7.000,00
Incentivo fiscal 15% × 7.000,00	1.050,00
IRPJ devido	12.000,00
Limite: 4% × 12.000,00 =	480,00
Incentivo fiscal para dedução do IRPJ =	480,00

Entretanto, a Lei nº 9.532/97, que visa reduzir o volume da renúncia fiscal, dispõe que, se, em conjunto com o PAT, são utilizados os incentivos do Plano de Desenvolvimento Tecnológico Industrial (PDTI) e/ou do Plano de Desenvolvimento Tecnológico Agrícola (PDTA), a dedução conjunta desses incentivos está limitada a 4% do IRPJ devido.

Os incentivos fiscais têm a finalidade de desenvolver determinada região do país, determinada atividade econômica ou social.

A MPE, optante pelo regime do Simples, não poderá beneficiar-se de incentivos fiscais concedidos pela União, Estados ou Municípios para IR, CSL, IPI, ICMS, ISS etc., salvo expressa disposição de lei nesse sentido.[6]

5.5 REDUÇÃO DE ALÍQUOTA OU BASE DE CÁLCULO

Também é possível ao titular da competência tributária do imposto reduzir, temporariamente, a base de cálculo ou a alíquota de imposto, o que deve ser feito por meio de lei, ou quando esta autorizar, por decreto do Poder Executivo.

Como exemplo poderemos citar o art. 112 da Lei nº 6.374/89 – ICMS-SP, que dispõe:

> Art. 112. Sempre que outro Estado ou o Distrito Federal conceder benefícios fiscais ou financeiros, dos quais resulte redução ou eliminação, direta ou indireta, do respectivo ônus tributário, com inobservância de disposições da legislação federal que regula a celebração de acordos exigidos para tal fim e sem que haja aplicação das sanções nela previstas, o Poder Executivo poderá adotar as medidas necessárias à proteção da economia do Estado.

Com base nesse artigo, o Governo do Estado de São Paulo tem concedido redução de base de cálculo por decreto. Por exemplo: Decreto nº 35.549/92 (*DOE-SP*, de 28-8-1992).

> Art. 1º Fica acrescentado o item 10 à tabela I do Anexo II do regulamento do Imposto de Circulação de Mercadorias e de Prestação de Serviços, aprovado pelo Decreto nº 33.118, de 14-3-1991:
>
> "10 – No fornecimento de refeição promovido por bares, restaurantes e estabelecimentos similares, assim como na saída promovida por empresas preparadoras de refeições coletivas, excetuado, em qualquer dessas hipóteses, o fornecimento ou a saída de bebidas, a base de cálculo do imposto corresponderá a 70% (setenta por cento) do valor da operação (Lei nº 6.374/89, art. 112)".

---

[6] Art. 18, § 20-B, da LC 123/06: "A União, os Estados e o Distrito Federal poderão, em lei específica destinada à ME ou EPP optante pelo Simples Nacional, estabelecer isenção ou redução de COFINS, Contribuição para o PIS/PASEP e ICMS para produtos da cesta básica, discriminando a abrangência da sua concessão".

5.6 ANISTIA DE CRÉDITOS TRIBUTÁRIOS

A anistia refere-se aos débitos já existentes do contribuinte. É o perdão de parte da dívida tributária. Assim, enquanto a isenção, não incidência e imunidade excluem a possibilidade de existência de obrigação tributária, pois o tributo não é devido em determinadas circunstâncias previstas em lei, a anistia e a remissão pressupõem a existência de débitos que serão objeto de perdão, ou seja, o contribuinte será dispensado do pagamento de parte de sua dívida: multa, juros moratórios e demais penalidades pecuniárias. Dependendo do programa estabelecido pelo Estado, o contribuinte também poderá obter desconto no pagamento de sua dívida.

As hipóteses estão previstas no art. 181 do CTN:

> Art. 181. A anistia pode ser concedida:
>
> I – em caráter geral;
>
> II – limitadamente:
>
> a) às infrações da legislação relativa a determinado tributo;
>
> b) às infrações punidas com penalidades pecuniárias até determinado montante, conjugadas ou não com penalidades de outra natureza;
>
> c) a determinada região do território da entidade tributante, em função de condições a ela peculiares;
>
> d) sob condição do pagamento de tributo no prazo fixado pela lei que a conceder, ou cuja fixação seja atribuída pela mesma lei à autoridade administrativa.

5.7 PARCELAMENTO DO CRÉDITO TRIBUTÁRIO

Embora muitos autores não considerem o parcelamento de débitos do contribuinte uma forma de renúncia fiscal propriamente dita, esse parcelamento de dívidas tributárias implica no fato de o Estado deixar de receber à vista o total do crédito a que tem direito. Assim, é possível dividir em parcelas, oferecer descontos, anistias e remissões em programas específicos de refinanciamentos criados pelos entes tributantes, para que estes venham a receber débitos em atraso do contribuinte. Em vez de ajuizar cobranças judiciais, o Estado oferece ao contribuinte a possibilidade de pagar as suas dívidas de forma fracionada. Também pode oferecer descontos e dispensar o contribuinte de pagamento de parte de multas, juros etc.

A legislação que regula os diversos tributos estabelece parcelamentos convencionais que podem ser solicitados a qualquer momento e abrangem os débitos em atraso e suas penalidades. Esses débitos podem ser parcelados na esfera administrativa ou junto à Procuradoria antes do ajuizamento da ação de execução fiscal (após a inscrição na Dívida Ativa). Todavia, existem programas especiais desenvolvidos por Estados e Municípios sob a forma de Parcelamento Incentivado, ou desenvolvido pela União sob a forma de REFIS em que há a possibilidade de descontos, anistias e remissões. Essas formas de parcelamento e descontos, anistias etc. dependem de decisão política dos entes que instituem e arrecadam os tributos, e estes estabelecem um prazo para que o contribuinte formalize a sua adesão ao parcelamento especial. Nesses casos é permitido ainda que o contribuinte desista do parcelamento convencional para aderir ao parcelamento especial.

Em relação ao MEI e às MEs e EPPs, a Lei Complementar nº 123/06 estabelece as regras para parcelamento dos débitos tributários referentes às pessoas físicas e jurídicas inscritas no regime do Simples Nacional. Assim, dependendo da situação em que se encontra a pessoa física ou jurídica, os débitos poderão ser parcelados no âmbito da Receita Federal (fase administrativa) ou da Procuradoria-Geral da União, Estados ou Municípios quanto aos débitos já em fase de inscrição na dívida ativa para cobrança judicial.

Existem os parcelamentos convencionais descritos no art. 21 da Lei Complementar nº 123/16, §§ 15 a 24, e os parcelamentos especiais previstos em condições e prazos específicos. O exemplo mais recente ocorreu em relação aos débitos vencidos até maio de 2016 que foram parcelados em até 120 vezes, quando a regra geral é em 60 meses. O prazo para adesão dos contribuintes encerrou-se em 10 de março de 2017.

Ressalte-se também que os parcelamentos convencionais poderão ser uma forma de viabilizar a possibilidade de MEs e EPPs participarem de processos de licitação caso tenham débitos vencidos e não pagos (art. 43, § 1º).

5.7.1 Consequências da Adesão ao Parcelamento do Crédito Tributário

O contribuinte, ao aderir ao parcelamento convencional ou especial, está sujeito às seguintes consequências:

a) Irá formalizar um Termo de Confissão de Dívida pelo qual reconhecerá o débito e desistirá das discussões administrativas ou judiciais referentes à dívida. Essa confissão é irretratável.

b) Não poderá deixar de pagar três parcelas consecutivas ou alternadas. Caso isso ocorra, o débito remanescente será recalculado e o contribuinte será notificado para efetuar o pagamento à vista.

c) Em caso de inadimplência ou impossibilidade de pagamento por parte do contribuinte inscrito no regime do Simples Nacional, a Lei Complementar nº 123/06, em seu art. 21, § 18, autoriza o reparcelamento de débitos constantes de parcelamento em curso ou que tenham sido rescindidos, podendo ser incluídos novos débitos, aplicando-se as devidas penalidades e atualizações monetárias.

PARTE APLICADA

6

NOÇÕES ELEMENTARES DE LEGISLAÇÃO EMPRESARIAL

6.1 ATO E NEGÓCIO JURÍDICO

No exercício da atividade empresarial, torna-se necessária a prática de vários atos e negócios jurídicos que, por sua vez, têm suporte material nos fatos jurídicos.

O estudo dos atos e dos negócios jurídicos deve merecer especial atenção do empresário e da sociedade empresária, haja vista que, na recente alteração do Código Tributário Nacional (CTN), realizada por meio da Lei Complementar nº 104/01, foi aumentado o poder da autoridade tributária, pelo acréscimo de um novo parágrafo único ao art. 116:

> Parágrafo único. A autoridade administrativa poderá desconsiderar atos ou negócios jurídicos praticados com a finalidade de dissimular a ocorrência do fato gerador do tributo ou a natureza dos elementos constitutivos da obrigação tributária, observados os procedimentos a serem estabelecidos em lei ordinária.

Dessa forma, o citado dispositivo legal autoriza a fiscalização tributária a desconsiderar os negócios e atos praticados pelas empresas, empresários e demais pessoas jurídicas, caso entenda que esses possam, de alguma forma, terem alterado ou ocultado ocorrência de situações que geram o dever de cumprir obrigações fiscais.

Para evitar possíveis problemas futuros com o Fisco, é importante estudar com atenção e de forma preventiva os atos e negócios jurídicos que devem ser praticados pela empresa.

6.1.1 Fato Jurídico

É a causa que dá origem aos direitos, entre eles, os obrigacionais. A ocorrência do fato jurídico é que concretiza as normas de Direito, até então previstas em abstrato na lei.

O fato jurídico subdivide-se em duas espécies:

a) **Fato natural:** é o evento que ocorre independentemente da vontade humana. Uma vez acontecido, produz efeitos jurídicos. Por exemplo: a morte natural de uma pessoa é fato que causa várias consequências jurídicas, tais como: (1) a mudança do estado civil do cônjuge sobrevivente (de casado(a)) para viúvo (a)); (2) o patrimônio do falecido(a) passa a constituir seu espólio, cuja partilha ou adjudicação será determinada judicialmente.

Denomina-se espólio, no Direito Civil, a soma dos bens deixados pelo falecido, que será administrada ativa e passivamente pelo inventariante até sua partilha definitiva entre os herdeiros e legatários.

A legislação do Imposto de Renda considera o espólio uma continuação do patrimônio da pessoa do falecido. Seus rendimentos são tributados pelo regime da pessoa física até a partilha dos bens.

Do espólio consideram-se como passivo os tributos devidos pelo *de cujus* até a data da abertura da sucessão (art. 131, III, do CTN). O inventariante é responsável por todos os tributos devidos pelo espólio (art. 134, IV, do CTN) até a partilha, que não será homologada sem prova do pagamento dos tributos. Feita a partilha, deve ser entregue à Receita Federal a declaração final de encerramento do espólio, indicando e descrevendo, detalhadamente, os bens e as pessoas a quem for partilhado.

As dívidas pessoais do falecido não se transferem para seus sucessores, porém, o seu espólio responderá por essas obrigações. Assim, por exemplo, se determinado empresário teve os seus bens bloqueados em virtude de débitos fiscais e vier a falecer, o seu espólio poderá ser leiloado para o pagamento das obrigações tributárias.

Clóvis Beviláqua define: "Patrimônio é o complexo das relações jurídicas de uma pessoa apreciáveis economicamente."[7]

O grande civilista refere-se às relações jurídicas em seu sentido mais amplo. Por exemplo: os direitos reais de propriedade, uso, usufruto etc. exercidos pela pessoa contra a pretensão de qualquer outra sobre os bens de sua propriedade,

---

[7] *Teoria geral do Direito Civil.* Rio de Janeiro: Francisco Alves, 1946.

Parte Aplicada • Cap. 6 • NOÇÕES ELEMENTARES DE LEGISLAÇÃO EMPRESARIAL | **63**

imóveis ou móveis, tais como mercadorias, veículos, máquinas e equipamentos etc. (art. 1.225 do CC). Quem exerce o direito real é seu titular, direito esse que é oponível a qualquer outra pessoa (*erga omnes*). Entende-se por direito real a relação jurídica em razão da qual o titular pode retirar do bem as utilidades que ele é capaz de produzir.

São considerados como direito real, também, os direitos pessoais de caráter patrimonial, como o exercido pelo titular de direitos autorais, marcas de comércio, patentes de fabricação etc. São classificados como bens móveis (art. 83 do CC).

A expressão "complexo de relações jurídicas" inclui, também, as relações do direito pessoal, na parte do direito das obrigações, ou seja, o vínculo que se estabelece entre pessoas; uma é credora e outra, devedora, tendo por objeto uma prestação de caráter patrimonial, em virtude de uma causa, que é a vontade ou a lei. Se a causa for a livre vontade das partes, a obrigação é de Direito Privado (*ex voluntate*).

Contudo, se a causa é a vontade da lei, a obrigação é de Direito Público (*ex lege*).

A definição mais simples e mais usual de patrimônio é a que o conceitua como o conjunto de bens, direitos e obrigações pertencentes a uma pessoa física ou jurídica. Ressalte-se que, evidentemente, devem ser bens, direitos e obrigações avaliáveis economicamente.

Portanto, o patrimônio do *de cujus,* que passa a constituir seu espólio, pode ser composto de elementos ativos, isto é, bens (imóveis, móveis, veículos) e direitos (depósitos bancários, títulos e valores mobiliários etc.), assim como de elementos passivos (empréstimos bancários, impostos a pagar etc.).

> b)   **Fato humano:** é o acontecimento que depende da vontade humana para produzir os efeitos jurídicos pretendidos pelo agente. O fato humano concretiza-se pela realização de um ato da pessoa. Assim, o profissional habilitado para o exercício da contabilidade, quando presta efetivamente esse serviço, torna concreto o fato do serviço prestado. Outro exemplo: quando o empresário pratica todos os atos necessários para se estabelecer com uma loja, concretiza-se o fato da existência material da empresa, com seu estabelecimento comercial.

6.1.2 Ato Jurídico

No sentido geral do termo, as pessoas expressam-se por atos. O ato manifesta a vontade do agente. Ato jurídico é todo ato lícito, que tem por finalidade adquirir, resguardar, modificar ou extinguir direito. Exemplo: compra e venda de imóvel. Para sua validade, requer agente capaz, objeto possível, determinado ou determinável e forma prescrita ou não defesa em lei. Esses elementos do ato jurídico são comentados no item seguinte, relativo ao negócio jurídico.

6.1.3 Negócio Jurídico

É o ato jurídico realizado entre duas pessoas ou mais, que têm por objeto um bem econômico, ou seja, de natureza patrimonial, que se transfere de titular, de forma onerosa, isto é, envolvendo o pagamento de um preço, tendo, em contrapartida, a entrega de um bem ou a prestação de um serviço.

Em economia, bem é toda coisa dotada de utilidade. Utilidade é a capacidade de satisfazer a uma necessidade humana. Se o bem for passível de avaliação em moeda, ele qualifica-se como bem econômico.

O automóvel, por exemplo, é dotado de utilidade, ou seja, é capaz de satisfazer, entre outras, à necessidade do ser humano de se locomover, com certo conforto, rapidez e relativa independência de horário e itinerário. É, portanto, um bem. Por ser passível de avaliação em moeda, é qualificado como bem econômico. Logo, a compra e venda de um automóvel é um negócio jurídico, que se concretiza pela entrega do veículo a uma das partes e pelo recebimento do preço pela outra, ou seja, ocorre a entrega do bem, tendo em contrapartida o pagamento do preço.

Os bens podem ser tangíveis, ou seja, materiais (mercadorias, equipamentos, veículos imóveis etc.), ou intangíveis ou imateriais (marcas, patentes, nome empresarial etc.).

O negócio jurídico para ser válido, ou seja, apto a produzir os efeitos jurídicos pretendidos, deve atender às disposições do art. 104 do Código Civil:

> Art. 104. A validade do negócio jurídico requer:
>
> I – agente capaz;
>
> II – objeto lícito, possível; determinado ou determinável;
>
> III – forma prescrita ou não defesa em lei.

Analisando essas disposições, verifica-se que a lei exige, para validade do negócio jurídico, os seguintes requisitos:

a) agente capaz, ou seja, as partes que praticam o ato, sejam elas pessoas físicas ou jurídicas, devem ter capacidade jurídica,[8] ou seja estarem legalmente aptas para exercer direitos e assumir obrigações;

b) o objeto do negócio jurídico deve ser lícito, isto é, permitido ou não proibido por lei. Deve ser possível, pois o impossível não pode ser juridicamente negociável. Entretanto, conforme prevê o art. 106 do CC, a impos-

---

[8] Ver Capítulo 7, item 7.2.

PARTE APLICADA • Cap. 6 • NOÇÕES ELEMENTARES DE LEGISLAÇÃO EMPRESARIAL | **65**

sibilidade inicial do objeto não invalida o negócio jurídico se for relativa, ou se cessar antes de realizada a condição a que ele estiver subordinado. Deve ser determinado, por exemplo: compra e venda do imóvel X, pelo preço de Y reais. Ou passível de determinação, por exemplo, a compra e venda de uma safra de café a ser colhida dentro de alguns meses;

c)   forma prescrita ou não proibida pela lei. O negócio jurídico deve ser formalizado por documento que preencha os requisitos legais. Como regra geral, o direito permite a livre criação de formas de documento que comprovem o negócio jurídico, desde que atendidos certos requisitos mínimos especificados na lei.

Exemplificando melhor: a doação não onerosa de um imóvel é, entre outros, um ato jurídico simples. A compra e venda de um imóvel, por ter como objeto um bem econômico e o pagamento do preço, é um negócio jurídico.

6.1.4 Contrato

O negócio jurídico mais simples, que se esgota num único ato, é formalizado mediante documentos também simples, tais como recibo, nota fiscal, duplicata, nota promissória etc. Por exemplo: venda de um automóvel, com pagamento à vista.

O negócio jurídico mais complexo exige a elaboração formal de um contrato por instrumento escrito, cujas cláusulas regulem toda a atividade dele decorrente. Deve definir direitos e deveres das partes, objetivo do contrato, duração por tempo determinado ou indeterminado, prestações pecuniárias, indicador de atualização monetária escolhido pelas partes, cláusulas penais por seu descumprimento, sucessão, foro de eleição etc.

Contrato é o acordo de vontades, entre duas ou mais pessoas, com objetivo lícito e possível. O contrato, ensina Maria Helena Diniz,

> *"na linguagem jurídica em geral significa: a) acordo de duas ou mais vontades na conformidade da ordem jurídica, destinado a estabelecer uma regulamentação de interesses entre as partes, com o escopo de adquirir, modificar ou extinguir relações jurídicas de natureza patrimonial".*[9]

---

[9]   *Dicionário jurídico*. São Paulo: Saraiva, 1998. v. 1, p. 837.

6.2 SOCIEDADE

O CC dispõe em seu art. 981:

> Art. 981. Celebram contrato de sociedade as pessoas que recipro-camente se obrigam a contribuir, com bens ou serviços, para o exercício de atividade econômica e a partilha, entre si, dos resultados.

O fator fundamental para o sucesso da sociedade é a ampla colaboração e o bom entendimento entre os sócios (*affectio societatis*). Por essa razão, o CC é bastante rígido nas disposições relativas à admissão de novo sócio, justamente para resguardar esse bom entendimento.

A sociedade pode ser constituída com pessoas físicas, ou pessoas físicas e jurídicas, ou, ainda, só com pessoas jurídicas.

Pessoa física é o ser natural. É capaz de direitos e deveres na ordem civil. Os casos de incapacidade civil são regidos pelos arts. 3º a 5º do CC. Todavia, a incapacidade em razão da menoridade cessa quando o menor, com 16 anos completos, passa a ter atividade econômica própria, estabelecendo-se civil ou comercialmente, ou passe a ter relação de emprego, e, em consequência, tenha economia própria, além dos outros casos previstos no art. 5º:

> Art. 5º A menoridade cessa aos dezoito anos completos, quando a pessoa fica habilitada à prática de todos os atos da vida civil.
>
> Parágrafo único. Cessará, para os menores, a incapacidade:
>
> I – pela concessão dos pais, ou de um deles na falta do outro, mediante instrumento público, independentemente de homolo-gação judicial, ou por sentença do juiz, ouvido o tutor, se o menor tiver dezesseis anos completos;
>
> II – pelo casamento;
>
> III – pelo exercício de emprego público efetivo;
>
> IV – pela colação de grau em curso de ensino superior;
>
> V – pelo estabelecimento civil ou comercial, ou pela existência de relação de emprego, desde que, em função deles, o menor com dezesseis anos completos tenha economia própria.

A pessoa jurídica é uma criação do Direito. Portanto, uma entidade abstrata. A associação de duas ou mais pessoas, visando a um objetivo comum e que se vinculam mediante contrato social, constitui a pessoa jurídica. A pessoa jurídica,

PARTE APLICADA • Cap. 6 • NOÇÕES ELEMENTARES DE LEGISLAÇÃO EMPRESARIAL | **67**

por ser um ente abstrato, é representada pelos sócios aos quais o contrato social atribuir esse poder.

Entre os princípios fundamentais de contabilidade, um dos mais importantes é o da entidade, pelo qual a pessoa jurídica e seu patrimônio devem ser tratados de forma distinta das pessoas físicas ou jurídicas de seus sócios e seus respectivos patrimônios particulares.

Exemplificando: duas pessoas físicas (A e B) resolvem dedicar-se ao comércio de tecidos, constituindo uma sociedade por quotas de responsabilidade limitada. Investem cada qual uma parte de seu patrimônio particular na integralização do capital da nova entidade, que se denomina A & B Comércio de Tecidos Ltda.

A integralização do capital inicial pode ser feita em dinheiro (caixa) ou pela entrega de outros bens e direitos, por exemplo, máquinas, equipamentos, títulos e valores mobiliários etc.

Daí por diante, os bens e os direitos investidos na sociedade passam a ser patrimônio exclusivo da entidade, pessoa jurídica (A & B Comércio de Tecidos Ltda.).

No patrimônio particular de cada sócio, constarão as respectivas quotas de capital na sociedade e os demais bens e direitos não investidos no negócio.

O princípio da separação do patrimônio da entidade do patrimônio particular dos sócios prevalece tanto na contabilidade como no direito, especialmente nas legislações societária e tributária.

Não obstante isso, a doutrina e a jurisprudência vêm admitindo a desconsideração da personalidade jurídica da sociedade, em certos casos, para permitir a execução de bens dos sócios, principalmente para pagamento de dívidas trabalhistas e previdenciárias, que serão examinadas mais adiante.

As pessoas jurídicas podem ser de Direito Privado (sociedades, associações, fundações etc.) formadas por particulares; de Direito Público (União, Estados, Municípios, autarquias [INSS] formadas por entes do Estado, Empresas públicas [Empresa Brasileira de Correios e Telégrafos – EBCT] etc.) ou de Direito Público externo, ou seja, os Estados estrangeiros e todas as pessoas que forem regidas pelo Direito Internacional Público.

A sociedade pode ser contratual ou institucional.

Contratual é a sociedade na qual, observadas as cláusulas básicas da lei, os sócios podem contratar livremente outras cláusulas, inclusive sobre participação no lucro e a forma de sua distribuição ou destinação. Exemplo: a sociedade limitada.

Institucional é a sociedade na qual só podem constar as cláusulas da lei e que, por essa razão, é regida por Estatuto e não por contrato. Exemplo: a sociedade por ações. Quem compra, na Bolsa de Valores, ações de uma S.A. de capital aberto está aderindo a seu estatuto, incondicionalmente.

7

EMPRESÁRIO, EMPRESA E SOCIEDADES EMPRESÁRIA E SIMPLES

O Código Civil (CC), Lei n° 10.406/02, que entrou em vigor em 11-1-2003, introduziu novos conceitos jurídicos de empresário, empresa e sociedade empresária.

7.1 EMPRESÁRIO

O CC define empresário em seu art. 966:

> Art. 966. Considera-se empresário quem exerce profissionalmente atividade econômica organizada para a produção ou a circulação de bens ou de serviços.
>
> Parágrafo único. Não se considera empresário quem exerce profissão intelectual, de natureza científica, literária ou artística, ainda com o concurso de auxiliares ou colaboradores, salvo se o exercício da profissão constituir elemento de empresa.

Embora não mencionada no conceito legal de empresário, é evidente que a atividade econômica por ele desenvolvida profissionalmente deve visar a lucro, pois as atividades sem fins lucrativos não se compreendem nos conceitos tradicionais de empresa.

Em face da expressa exclusão do conceito de empresário de quem exerce profissão intelectual, de natureza científica, literária ou artística, interpreta-se, por exemplo, que o advogado estabelecido com escritório para exercer profissionalmente a atividade econômica de prestação de serviços jurídicos, mesmo com o concurso de auxiliares e colaboradores, não é empresário. Por via de consequência, seu escritório não é empresa. No caso de sociedade formada para prestação desses serviços, ela é regida pelas normas do Estatuto da Advocacia (Lei nº 8.906/94) e seus atos constitutivos devem ser registrados no Conselho Seccional da Ordem dos Advogados do Brasil (OAB), em cuja base territorial tiver sua sede (§ 1º do art. 15).

O mesmo raciocínio aplica-se para o contador, o médico, o engenheiro, o tradutor, o pintor, o escultor, o escritor etc.

Empresário é a pessoa que assume o risco do negócio, investindo capital em mercadorias, máquinas etc., contrata trabalhadores e administra esses fatores econômicos, visando obter lucro. É indiferente o grau de formação escolar de seu titular.

O conceito de empresário do CC é mais abrangente que o antigo conceito de comerciante do Código Comercial. Por comércio entendiam-se, então, as atividades econômicas de produção (indústria) e de circulação de bens (comércio).

A atividade de prestação de serviços não era regida pelo Código Comercial, mas pelo CC e, portanto, o prestador de serviço não era comerciante, nem seu estabelecimento, comercial.

Na época, o Produto Interno Bruto (PIB) era composto, em sua maior porcentagem, pela produção da indústria e pela circulação de bens pelo comércio.

Com o desenvolvimento da tecnologia, a atividade econômica de prestação de serviços ampliou-se e passou a representar parcela bastante significativa do PIB.

O atual conceito de empresário, acompanhando esse desenvolvimento, abrange todas as atividades de indústria, comércio e prestação de serviços, exceto os serviços considerados como de profissão intelectual, seja ela de natureza científica, literária ou artística.

Para efeitos do Estatuto da Microempresa e Empresa de Pequeno Porte (Lei Complementar nº 123/06) e opção pelo regime do Simples Nacional,

> consideram-se microempresas ou empresas de pequeno porte a sociedade empresária, a sociedade simples, a empresa individual de responsabilidade limitada e o empresário individual devidamente registrados no Registro de Empresas Mercantis ou no Registro Civil de Pessoas Jurídicas (art. 3º).

Dessa forma, para melhor entendimento do citado Estatuto, é necessário desenvolver os conceitos mencionados.

7.1.1 Empresário Estabelecido com Firma Individual

Não se pode conceber atividade concreta de empresário sem a existência de empresa. Portanto, as normas do CC, que tratam da caracterização e da inscrição do empresário, devem ser interpretadas como relativas ao empresário que se estabelece com firma individual, portanto, sem sócios.

Trata-se da empresa individual. Daí decorre sua obrigação de inscrição, no Registro Público de Empresas Mercantis (Juntas Comerciais), da respectiva sede, antes do início da atividade, mediante requerimento que contenha os dados exigidos pela lei.

Note-se que a responsabilidade do empresário estabelecido com empresa individual era ilimitada. Seu crédito em bancos e fornecedores dependia muito mais de seu patrimônio pessoal do que do capital investido e registrado na empresa individual. Porém, a partir de 2011, a Lei nº 12.441 alterou as disposições do Código Civil a respeito do empreendimento individual, permitindo que o titular desse tipo de empreendimento tenha sua responsabilidade limitada ao capital social investido, desde que: (a) esse capital não seja inferior a 100 (cem) vezes o maior salário mínimo vigente no País e esteja devidamente integralizado; (b) esse titular figure em apenas um empreendimento individual.

Essa entidade terá, na formação de seu nome empresarial, a inclusão da expressão "EIRELI" após a firma ou nome da empresa. Assim, por exemplo, se João dos Santos constituiu um estabelecimento nas condições citadas, seu empreendimento terá, como razão social, a formação "João dos Santos EIRELI" (firma) ou "João dos Santos Comércio de Roupas Masculinas EIRELI" (denominação).

Para fins da legislação do Imposto de Renda, a empresa individual é equiparada à pessoa jurídica (art. 150 do RIR).

Embora a responsabilidade seja exclusiva de uma pessoa física, as atividades econômicas da empresa individual recebem o mesmo tratamento tributário das pessoas jurídicas. Portanto, sujeita às mesmas obrigações tributárias principais (pagamento dos impostos, taxas e contribuições) e acessórias (dever de escriturar livros e documentos etc.).

Ser equiparada não significa passar a ser pessoa jurídica, mas ser tratada como se fosse. Portanto, para efeito fiscal, sujeita às mesmas obrigações tributárias, principais e acessórias. Em resumo, é tributada como se fosse pessoa jurídica.

Na área do Imposto de Renda, o art. 150 do RIR/99 (Decreto nº 3.000/99) dispõe:

> Art. 150. As empresas individuais, para os efeitos do imposto de renda, são equiparadas às pessoas jurídicas.
>
> § 1º São empresas individuais:
>
> I – as firmas individuais;

PARTE APLICADA • Cap. 7 • EMPRESÁRIO, EMPRESA E SOCIEDADES | **71**

> II – as pessoas físicas que, em nome individual, explorem, habitual e profissionalmente, qualquer atividade econômica de natureza civil ou comercial, com o fim especulativo de lucro, mediante venda a terceiros de bens ou serviços;
>
> III – as pessoas físicas que promoverem a incorporação de prédios em condomínio ou loteamento de terrenos (...).

O § 2º desse mesmo artigo determina que não são equiparadas à pessoa jurídica as pessoas físicas que, individualmente, exerçam as profissões ou explorem as atividades de advogado, contador, médico, dentista, veterinário etc., enfim, todas as atividades caracterizadas como prestação de serviço intelectual, de natureza científica (art. 647 do RIR/99).

Na área trabalhista, a Consolidação das Leis do Trabalho (CLT) dispõe, em seu art. 2º:

> Art. 2º Considera-se empregador a empresa, individual ou coletiva, que, assumindo os riscos da atividade econômica, admite, assalaria e dirige a prestação pessoal de serviço.
>
> § 1º Equiparam-se ao empregador, para os efeitos exclusivos da relação de emprego, os profissionais liberais, as instituições de beneficência, as associações recreativas ou outras instituições sem fins lucrativos, que admitirem trabalhadores como empregados.

Portanto, a CLT define o empregador como o responsável pelo cumprimento das obrigações trabalhistas, seja ele empresa individual ou sociedade, com ou sem fins lucrativos.

O art. 195 da CF, em sua redação original, determinava que o empregador deveria financiar parte da seguridade social, pagando contribuições sociais incidentes sobre a folha de salários (INSS), o faturamento (Cofins) e o lucro (CSLL).

Portanto, na época, quem não tinha empregados com carteira assinada não sofria a incidência dessas contribuições.

Posteriormente, a EC nº 20/98 alterou essas disposições, passando a incluir como contribuinte, além do empregador, também a empresa ou entidade a ela equiparada, na forma da lei.

A base de cálculo da contribuição ao INSS também foi ampliada, ou seja, passou da original, que era folha de salários, para incidir também sobre todos os demais rendimentos pagos ou creditados a qualquer título, à pessoa física, mesmo sem vínculo de emprego.

Incide também sobre a folha de salários o Seguro por Acidente de Trabalho (SAT). De acordo com o tipo de risco que o empregado está sujeito no desempenho de suas funções, a pessoa jurídica deverá recolher esse seguro. As alíquotas variam entre 1% (risco leve), 2% (risco médio) e 3% (risco grave).

Todavia, como os investimentos em segurança e prevenção de acidentes de trabalho variam de uma empresa para outra, a Lei nº 10.666/03 determina, em seu art. 10:

> Art. 10. A alíquota de contribuição de um, dois ou três por cento, destinada ao financiamento do benefício de aposentadoria especial ou daqueles concedidos em razão do grau de incidência de incapacidade laborativa decorrente dos riscos ambientais do trabalho, poderá ser reduzida, em até cinquenta por cento, ou aumentada, em até cem por cento, conforme dispuser o regulamento, em razão do desempenho da empresa em relação à respectiva atividade econômica, apurado em conformidade com os resultados obtidos a partir dos índices de frequência, gravidade e custo, calculados segundo metodologia aprovada pelo Conselho Nacional de Previdência Social.

Para a determinação desses cálculos foi criado o FAP (Fator Acidentário Previdenciário). Esse Fator é calculado individualmente, ou seja, para cada empresa.

Ressalte-se que a Medida Provisória nº 540/11, posteriormente convertida na Lei nº 12.546/11, alterou a incidência do INSS para alguns setores. Assim, as empresas que atuam no setor de serviços de Tecnologia da Informação e Tecnologia da Informação e Comunicação, em vez da calcularem o INSS sobre a folha de salários, aplicam a alíquota de 2,5% sobre receita bruta (–) as vendas canceladas e os descontos incondicionais concedidos para cálculo dessas contribuições previdenciárias. No caso dos setores têxtil, confecções, calçados e couro, móveis, plástico, material elétrico, autopeças, ônibus, naval, aéreo, de bens de capital, mecânica, hotelaria, equipamentos para *call center* e *design house,* a alíquota era de 1,5% sobre receita bruta (–) as vendas canceladas e os descontos incondicionais concedidos. Porém, esse benefício foi concedido por prazo determinado e após inúmeras alterações legislativas e mudanças de alíquotas tem o seu término previsto para 2018.

7.1.2 Empresário Rural

O empresário rural, ou seja, a pessoa física cuja principal ocupação profissional é a atividade rural definida no art. 58[10] do RIR, pode registrar-se como empresa individual rural, conforme dispõe o art. 971 do CC.

---

[10] Art. 58. Considera-se atividade rural (Lei nº 8.023, de 12 de abril de 1990, art. 2º, Lei nº 9.250, de 1995, art. 17, e Lei nº 9.430, de 1996, art. 59):
I –a agricultura;

Não obstante isso, para fins do IR, o empresário rural individual é tributado como pessoa física (art. 57 do RIR).

Em breve resumo, o art. 58 do RIR define como atividade rural: a agricultura, a pecuária, a extração e a exploração vegetal e animal, as culturas animais por exemplo, apicultura, avicultura, suinocultura, sericultura, piscicultura etc., a pasteurização e o acondicionamento de leite, assim como mel e suco de laranja, acondicionados em embalagem de apresentação.

Para apuração do IR devido, o resultado da atividade rural será determinado mediante escrituração do livro-caixa, que deverá abranger receitas, despesas de custeio, investimentos e demais valores que integram a atividade (art. 60 do RIR).

O empresário rural, ou seja, a pessoa física cuja principal ocupação profissional é a atividade rural, pode registrar-se como empresa individual rural, conforme dispõe o art. 971 do CC:

> Art. 971. O empresário, cuja atividade rural constitua sua principal profissão, pode, observadas as formalidades de que tratam o art. 968 e seus parágrafos, requerer inscrição no Registro Público de Empresas Mercantis da respectiva sede, caso em que, depois de inscrito, ficará equiparado, para todos os efeitos, ao empresário sujeito a registro.

Para o ruralista resolver tornar-se empresário nos termos do art. 971, é recomendável proceder a um estudo detalhado das vantagens e desvantagens, principalmente no que se refere aos aspectos contábil e tributário, de preferência mediante consultoria especializada.

II – a pecuária;

III – a extração e a exploração vegetal e animal;

IV – a exploração da apicultura, avicultura, cunicultura, suinocultura, sericicultura, piscicultura e outras culturas animais;

V – a transformação de produtos decorrentes da atividade rural, sem que sejam alteradas a composição e as características do produto in natura, feita pelo próprio agricultor ou criador, com equipamentos e utensílios usualmente empregados nas atividades rurais, utilizando exclusivamente matéria-prima produzida na área rural explorada, tais como a pasteurização e o acondicionamento do leite, assim como o mel e o suco de laranja, acondicionados em embalagem de apresentação;

VI – o cultivo de florestas que se destinem ao corte para comercialização, consumo ou industrialização.

Parágrafo único. O disposto neste artigo não se aplica à mera intermediação de animais e de produtos agrícolas (Lei nº 8.023, de 1990, art. 2º, parágrafo único, e Lei nº 9.250, de 1995, art. 17).

A Lei Complementar nº 123/06 estabelece que, para fins do regime do Simples Nacional, o produtor rural, seja pessoa física ou jurídica, terá direito a ingressar no regime de tributação simplificada, desde que sua receita anual auferida esteja dentro dos limites legais e a pessoa esteja em situação regular com a Previdência Social e com as normas municipais que regulam o exercício da sua atividade.

7.1.3 Microempreendedor Individual – MEI

A LC nº 128/08, que alterou o Estatuto da Microempresa e Empresa de Pequeno Porte (LC nº 126/03), criou uma categoria de empresário individual que não se classifica como ME ou EPP.

O empreendedor individual que obtenha uma receita bruta anual igual ou inferior aos limites fixados em lei[11] é classificado como Microempreendedor Individual e poderá optar por um regime tributário diferenciado, desde que atenda às condições estabelecidas para a sua categoria pelo Estatuto da ME e EPP.

Poderá se enquadrar como MEI o empresário individual que exerce atividades de industrialização, comercialização e prestação de serviços, inclusive no âmbito rural que possua um único empregado que receba exclusivamente 1 (um) salário mínimo ou o piso salarial da categoria profissional. Porém, esse empresário não pode exercer atividades que não são beneficiadas pelo sistema do Simples Nacional.

O regime diferenciado estabelece que o Microempreendedor Individual recolherá valor fixo mensal correspondente à soma das seguintes parcelas:

- 5% do salário mínimo, a título da contribuição previdenciária do empregador. Atualmente esse valor de contribuição está restrito a R$ 45,65 (quarenta e cinco reais e sessenta e cinco centavos);
- R$ 1,00 (um real), a título de ICMS, caso a sua atividade esteja sujeita a esse imposto;
- R$ 5,00 (cinco reais), a título de ISS, caso sua atividade esteja sujeita a esse imposto.

A LC nº 139/11, que alterou a LC nº 123/06, autoriza a obter os benefícios aplicados ao MEI o empreendedor que realiza atividade de comercialização e processamento de produtos relativos a atividade extrativista, por exemplo, a coleta e o tratamento de frutas, entre outras.

---

[11] R$ 81.000,00 a partir de 2018.

PARTE APLICADA • Cap. 7 • EMPRESÁRIO, EMPRESA E SOCIEDADES | 75

Todavia, para que esse novo tipo de benefício não venha a interferir e prejudicar as relações trabalhistas o CGSN deverá regular as atividades autorizadas a ingressar no sistema, bem como regular a incidência de ICMS e ISS no setor.

Convém ressaltar que a regulamentação dessas atividades deve, também, atender às exigências da legislação ambiental, pois a coleta de madeira, borracha e outros recursos naturais assemelhados poderá interferir no meio ambiente.

Os cálculos referentes ao regime de tributação, as obrigações tributárias e demais obrigações do MEI, bem como as vedações previstas no Estatuto da Microempresa e da Empresa de Pequeno Porte serão tratados em capítulo próprio deste livro.

7.2 CAPACIDADE

Para exercer a atividade profissional de empresário, a pessoa deve estar no pleno gozo da capacidade civil, bem como não estar legalmente impedida de exercer atividade de empresário.

A capacidade civil está prevista no CC e significa a aptidão que o indivíduo deve ter para exercer os atos da vida civil. Ela define-se por exclusão, ou seja, as pessoas que não sejam consideradas por lei como absolutamente incapazes[12] ou relativamente incapazes[13] são capazes civilmente.

O CC estabelece as situações em que o indivíduo menor de 18 anos poderá adquirir capacidade para exercer os atos da vida civil.[14]

Também a legislação comercial regula os casos de incapacidade para o exercício da atividade empresarial. O falido, por exemplo, pode estar no pleno gozo de sua capacidade civil, mas está impedido pela Lei de Falências (Lei nº

---

[12]   Menores de 16 anos (art. 3º do CC).

[13]   Maiores de 16 anos e menores de 18 anos; os ébrios habituais e os viciados em tóxico; aqueles que, por causa transitória ou permanente, não puderem exprimir sua vontade e os pródigos (pessoas que não tem controle sobre seus gastos e dilapidam patrimônio). Art. 4º do CC.

[14]   Art. 5º (...) Parágrafo único. Cessará, para os menores, a incapacidade:
I – pela concessão dos pais, ou de um deles na falta do outro, mediante instrumento público, independentemente de homologação judicial, ou por sentença do juiz, ouvido o tutor, se o menor tiver dezesseis anos completos;
II – pelo casamento;
III – pelo exercício de emprego público efetivo;
IV – pela colação de grau em curso de ensino superior;
V – pelo estabelecimento civil ou comercial, ou pela existência de relação de emprego, desde que, em função deles, o menor com dezesseis anos completos tenha economia própria.

76 | As Micro e Pequenas Empresas e o Simples Nacional • Fabretti

11.101/05) de exercer a atividade de empresário, até a sentença declaratória da extinção de suas obrigações.

Se tiver sido condenado, ou se estiver respondendo a processo por crime falimentar (art. 181), sua reabilitação somente pode ser concedida após o decurso do prazo de cinco anos do término da execução das penas de detenção ou reclusão e desde que o condenado prove estarem extintas, por sentença, suas obrigações.

De acordo com as instruções do Departamento Nacional de Registro de Empresas e Integração (DREI) está impedida de ser administrador de empresa a pessoa que esteja nas seguintes condições: (a) condenada a pena que vede, ainda que temporariamente, o acesso a cargos públicos; ou por crime falimentar, de prevaricação, peita ou suborno, concussão, peculato; ou contra a economia popular, contra o sistema financeiro nacional, contra as normas de defesa da concorrência, contra as relações de consumo, a fé pública ou a propriedade, enquanto perduraram os efeitos da condenação; (b) impedida por norma constitucional ou por lei especial: (c) brasileiro naturalizado há menos de 10 anos. A indicação de estrangeiro para cargo de administrador poderá ser feita, sem ainda possuir "visto permanente", desde que haja ressalva expressa no ato constitutivo de que o exercício da função depende da obtenção desse "visto"; (d) pessoas que estejam em exercício de cargo público (seja no Poder Executivo, Legislativo ou Judiciário).

A pessoa legalmente impedida que, mesmo assim, exercer atividade própria de empresário, responderá pelas obrigações contraídas.

Portanto, não poderá escusar-se de cumprir as obrigações assumidas ilegalmente, sob o argumento de que estava impedida e de que, portanto, o negócio jurídico praticado não é válido.

7.3 EMPRESA

A empresa é a unidade econômica organizada, que, combinando capital e trabalho, produz, ou comercializa bens, ou presta serviços, com finalidade de lucro. Adquire personalidade jurídica pela inscrição de seus atos constitutivos no órgão de registro próprio, adquirindo, dessa forma, capacidade jurídica para assumir direitos e obrigações. A empresa deve ter estabelecimento e indicar sua sede, ou seja, deve ter um domicílio, local onde exercerá seus direitos e responderá por suas obrigações.

O capital da empresa pode ser integralizado com bens tangíveis, tais como dinheiro, máquinas, equipamentos, mercadorias etc., e por bens intangíveis, tais como marcas, patentes etc.

A empresa contrata força de trabalho, com ou sem vínculo empregatício. Combinando capital e trabalho e adotando tecnologia e métodos de administração eficientes, organiza sua atividade econômica, objetivando a produção ou

Parte Aplicada • Cap. 7 • EMPRESÁRIO, EMPRESA E SOCIEDADES | **77**

circulação de bens ou a prestação de serviços, visando obter lucro que lhe permita desenvolver-se e remunerar adequadamente o capital nela investido.

7.4 SOCIEDADE EMPRESÁRIA

Quando as pessoas formam uma sociedade, adotando uma das formas de sociedades disciplinadas no CC, para a produção e/ou circulação de bens ou serviços, com finalidade de lucro, esse tipo de sociedade é classificado como sociedade empresária, conforme disposto no art. 982 do CC/02:

> Art. 982. Salvo as exceções expressas, considera-se empresária a sociedade que tem por objeto o exercício de atividade própria de empresário sujeito a registro (art. 967); e, simples, as demais.
>
> Parágrafo único. Independentemente de seu objeto, considera-se empresária a sociedade por ações; e, simples, a cooperativa.

Portanto, as sociedades personificadas, ou seja, as que adquiriram personalidade jurídica pelo registro de seus atos constitutivos no registro próprio, por exercerem atividade econômica típica de empresário, ou seja, produção e circulação de bens e serviços, com finalidade de lucro, são consideradas sociedades empresárias.

As sociedades por ações (S.A.), também denominadas pela lei como companhias, são sempre consideradas sociedades empresárias e são regidas por lei especial, no caso a Lei nº 6.404/76 – Lei das Sociedades por Ações, alterada pela Lei nº 11.638/07.

Já as cooperativas serão sempre consideradas sociedades simples.

7.5 SOCIEDADE SIMPLES

7.5.1 Conceito

O Código Civil de 1916, na Parte Geral, definia, em seu art. 16, I, como pessoas jurídicas de Direito Privado, entre outras, as sociedades civis, as quais eram regidas pelas normas dos arts. 1.363 a 1.409 da Parte Especial.

Eram consideradas sociedades civis as que tinham como objetivo a prestação de serviços em geral.

As sociedades mercantis eram regidas pelas leis comerciais, ou seja, pelo Código Comercial e pela legislação complementar publicada após sua edição, também denominada legislação extravagante.

O CC de 2002 (Lei n° 10.406/02), seguindo a influência da doutrina civilista do Direito italiano, resolveu reunir e organizar todo o Direito Positivo Privado em um único Código Civil.

Desse fato resulta que todas as sociedades, que no sistema anterior estavam separadas, parte no Código Civil e parte no Código Comercial, passaram a ser regidas pela lei civil, ou seja, pelo CC. Portanto, não há mais o que falar em sociedade civil como um tipo específico de sociedade, já que todas passaram a constar do mesmo CC. Por essa razão, as antigas sociedades civis passaram a ser classificadas como sociedade simples.

Uma vez arquivados e inscritos seus atos constitutivos no registro competente, a sociedade personifica-se e nasce a pessoa jurídica, que será representada ativa e passivamente por seus administradores. A pessoa jurídica, como também já se disse, está capacitada para adquirir direitos e assumir obrigações.

A sociedade de advogados, por exemplo, é sociedade simples, mas por determinação da Lei n° 8.906/94 – Estatuto da Advocacia e da Ordem dos Advogados do Brasil (OAB), art. 15, § 1° –, só adquire personalidade jurídica com o registro aprovado de seus atos constitutivos no Conselho Seccional da OAB, em cuja base territorial tiver sede.[15]

Na sociedade simples, por não ter natureza empresarial, é possível admitir sócio que contribua apenas com serviços, ou seja, com o seu trabalho prestado em favor da sociedade, assim como acontecia com a antiga sociedade de capital e indústria, que desapareceu por não ter sido recepcionada pelo atual CC.

O sócio cuja contribuição consiste apenas em serviços, salvo convenção expressa em contrário, deve dedicar-se, com exclusividade, à sociedade. O serviço que constituirá sua participação na sociedade deve ser especificado, detalhadamente e com clareza, no contrato social. Caso venha empregar-se em atividades estranhas à sociedade, a punição poderá ser a perda da participação nos lucros, ou se os demais sócios assim decidirem, poderá vir a ser a sua exclusão da sociedade.

É comum nas sociedades simples de prestação de serviços de advocacia, auditoria, consultoria etc. que as pessoas, habilitadas para o exercício de uma dessas profissões, admitidas inicialmente como empregados, depois de algum tempo de bons serviços, sejam promovidas a sócias do escritório. Sua participação na sociedade será, exclusivamente, a de seu trabalho dedicado aos objetivos da sociedade.

---

[15] Art. 15. Os advogados podem reunir-se em sociedade simples de prestação de serviços de advocacia ou constituir sociedade unipessoal de advocacia, na forma disciplinada nesta Lei e no regulamento geral. (Redação dada pela Lei n° 13.247, de 2016)

§ 1° A sociedade de advogados e a sociedade unipessoal de advocacia adquirem personalidade jurídica com o registro aprovado dos seus atos constitutivos no Conselho Seccional da OAB em cuja base territorial tiver sede.

Entretanto, participará dos resultados na forma que for estabelecida no contrato social.

7.5.2 Responsabilidade dos Sócios

Na antiga sociedade civil, a responsabilidade era sempre subsidiária – aquela em que os sócios respondem com seus bens particulares, caso os bens da sociedade não sejam suficientes para atender à execução civil ou fiscal.

Portanto, nesse caso, os sócios respondem pelo saldo da dívida que restar após a liquidação dos bens da sociedade, com os seus bens particulares.

Na nova sociedade simples, o contrato social pode prever se os sócios respondem, ou não, subsidiariamente pelas obrigações sociais, introduzindo, dessa forma na sociedade simples, a responsabilidade limitada dos sócios.

Nesse caso, o contrato social deve adotar a forma de sociedade simples limitada, que deve constar de sua denominação. Por exemplo: Análises Clínicas Especiais S/S Ltda.

Essa limitação da responsabilidade, é evidente, deve ser bem observada por quem concede crédito (bancos, fornecedores de equipamentos, de material de consumo etc.) para a sociedade simples limitada.

No caso de ser adotada a forma de sociedade simples limitada, a responsabilidade de cada sócio é restrita ao valor de sua quota de capital. Entretanto, todos respondem solidariamente pela integralização do capital.

Uma vez totalmente integralizado o capital social, a responsabilidade dos sócios fica restrita ao valor de sua quota de capital. Todavia, nos casos em que a sociedade tenha acumulado dívidas trabalhistas, previdenciárias, provenientes de crimes fiscais ou indenizações devidas por prejuízos causados aos consumidores ou clientes, poderá ser decretada a desconsideração da personalidade jurídica da sociedade, passando-se a responsabilizar os sócios de capital por essas obrigações.

Ressalte-se ainda que, para o exercício de algumas profissões, a lei que as regula estabelece a responsabilidade ilimitada do profissional que causar prejuízos ao seu cliente.

A conta de capital social deve seguir a norma contábil prevista na Lei das S.A e a Sociedade Simples deve entregar a sua Escrituração Contábil Digital por meio do Sistema Público de Escrituração Digital.

A Lei das S.A. determina em seu art. 182:

> Art. 182. A conta do capital social discriminará o montante subscrito e, por dedução, a parcela ainda não realizada.

Essa norma contábil foi adotada para todos os tipos de sociedade, pois essa informação é de vital importância para a análise da situação financeira da sociedade e da efetiva responsabilidade de seus sócios.

7.6 CLÁUSULAS ESPECÍFICAS DOS CONTRATOS DE SOCIEDADES

7.6.1 Sociedade Simples

As cláusulas mínimas do contrato social que devem ser observadas por lei, por qualquer tipo de sociedade contratual, constam do art. 997 do CC.

A denominação social, objeto e endereço de sua sede devem ser indicados em cláusulas próprias do contrato social.

O prazo de duração da sociedade poderá ser por tempo indeterminado, ou vinculado à conclusão de um objetivo específico, ou ainda por prazo determinado.

Devem ser especificadas as quotas de capital de cada sócio e a forma como será integralizado. O capital da sociedade deve ser indicado em moeda corrente nacional e pode ser integralizado com qualquer espécie de bens pecuniários, ou seja, avaliáveis em moeda. Em outras palavras, com bens econômicos.

Devem ser indicadas as pessoas naturais que vão administrar a sociedade, seus poderes e atribuições.

A participação de cada sócio nos resultados econômicos, sejam eles positivos (receita maior do que a despesa = lucro) ou negativos (receita menor do que a despesa = prejuízo ou perda), deve constar em cláusula própria do contrato social.

A existência legal da pessoa jurídica somente começa com o registro de seus atos constitutivos (Lei nº 6.015/73, art. 119).

O registro dos atos constitutivos de qualquer tipo de sociedade é o ato que personifica a pessoa jurídica, que somente então passa a ter existência legal e pode assumir direitos e obrigações, por atos de seus administradores.

Após a assinatura do contrato social, ou a lavratura da escritura pública, esses atos constitutivos de sociedades simples ou empresárias devem ser levados para inscrição no registro competente, no prazo máximo de 30 dias.

Caso algum dos sócios tenha sido representado por procurador, a respectiva procuração deve acompanhar o instrumento do contrato social, para a devida averbação.

A sociedade simples que abrir sucursal, filial ou agência na circunscrição de outro Registro Civil de Pessoas Jurídicas deve inscrevê-la nesta, com a prova da inscrição originária. Ressalte-se que esses cartórios têm circunscrição municipal, e não estadual, como o Registro de Empresas Mercantis (Juntas Comerciais).

Por essa razão, a abertura, por exemplo, de filiais deve ser inscrita no registro da circunscrição do Município, ainda que dentro da mesma região metropolitana. Essa inscrição deverá, em seguida, ser averbada no Registro Civil da sede da sociedade, em qualquer caso de constituição da sucursal, filial ou agência.

Fundamentos legais: arts. 997 a 1.038 do CC.

7.6.1.1 Sociedades Empresárias Prestadoras de Serviços

O artigo 982 do CC dispõe:

> Art. 982. Salvo as exceções expressas, considera-se empresária a sociedade que tem por objeto o exercício de atividade própria de empresário sujeito a registro (art. 967); e, simples, as demais.

A doutrina tem separado a sociedade prestadora de serviços profissionais da sociedade prestadora de serviços destinados à produção ou circulação. Na visão de Miguel Reale, por exemplo,

> "(...) tanto a sociedade simples como a empresária podem se constituir para prestação de serviço, mas, a meu ver, na primeira, a palavra "serviço" corresponde à profissão exercida pelo sócio. Na sociedade empresária, ao contrário, os serviços são **organizados tendo em vista a sua produção ou circulação,** dependendo da finalidade visada. É o que se dá quando uma empresa é organizada para prestação de serviços, como, por exemplo, os de transmissão ou distribuição de energia elétrica, ou de transporte."[16]

7.6.2 Sociedade Limitada

A sociedade por quotas de responsabilidade limitada (LTDA.) tem sido, ao longo do tempo, a forma societária mais adotada, na prática, pelas pequenas, médias e até grandes empresas. Segundo dados da Associação Comercial de São Paulo, 95% das pequenas e médias empresas adotam a forma de sociedade limitada.

Os motivos dessa preferência eram, na legislação anterior (Decreto nº 3.708, de 10-1-1919), sua relativa simplicidade, e a possibilidade de limitar a responsabilidade de cada sócio ao total do capital social em algumas hipóteses previstas em lei e pelo fato de ser uma sociedade contratual.

---

[16] REALE, Miguel. *A Sociedade Simples e a Empresária no Código Civil.* Disponível em: <http://www.miguelreale.com.br/artigos/socse.htm>. Acesso em: 18 out. 2018.

Na sociedade contratual, os sócios, desde que observadas as cláusulas básicas exigidas pela lei, têm plena liberdade de contratar as demais cláusulas, inclusive sobre a repartição dos lucros.

Nas sociedades institucionais, por exemplo, nas sociedades por ações, os acionistas, ao adquirirem ações, estão aderindo, de modo incondicional, ao estatuto da sociedade, conforme registrado na Junta Comercial e Lei das Sociedades por Ações.

A sociedade de responsabilidade limitada era regida pelo Decreto nº 3.708, de 10-1-1919. O seu título constitutivo, ou seja, o contrato social, estava subordinado às disposições dos arts. 300 a 302 do Código Comercial.

Com a entrada em vigor, em 11-1-2003, do CC, passou a denominar-se apenas sociedade limitada e a ser regida pelas normas dos seus arts. 1.052 a 1.087.

No regime anterior, o titular de 51% das quotas do capital social tinha os votos necessários para proceder a qualquer modificação do contrato social, inclusive para nomear os sócios gerentes, ou seja, os encarregados de gerir os negócios da sociedade, atualmente designados como administradores.

De acordo com o CC, a modificação do contrato social precisa de pelo menos 75% (3/4) do capital social (art. 1.076, I). Tome-se como exemplo uma sociedade em que o sócio "A" é titular de 60% das quotas e os sócios "B" e "C" são detentores de quotas correspondentes a 20% do capital cada um.

No regime anterior (Decreto nº 3.708/19), o sócio "A" poderia decidir, como titular de 60% das quotas de capital social, todas as alterações. No atual sistema, vai precisar dos votos de pelo menos um dos outros sócios para esse tipo de decisão.

Outra modificação relevante é a relativa à nomeação e destituição de administradores da sociedade limitada – nova denominação para os antigos sócios-gerentes.

Atualmente, o sócio que for nomeado administrador por meio de cláusula expressa no contrato social somente poderá ser destituído pelo voto dos sócios que representem 2/3 do capital social (art. 1.063, § 1º).

Portanto, o novo código alterou profundamente as relações de poder dentro das sociedades limitadas.

O CC, com intento de proteger os sócios minoritários, estabeleceu regras específicas destinadas a viabilizar essa garantia. Essas novas regras desfazem a simplicidade anterior, tornando-a muito parecida com a S.A., cujas regras são muito mais complexas e importam em maiores despesas para seu fiel cumprimento.

Para ilustrar essa assertiva, citem-se apenas alguns exemplos:

- Exigência de assembleia de sócios para a tomada de vários tipos de decisões.
- Aprovação das contas da administração em assembleia.

PARTE APLICADA • Cap. 7 • EMPRESÁRIO, EMPRESA E SOCIEDADES | 83

- Necessidade de novos livros societários para registrar as atas das assembleias, o termo de posse de administradores e conselheiros fiscais etc.
- Nomeação de conselho fiscal para sociedades com mais de dez sócios.
- A exigência de unanimidade para aprovação, entre outros assuntos, do aumento ou redução do capital ou para admissão de novo sócio etc.

Essas novas regras, praticamente, "engessam" a sociedade. Esta, para adaptar-se rapidamente à dinâmica da evolução da conjuntura econômica, necessita de procedimentos práticos e flexíveis, que lhe permitam tomar novas medidas em tempo hábil, para que sejam eficazes.

7.6.3 Contrato Social de Sociedade Limitada

Uma das vantagens da limitada é a de ser, como já se disse, uma sociedade contratual, podendo os sócios, obedecidas as normas básicas fixadas em lei, contratar livremente as demais cláusulas do contrato social, inclusive quanto à forma de repartição dos lucros.

De acordo com o art. 1.053, nos casos omissos, a limitada será regida, de forma supletiva, pelas normas da sociedade simples.

Todavia, o parágrafo único do art. 1.053 autoriza que o contrato social possa prever a regência supletiva da sociedade limitada pelas normas da S.A., prática essa que está consagrada tanto na doutrina, como na jurisprudência. Portanto, é recomendável que se coloque uma cláusula nesse sentido, ou seja, escolhendo a regência supletiva pela LSA.

O contrato social deve conter, no que couber, basicamente as cláusulas indicadas no art. 997,[17] e, além delas, outras normas específicas, livremente con-

---

[17] Art. 997. A sociedade constitui-se mediante contrato escrito, particular ou público, que, além de cláusulas estipuladas pelas partes, mencionará:

I – nome, nacionalidade, estado civil, profissão e residência dos sócios, se pessoas naturais, e a firma ou a denominação, nacionalidade e sede dos sócios, se jurídicas;

II – denominação, objeto, sede e prazo da sociedade;

III – capital da sociedade, expresso em moeda corrente, podendo compreender qualquer espécie de bens, suscetíveis de avaliação pecuniária;

IV – a quota de cada sócio no capital social, e o modo de realizá-la;

V – as prestações a que se obriga o sócio, cuja contribuição consista em serviços;

VI – as pessoas naturais incumbidas da administração da sociedade, e seus poderes e atribuições;

VII – a participação de cada sócio nos lucros e nas perdas;

VIII – se os sócios respondem, ou não, subsidiariamente, pelas obrigações sociais.

Parágrafo único. É ineficaz em relação a terceiros qualquer pacto separado, contrário ao disposto no instrumento do contrato.

tratadas, com a finalidade de dotar a sociedade limitada de instrumentos hábeis para desenvolver sua atividade econômica.

O contrato deve indicar também, se for o caso, a firma social, isto é, o nome com o qual a sociedade se apresenta no mercado deve conter o nome de um ou mais sócios, seguida da expressão abreviada *Ltda*.

Por exemplo: Almeida e Barreto Ltda. Se houver vários sócios, pode ser citado o nome de um deles acrescido da expressão & *Cia. Ltda*. No exemplo, Almeida & Cia. Ltda.

Se a denominação social for um nome fantasia, deve, sempre que possível, dar-se a conhecer o objetivo da sociedade. Por exemplo: Comércio de Bebidas Bandeirantes Ltda.

Se a expressão *Ltda*. for omitida, os administradores e os sócios que dão nome à firma serão considerados solidários e ilimitadamente responsáveis.

O contrato social deve ser elaborado por profissional competente, pois suas cláusulas devem ser cuidadosamente estudadas e escolhidas as que sejam compatíveis com as pessoas que estão associando-se, e com seu objetivo e o mercado onde vai atuar. Dessa forma, evitam-se problemas futuros entre os sócios e, também, em relação a terceiros. Na prática, é comum ocorrer que o uso indiscriminado de modelo "padrão" de contrato acaba tumultuando as relações sociais, pois cada sociedade é um caso distinto e como tal deve ser tratada.

No regime anterior, o titular de 51% das quotas do capital social tinha os votos necessários para proceder a qualquer modificação do contrato social, inclusive para nomear os sócios-gerentes, atualmente designados como administradores.

De acordo com o CC, a modificação do contrato social precisa de pelo menos 75% (3/4) do capital social (art. 1.076, I). Assim, o sócio detentor de 51% das quotas, no regime anterior, poderia decidir todas as alterações; no novo regime, vai precisar dos votos de outros sócios para esse tipo de decisão.

Outra modificação relevante é relativa à nomeação e destituição de administradores da sociedade limitada – nova denominação para os antigos sócios-gerentes.

De acordo com o CC, o sócio que for nomeado administrador por meio de cláusula expressa no contrato social somente poderá ser destituído pelo voto dos sócios que representem 2/3 do capital social (art. 1.063, § 1°).

Portanto, o novo Código altera profundamente as relações de poder dentro das sociedades limitadas.

7.6.4 Responsabilidade dos Sócios

A limitada era regida pelo Decreto n° 3.708, de 10-1-1919, que em seu art. 2° limitava a responsabilidade dos sócios ao total do capital social.

Entretanto, o CC modifica essa regra da seguinte forma:

> **Art. 1.052.** Na sociedade limitada, a responsabilidade de cada sócio é restrita ao valor de suas quotas, mas todos respondem solidariamente pela integralização do capital social.

Portanto, uma vez integralizado o capital social, cada sócio responde exclusivamente até o valor de suas quotas de capital.

Essa mudança é benéfica para os sócios que não participam da administração, pois, uma vez integralizado o total do capital social, têm sua responsabilidade limitada até o valor de suas quotas.

Entretanto, enquanto não for totalmente integralizado o capital social, todos os sócios respondem solidariamente pelo total desse capital.

A garantia de limitação da responsabilidade ao valor da quota de capital de cada sócio separa efetivamente os patrimônios da sociedade dos particulares de cada sócio, que fica a salvo de cobrança de terceiros, credores da sociedade.

A regra, à primeira vista, pode parecer injusta para com os credores da sociedade. Entretanto, toda atividade econômica é sujeita a risco. Sem essa limitação, seria muito mais difícil que as pessoas resolvessem investir seus capitais como sócios de empresas, o que por certo reduziria o desenvolvimento econômico. Afinal de contas, a maior parte dos bens e serviços em circulação e a geração de empregos e de renda são produzidos por empresas, cujo capital foi integralizado por seus sócios, que esperam um retorno financeiro, em forma de lucros ou dividendos e valorização patrimonial, que compensem o investimento realizado.

Os administradores ou os sócios que derem nome à firma não respondem pessoalmente pelas obrigações contraídas em nome da sociedade. Essa é a regra geral.

Não obstante, respondem para com esta e para com terceiros solidária e ilimitadamente, pelos atos praticados com desvio de poder, violação do contrato ou da lei.

Vale lembrar que não pagar os tributos devidos é contra a lei. Logo, na execução fiscal, se os bens da empresa não forem suficientes para o pagamento integral do débito tributário, os sócios administradores e os que deram nome à firma respondem solidariamente com os seus bens particulares até o saldo do débito tributário, ou seja, o seu valor deduzido dos bens da empresa, já executados.

Trata-se da desconsideração da personalidade jurídica da empresa, que vem sendo autorizada pela jurisprudência, principalmente nos casos de execuções trabalhistas e previdenciárias. Os débitos com a Seguridade Social (INSS) podem ser cobrados de qualquer dos sócios da Ltda., conforme determina o art. 13 da Lei nº 8.620/93.

A legislação de defesa do consumidor também atribui responsabilidade aos sócios e prevê a desconsideração da personalidade jurídica nas obrigações que envolvem empresa e consumidor.[18]

7.6.5 Quotas de Capital Social

O capital da limitada é dividido em quotas representativas da participação dos sócios. Por exemplo: capital R$ 100.000,00, dividido em 10.000 quotas, de valor nominal de R$ 10,00 cada uma. As quotas podem ser subscritas igualmente pelos sócios, ou seja, quando todos sócios possuem a mesma quantidade, ou de forma desigual, subscrevendo alguns sócios mais quotas e outros menos.

No caso de o capital ser integralizado com bens imóveis ou móveis, os sócios respondem solidariamente pela exata estimação dos valores conferidos ao capital, pelo prazo de cinco anos, contados da data do registro da sociedade ou do aumento de capital.

A integralização do capital com bens imóveis é isenta do Imposto de Transmissão de Bens Imóveis e de Direitos a eles Relativos, *inter vivos* (ITBI), de competência municipal, por expressa disposição constitucional (art. 156, inciso I, § 2º, da CF).

Na limitada não é permitida a participação de sócio cuja contribuição social consista apenas em prestação de serviços, conforme disposto no § 2º do art. 1.055.

A quota de capital é indivisível em relação à sociedade. Entretanto, para efeito de transferência, a quota pode ser dividida. Não havendo disposição contrária no contrato social, o sócio pode ceder sua quota, total ou parcialmente, a outro sócio, independentemente de ouvir os demais sócios. Pode também transferi-la a não sócios, ou seja, pessoas estranhas à sociedade, se não houver oposição de titulares de mais de um quarto do capital social (25%).

---

[18] Lei nº 8.078, de 11 de setembro de 1990: Art. 28. O juiz poderá desconsiderar a personalidade jurídica da sociedade quando, em detrimento do consumidor, houver abuso de direito, excesso de poder, infração da lei, fato ou ato ilícito ou violação dos estatutos ou contrato social. A desconsideração também será efetivada quando houver falência, estado de insolvência, encerramento ou inatividade da pessoa jurídica provocados por má administração.

(...)

§ 5º Também poderá ser desconsiderada a pessoa jurídica sempre que sua personalidade for, de alguma forma, obstáculo ao ressarcimento de prejuízos causados aos consumidores.

A cessão de quotas de capital social somente terá eficácia quanto à sociedade a partir da averbação do respectivo instrumento, assinado pelos sócios anuentes.

Averbada a modificação do contrato, o cedente responde pelo prazo de até dois anos da averbação, solidariamente com o cessionário, perante a sociedade e terceiros, pelas obrigações que tinha como sócio (parágrafo único do art. 1.003).

7.6.5.1 Administração

O administrador é a pessoa investida dos poderes de representação e gestão da sociedade. Esta pode nomear um ou mais administradores, sócios ou não, em razão da complexidade e do volume de operações da empresa.

O costume é a sociedade ser administrada pelos sócios designados no contrato social. Na falta dessa indicação, todos os sócios podem exercer a administração.

Para que a sociedade possa ser administrada por não sócio, é necessária a expressa autorização no contrato social. Não constando essa autorização, a sociedade só pode ser administrada por sócios.

A designação de administradores não sócios, desde que permitida pelo contrato social, dependerá da aprovação por unanimidade dos sócios, enquanto o capital social não estiver totalmente integralizado e de 2/3 (dois terços), no mínimo, após a integralização (art. 1.061 do CC).

O uso da firma cabe aos administradores. O mandato de administrador será por tempo determinado ou indeterminado, e deve constar no contrato social ou em ato de nomeação separado. Os atos de nomeação de administrador, sua recondução e a cessação do exercício do cargo de administrador devem ser arquivados na Junta Comercial.

A renúncia do administrador deve ser feita por escrito. Só produz efeitos contra terceiros após o arquivamento na Junta Comercial e sua publicação. Entretanto, para a sociedade é eficaz desde o momento em que dela tomou conhecimento.

O administrador designado em ato separado será investido no cargo mediante termo de posse no livro de atas da administração (art. 1.062 do CC).

O contrato deverá estabelecer também em que casos os documentos devem ser assinados por mais de um administrador e os que podem ser assinados individualmente.

Deve também determinar como serão outorgadas as procurações que se fizerem necessárias. As destinadas a atos judiciais (*ad judicia*), por sua própria natureza, devem ser por tempo indeterminado, mas podem conter designação de poderes específicos para determinado caso.

88 | As Micro e Pequenas Empresas e o Simples Nacional • Fabretti

As demais procurações para representar a sociedade (*ad negotia*) devem ser por tempo determinado. Para maior facilidade do controle dessas procurações, o mais prático é determinar seu término no final de cada exercício social.

Os administradores devem prestar contas, anualmente, aos sócios, em assembleia ou reunião, conforme determinar o contrato social. As contas devem ser prestadas mediante apresentação do balanço patrimonial, a demonstração do resultado econômico do exercício e o levantamento de inventário.

O prazo para essa prestação de contas é de quatro meses seguintes ao término do exercício social. Ressalte-se que as responsabilidades desses administradores também estão disciplinadas no CTN e na Lei das S.A.

O CTN, em seu art. 135, dispõe:

> Art. 135. São pessoalmente responsáveis pelos créditos correspondentes a obrigações tributárias resultantes de atos praticados com excesso de poderes ou infração de lei, contrato social ou estatutos:
>
> (...)
>
> III – os diretores, gerentes ou representantes de pessoas jurídicas de direito privado.

A Lei das Sociedades por Ações, que se aplica de forma supletiva à limitada, dispõe em seu art. 158:

> Art. 158. O administrador não é pessoalmente responsável pelas obrigações que contrair em nome da sociedade e em virtude de ato regular de gestão; responde, porém, civilmente, pelos prejuízos que causar, quando proceder:
>
> I – dentro de suas atribuições ou poderes com culpa ou dolo;
>
> II – com violação da lei ou estatuto.

Em relação aos débitos tributários da sociedade que vierem a ser inscritos na dívida ativa, o administrador, sócio ou não, responde pelo inadimplemento da sociedade limitada, nos termos do art. 135, III, do CTN, retrocitado. A Certidão da Dívida Ativa emitida contra a sociedade, por ser um ato administrativo que goza da presunção de certeza e liquidez, pode ser executada diretamente contra o patrimônio particular do administrador (Lei nº 6.830/80, art. 2º). Ressalte-se que na Certidão de Dívida Ativa constará a identificação dos responsáveis pela empresa.

Como no Direito Tributário há a inversão do ônus da prova, cabe ao administrador, depois de garantida a execução, mediante depósito em dinheiro ou pela penhora de bens, embargar a ação de execução fiscal, para provar, se for o caso, que o inadimplemento não importou em descumprimento da lei ou contrato. Pode ser o caso de impossibilidade financeira que deve ser comprovada, de forma cabal, pela escrituração contábil da empresa.

Cabe ação de perdas e danos, sem prejuízo da responsabilidade criminal, contra o administrador que usar indevidamente da firma social ou que dela abusar.

7.6.6 Conselho Fiscal

A nomeação, a instalação e o funcionamento do conselho fiscal na limitada só se justificam nas sociedades em que houver número significativo de sócios que não participam da administração ou estão afastados do dia a dia da empresa.

Em geral, nas pequenas e médias empresas, os sócios convivem com o cotidiano da sociedade e acompanham seus negócios, as obrigações assumidas e o estado do caixa.

Nessas condições, não é conveniente nem recomendável do ponto de vista econômico a instalação desse conselho.

Entretanto, se o contrato social prever a instalação do conselho fiscal, sem prejuízo dos poderes dos sócios, ele será composto de 3 (três) ou mais membros e respectivos suplentes, sócios ou não, residentes e domiciliados no País, eleitos na assembleia anual dos sócios.

Não podem fazer parte do conselho fiscal, além dos inelegíveis enumerados no § 1º do art. 1.011, os membros da administração da sociedade, ou de outra por ela controlada, os empregados de quaisquer delas, o cônjuge ou parentes até terceiro grau dos administradores.

O conselho fiscal pode e deve escolher, para assisti-lo no exame de livros, dos balanços e das contas, contabilista legalmente habilitado pelo CRC da respectiva região, mediante remuneração aprovada pela assembleia de sócios.

É assegurado aos sócios minoritários que representem pelo menos 1/5 (um quinto), ou seja, 20% do capital social, o direito de eleger, em separado, um dos membros do conselho fiscal e respectivo suplente.

As atribuições do conselho fiscal estão dispostas no art. 1.069:

> Art. 1.069. Além de outras atribuições determinadas na lei ou no contrato social, aos membros do conselho fiscal incumbem, individual ou conjuntamente, os deveres seguintes:

I – examinar, pelo menos trimestralmente, os livros e papéis da sociedade e o estado da caixa e da carteira, devendo os administradores ou liquidantes prestar-lhes as informações solicitadas;

II – lavrar no livro de atas e pareceres do conselho fiscal o resultado dos exames referidos no inciso I deste artigo;

III – exarar no mesmo livro e apresentar à assembleia anual dos sócios parecer sobre os negócios e as operações sociais do exercício em que servirem, tomando por base o balanço patrimonial e o de resultado econômico;

IV – denunciar os erros, fraudes ou crimes que descobrirem, sugerindo providências úteis à sociedade;

V – convocar a assembleia dos sócios se a diretoria retardar por mais de trinta dias a sua convocação anual, ou sempre que ocorram motivos graves e urgentes;

VI – praticar, durante o período da liquidação da sociedade, os atos a que se refere este artigo, tendo em vista as disposições especiais reguladoras da liquidação.

7.6.7 Deliberações dos Sócios

Os sócios da pequena e média empresa normalmente estão presentes no dia a dia da sociedade. Tomam conhecimentos dos negócios, controlam a movimentação financeira, as obrigações assumidas pela sociedade, trocam ideias e participam de várias deliberações, que não requerem maiores formalidades.

Entretanto, em relação a determinadas matérias, de maior relevância para a sociedade e de repercussão nos direitos dos sócios e de terceiros, a lei estabelece algumas formalidades, no sentido de preservar, por escrito, as deliberações que devem ser tomadas em assembleia de sócios.

Essas matérias estão enumeradas no art. 1.071:

Art. 1.071. Dependem da deliberação dos sócios, além de outras matérias indicadas na lei ou no contrato:

I – a aprovação das contas da administração;

II – a designação dos administradores, quando feita em ato separado;

III – a destituição dos administradores;

IV – o modo de sua remuneração, quando não estabelecido no contrato;

V – a modificação do contrato social;

Parte Aplicada • Cap. 7 • EMPRESÁRIO, EMPRESA E SOCIEDADES | 91

VI – a incorporação, a fusão e a dissolução da sociedade, ou a cessação do estado de liquidação;

VII – a nomeação e destituição dos liquidantes e o julgamento das suas contas;

VIII – o pedido de concordata.

Obs.: Após a edição do CC, a concordata foi substituída pela recuperação judicial instituída pela nova Lei de Falência (Lei nº 11.101/05).

Essas deliberações só podem ser aprovadas em assembleia, regularmente convocada e instalada, atendido o quórum deliberativo previsto na lei para cada tipo de deliberação.

A sociedade, com no máximo até dez sócios, pode prever, no seu contrato social, que as deliberações sobre as matérias nele indicadas poderão ser aprovadas em reunião de sócios, dispensando-se, dessa forma, a realização de assembleia.

A reunião de sócios pode ser feita sem a necessidade de convocação por avisos publicados por três vezes na imprensa oficial e em jornal de grande circulação, providências essas que são exigidas para a validade da assembleia, o que representa uma despesa desnecessária para a pequena e média empresa.

É obrigatória a realização de assembleia ou reunião de sócios a cada ano, para tomar as contas dos administradores, examinar o balanço patrimonial, a demonstração do balanço de resultado econômico e o inventário dos bens e direitos que compõe o ativo da sociedade. Se for o caso, deve eleger os administradores cujos mandatos por prazo determinado estejam se findando e fixar suas remunerações.

No caso de empresa com até dez sócios, a assembleia ou reunião dos sócios pode ser substituída por documento que exponha de forma detalhada todas as deliberações e que seja assinado pela totalidade dos sócios. Essa substituição para ter validade legal deve ser prevista no contrato social. Ela é muito importante para as pequenas e médias empresas, pois simplifica a aprovação das contas e evita custos desnecessários.

A ata da assembleia ou reunião dos sócios, ou o documento assinado por todos os sócios, devem ser arquivados no registro público competente.

Na maioria dos casos, as deliberações podem ser tomadas pela maioria dos sócios, computados os votos na proporção do valor de suas quotas sociais.

Entretanto, a lei exige quórum especial para os seguintes casos:

Unanimidade:

- Para destituir administrador sócio nomeado no contrato social, a não ser que o contrato social tenha previsto quórum diverso.

- Para designar administrador não sócio, se o capital social não estiver ainda totalmente integralizado.
- Para dissolver sociedade com prazo determinado.

Três quartos (75%):

- Para alteração do contrato social.
- Para aprovar incorporação, fusão, cisão, dissolução da sociedade ou levantamento da liquidação.

Dois terços (67%):

- Para designar administrador não sócio, se o capital social está totalmente integralizado.

Mais da metade do capital (51%):

- Para designar administrador em ato separado do contrato social.
- Para destituir administrador sócio designado em ato separado do contrato social.
- Para destituir administrador não sócio.
- Para expulsar sócio minoritário se permitido no contrato social (desde que comprovado que este realiza atos prejudiciais à sociedade.
- Para dissolver sociedade contratada por prazo indeterminado.

7.6.8 Direito de Retirada

O sócio que divergir das alterações contratuais que a sociedade deliberar tem o direito de se retirar, recebendo o reembolso do seu capital na proporção do último balanço aprovado. É evidente que a expressão *capital na proporção do último balanço aprovado* refere-se ao patrimônio líquido da sociedade, que expressa o seu valor contábil atual (capital + reservas + lucros ou menos prejuízos).

O contrato deve prever ainda os outros casos em que o sócio pode se retirar, bem como o procedimento para o pagamento de seu capital, e o direito dos sucessores em virtude do falecimento de qualquer sócio.

7.6.9 Dissolução de Sociedade

No sentido amplo do termo, usado pelo Direito Societário, antes da vigência do CC/02, a dissolução significava extinguir a personalidade jurídica da sociedade empresarial, desfazendo, mediante instrumento escrito, o que fora antes contratado (distrato). Com a dissolução total, são extintos todos os vínculos jurídicos entre os sócios naquela empresa.

Entretanto, a doutrina e a jurisprudência, ao longo do tempo, foram construindo um novo instituto de dissolução parcial da sociedade, adotado pelo CC, ou seja, a resolução da sociedade em relação a um sócio, que será desvinculado do quadro societário (art. 1.028). Dessa forma é possível estudar as hipóteses de dissolução parcial e de dissolução total da sociedade.

7.6.9.1 Dissolução Total

A dissolução total pode ocorrer por um dos seguintes fatores:

- Vontade dos sócios.
- Término do prazo do contrato com prazo determinado de duração.
- Pelo fato de o objeto social ter se tornado inexequível.
- Se permanecer com apenas um sócio por mais de 180 dias.
- Por falência.
- Por outras causas previstas no contrato social.

O instrumento de distrato social ou a ata da assembleia ou reunião em que a dissolução foi aprovada deve ser arquivado no registro próprio.

Entretanto, existe também a dissolução judicial que se dá por sentença do juiz, em ação específica.

Assinado o distrato pelos sócios ou publicada a sentença do juiz, a sociedade entra em liquidação judicial ou extrajudicial.

A liquidação mediante distrato é extrajudicial, já a determinada por sentença é uma liquidação judicial.

O objetivo da liquidação é a realização do ativo e o pagamento do passivo da sociedade, o que deve ser feito por um liquidante nomeado pelos sócios ou pelo juiz, no caso de a liquidação ser judicial.

Pagas as obrigações comerciais, tributárias, trabalhistas e previdenciárias, será realizada a apuração de haveres dos sócios, devendo o saldo apurado na liquidação ser partilhado entre eles na proporção de suas quotas de capital na sociedade extinta.

A legislação do Imposto de Renda determina que a pessoa jurídica em liquidação será tributada até findar-se sua liquidação (art. 237 do RIR).

Os bens e direitos do ativo da empresa liquidada que forem entregues ao titular, sócio ou acionista, a título de devolução de sua participação no capital social, poderão ser avaliados pelo valor contábil ou de mercado.

No caso de a devolução realizar-se por valor de mercado, a diferença a maior entre este e o valor contábil será computada como ganho de capital tributado na pessoa jurídica, qualquer que seja seu regime de apuração, isto é, lucro real, presumido ou arbitrado (art. 238 do RIR).

Deve ser entregue, além da declaração correspondente ao ano-calendário anterior, também a declaração referente ao período decorrido entre o início do ano-calendário em curso até a data da extinção efetiva, pelo encerramento da liquidação (art. 811 do RIR).

No distrato, deve ser indicado o sócio que ficará responsável pela guarda dos livros e documentos da sociedade extinta, até que ocorra a prescrição ou a decadência (cinco anos).

7.6.9.2 Dissolução Parcial

No sentido amplo do termo, usado pelo Direito Societário, antes da vigência do CC/02, a dissolução significava extinguir a personalidade jurídica da sociedade empresarial, desfazendo por meio de instrumento escrito de distrato o que antes fora contratado. Com a dissolução total são extintos todos os vínculos jurídicos entre os sócios.

Considera-se dissolução parcial ou resolução da sociedade em relação a um sócio a liquidação da quota do sócio falecido, quando este não for substituído na sociedade, a não ser que o contrato disponha de forma diferente, ou seja, se de acordo com os herdeiros se proceder à substituição do sócio, na forma prevista no contrato social.

Também ocorre a dissolução parcial se um dos sócios for excluído por falta grave no cumprimento de suas obrigações, ou ainda por incapacidade superveniente.

Igualmente, pode ser excluído da sociedade o sócio declarado falido ou aquele que não tenha integralizado suas quotas.

A liquidação das quotas deve ser em dinheiro, no prazo de 90 dias, salvo se houver, no contato social, previsão para liquidação de forma diferente.

O capital social deve ser reduzido na proporção do valor da quota liquidada, salvo se os sócios remanescentes resolverem suprir o seu valor.

O instrumento de resolução da sociedade com a exclusão de um sócio deve ser arquivado no registro próprio.

7.7 INVESTIDORES NÃO SÓCIOS DE PJ

A LC nº 123/06 estabelece que, para usufruir do regime do Simples Nacional, a MPE não pode estar constituída sob a forma de Sociedade por Ações (art. 3º, inciso X), sociedade em comandita[19] ou em conta de participação[20] (art. 61 a 61- D) e tampouco

---

[19] A Sociedade em Comandita corresponde a um tipo societário que é composto por sócios de duas categorias: comanditários e comanditados.

É um tipo de sociedade que permite a responsabilidade mista dos sócios.

O sócio comanditário responde limitadamente pelas obrigações da sociedade, ou seja, suas responsabilidades em relação às obrigações sociais estão restritas as suas cotas de capital. Não pode praticar atos de gestão ou ter seu nome associado à razão social da pessoa jurídica. Se o fizer será considerado sócio comanditado. Entretanto, poderá ser constituído procurador da sociedade, para negócio determinado e com poderes especiais. (art. 1.047, parágrafo único do CC).

O sócio comanditário, por sua vez, deve ser pessoa física e responde solidária e ilimitadamente pelas obrigações sociais.

Em caso de falecimento do sócio comanditário seus sucessores hereditários deverão indicar quem os representará.

O sócio comanditário apenas participa dos resultados da empresa, e o sócio comanditado, além da participação nos resultados, será responsável pela sua gestão.

A sociedade em comandita poderá ser constituída sob a forma de sociedade em comandita simples ou por ações.

[20] Sociedade em Conta de Participação:

É uma sociedade não personificada, ou seja, não é pessoa jurídica. Constitui-se em um empreendimento pelo qual os sócios assumem um compromisso entre si, sem que essa sociedade implique a criação de uma pessoa jurídica.

Os sócios devem ter registro na Junta Comercial como empresários, porém, o contrato de sociedade implica aquisição de direitos e obrigações entre esses empresários, sem que haja a necessidade de se criar uma entidade distinta dos sócios com patrimônio próprio. Embora não seja uma pessoa jurídica, a Receita Federal, por meio de Instrução Normativa (que não é lei), estabelece como regra a inscrição desse tipo de sociedade no Cadastro Nacional de Pessoas Jurídicas. Todavia, a própria Receita Federal reconhece que essa inscrição é facultativa, uma vez que a Sociedade em Conta de Participação não é personificada.

O art. 992 do Código Civil estabelece que *"a constituição da sociedade em conta de participação independe de qualquer formalidade e pode provar-se por todos os meios de direito"*. Dessa forma, ela independe, inclusive de contrato entre os sócios e pode ser provada por qualquer outro documento ou testemunha que demonstre o vínculo entre os sócios e o exercício da atividade objeto da sociedade.

O art. 993 prescreve que o contrato social somente produz efeito entre os sócios e sua inscrição em qualquer registro não terá como efeito a personificação da sociedade.

A SCP obrigatoriamente deve ser composta por duas categorias de sócios: sócio ostensivo e o sócio participante.

O sócio ostensivo é o responsável pela sociedade perante terceiros, uma vez que o exercício da atividade prevista no objeto do contrato de sociedade é realizado por ele. Portanto, além de ser o administrador e o responsável pela sociedade, também assume obrigações perante a Previdência Social, administração e fiscalização tributária, empregados, consumidores etc. Embora seja o gestor da sociedade, o sócio ostensivo não pode admitir novos sócios sem o consentimento dos demais (sócios ostensivos ou participantes), exceto se houver previsão contratual que o autorize a praticar esse ato.

96 | As Micro e Pequenas Empresas e o Simples Nacional • Fabretti

sob a forma de cooperativa que não seja cooperativa de consumo[21] (art. 3º, VI).

Entretanto, é facultado às MPEs o direito de captarem recursos com investidores para realizarem aporte de capital. Esse aporte, contudo, não poderá integrar o capital social da empresa. À MPE é permitido realizar contratos de participação com investidor, pessoa física ou jurídica denominada "investidor anjo", com a finalidade de obter recursos que incentivem suas atividades produtivas. A lei estabelece um limite de tempo para esse contrato: não poderá ser superior a 7 (sete) anos (art. 61- A, §1º, da LC nº 123/06).

Ressalte-se que o investidor-anjo, nas condições determinadas pela LC nº 123/06, não é considerado sócio da MPE, não participa da sua administração e, tampouco, responde por ela administrativa ou judicialmente. Somente estão autorizados a exercerem as atividades previstas no objeto social da empresa os seus titulares. O investidor, ou investidores, receberão remuneração correspondente aos seus aportes de capital, nas condições previstas em contrato de participação, pelo prazo máximo de cinco anos, sendo-lhes vedado exercerem qualquer atividade na empresa.

Os §§ 6º a 8º do art. 61-A da LC nº 123/06 regulam as condições de participação do investidor-anjo que realiza aporte de capital em MPE. Essas regras têm o objetivo de impedir que a participação do investidor-anjo descaracterize a forma jurídica da MPE, impedindo a sua permanência no regime do Simples Nacional: a) a remuneração do investidor-anjo, correspondente aos resultados distribuídos no final de cada período, não poderá ser superior a 50% dos lucros da ME ou EPP; b) esse investidor somente poderá exercer o direito de resgate após terem decorridos dois anos do aporte ou no prazo estabelecido em contrato que nunca poderá ser inferior a dois anos e nas condições previstas no art. 1.031 do

---

O sócio participante não assume responsabilidades perante terceiros. Na qualidade de investidor que participa dos resultados da sociedade, tem obrigações somente perante o sócio ostensivo. Se, porventura, vier a exercer atos de responsabilidade do sócio ostensivo ou assumir responsabilidades perante terceiros, deixará de ser considerado sócio participante para tornar-se sócio ostensivo assumindo as obrigações inerentes a esse tipo de sócio.

Como sócio investidor, o sócio participante tem o direito de fiscalizar a administração da sociedade e seus negócios (art. 993, parágrafo único do CC). O sócio ostensivo é obrigado a escriturar, em livro-caixa, a conta de participação em nome do sócio investidor (participante) na qual irá contabilizar o lucro ou a remuneração devida a ele. Essa conta de participação contém o patrimônio especial que corresponde a contribuição entregue pelo sócio ostensivo à sociedade.

[21] "... tem por finalidade precípua a aquisição de gêneros ou mercadorias de uso dos associados para revendê-los a estes em condições mais favoráveis e reservando aos mesmos associados, na proporção de suas compras, uma participação dos razoáveis lucros obtidos. (Silva, De Plácido. *Vocabulário jurídico*. Rio de Janeiro: Forense, 2016, p. 440)

CC;[22] c) o resgate não poderá ultrapassar o valor investido devidamente corrigido; d) é permitido transferir os direitos sobre o aporte (titularidade) para terceiros, porém essa transferência depende de consentimento dos sócios da ME ou EPP; e) o contrato de participação poderá estabelecer cláusula no sentido de impedir a transferência do aporte para terceiros.

Se os sócios titulares decidirem vender a MPE, o investidor-anjo tem o direito de preferência na aquisição. Esse investidor também tem o direito de vender o aporte de capital em conjunto com a venda da empresa.

Os valores do capital aportado não integram os valores da receita anual da empresa para fins de enquadramento no Simples Nacional. Assim, por exemplo, se a receita da empresa X é de R$ 340.000,00 caracterizando-a como ME e ela recebe um aporte de capital de R$ 40.000,00, esse valor, se computado como receita, a descaracteriza como ME, pois ultrapassa o limite de R$ 360.000,00. No entanto, por força do que está previsto no § 5º do art. 61-A da LC nº 123/06, esse aporte não será computado como receita e a empresa X continuará a ser uma ME. Mesmo se ocorrer emissão de aportes especiais, as MPEs não serão desenquadradas do regime do Simples.

A lei autoriza também o aporte de capital como investidores-anjos em MPEs por intermédio dos fundos de investimento.

A retirada do capital investido será tributada de acordo com regras estabelecidas pelo Ministério da Fazenda.

7.8 SOCIEDADE DE PROPÓSITO ESPECÍFICO

A Sociedade de Propósito Específico (SPE) pode adotar qualquer forma jurídica: sociedade limitada, por ações etc. Ela consiste em uma pessoa jurídica criada, por um grupo de pessoas físicas ou jurídicas para alcançar uma determinada finalidade que poderá ser um consórcio para participar de parcerias público privadas, uma sociedade destinada a explorar um ramo específico de atividade, como a reunião de várias emissoras de TV para criarem uma pessoa jurídica destinada a prestar serviços de TV por assinaturas, ou ainda, uma sociedade vinculada à conclusão de um objetivo específico, como uma sociedade formada por várias pessoas naturais que resolvem aplicar parte de seus capitais em uma incorporação imobiliária, ou seja, para a compra de um terreno, construção de

---

[22] Art. 1.031. Nos casos em que a sociedade se resolver em relação a um sócio, o valor da sua quota, considerada pelo montante efetivamente realizado, liquidar-se-á, salvo disposição contratual em contrário, com base na situação patrimonial da sociedade, à data da resolução, verificada em balanço especialmente levantado.

98 | As Micro e Pequenas Empresas e o Simples Nacional • Fabretti

um prédio e a venda dos apartamentos ou de escritórios e, após alcançado esse objetivo, a sociedade encerrará suas atividades etc. Nesse último caso, construídos e vendidos os apartamentos do condomínio, recebido o preço e pagas todas as despesas com a construção e os encargos trabalhistas, previdenciários e fiscais originados dessa atividade, repartidos os lucros entre os sócios, a sociedade termina, uma vez que foi atingido o objetivo estabelecido no contrato firmado entre eles para a realização desse negócio jurídico.

A legislação do IR equipara esse empreendimento à pessoa jurídica (art. 150, § 1º, III, do RIR/99).

Embora o art. 3º, *caput,* da LC nº 123/06 estabeleça, como restrição para o ingresso no Simples Nacional, que a empresa seja constituída sob a forma de SPE, observe-se que tal restrição não impede que a MPE **participe** de uma Sociedade de Propósito Específico. Assim, há uma diferença de tratamento legal entre a MPE constituída sob a forma de SPE e a MPE que participa de uma SPE. De acordo com os arts. 3º, § 5º,[23] e 56 da LC nº 123/06, as MPEs, para comercializarem seus bens e serviços, poderão realizar negócios através de SPEs. Todavia, somente poderão participar de uma SPE sendo-lhes vedado participarem simultaneamente de outra sob pena de todos os sócios integrantes da SPE responderem solidariamente pela irregularidade. Por exemplo: Se a microempresa "A" participa de uma SPE composta por ela e as MPEs "B", "C" e "D", passam a integrar, simultaneamente, outra SPE, também serão responsabilizados por essa irregularidade os sócios das empresas "B", "C" e "D".

Somente poderão integrar a SPE composta por microempresas e empresas de pequeno porte, pessoas jurídicas optantes pelo regime do Simples Nacional. Além disso, a SPE deverá atender às seguintes condições previstas no § 2º do art. 56 da LC nº 123/06:

1. Estar regularmente registrada no Registro Público de Empresas Mercantis.

2. Ser constituída sob a forma de Sociedade Limitada.

3. Ter como finalidade realizar: a) operações de compras para revenda às microempresas ou empresas de pequeno porte que sejam suas sócias, sendo que nas revendas de bens para as MPEs que sejam suas sócias deverá

---

[23] As MPEs, optantes pelo regime do Simples Nacional tem autorização para participarem de capital de cooperativas de crédito, bem como em centrais de compras, bolsas de subcontratação, em consórcio para licitações, SPEs com a finalidade de comercializarem seus produtos ou serviços no mercado interno e externo, associações assemelhadas as SPEs, sociedades de interesse econômico, sociedades de garantia solidária e outros tipos de sociedade, que tenham como objetivo social a defesa exclusiva dos interesses econômicos das microempresas e empresas de pequeno porte.

observar o preço mínimo igual ao das aquisições; b) operações de venda de bens adquiridos das microempresas e empresas de pequeno porte que sejam suas sócias para pessoas jurídicas que não sejam suas sócias e nesses casos também deverá observar o preço mínimo igual ao da aquisições desses bens.

4. Exportar somente bens destinados a elas pelas MPEs que dela façam parte. Portanto, não poderão exportar bens de empresas alheias à sociedade, mesmo que estas estejam no regime do Simples.

5. Não poderá: a) ser filial, sucursal, agência ou representação, no País, de pessoa jurídica com sede no exterior; b) ser constituída sob a forma de cooperativas, inclusive de consumo; c) participar do capital de outra pessoa jurídica; d) exercer atividade de banco comercial, de investimentos e de desenvolvimento, de caixa econômica, de sociedade de crédito, financiamento e investimento ou de crédito imobiliário, de corretora ou de distribuidora de títulos, valores mobiliários e câmbio, de empresa de arrendamento mercantil, de seguros privados e de capitalização ou de previdência complementar; e) ser resultante ou remanescente de cisão ou qualquer outra forma de desmembramento de pessoa jurídica que tenha ocorrido em um dos 5 (cinco) anos-calendário anteriores; f) exercer a atividade vedada às microempresas e empresas de pequeno porte optantes pelo Simples Nacional.

Dessa forma, a SPE composta por MEs e EPPs está sujeita às mesmas restrições aplicáveis ao ingresso no Regime do Simples Nacional. Todavia, não terá direito ao benefício do regime de tributação pelo Simples. Obrigatoriamente será tributada pelo regime do Lucro Real, inclusive o que se refere aos reflexos desse regime de tributação no cálculo e pagamento das contribuições para PIS e COFINS que serão calculadas pelo regime não cumulativo. Também não terá direito a credito de ICMS, IPI, PIS e COFINS pagos pelas MPEs que a integram.

8

ESCRITURAÇÃO

O presente capítulo tem o intuito de abordar as disposições legais previstas no CC que regulam os efeitos jurídicos dos livros contábeis, bem como as disposições previstas nas Resoluções do Comitê Gestor do Simples Nacional e Normas Contábeis, a fim de descrever as obrigações acessórias do MEI, das MEs e EPPs e seus efeitos tributários e jurídicos.

8.1 DEVER DE ESCRITURAR

O art. 1.179 do CC determina que o empresário e a sociedade empresária são obrigados a seguir um sistema de contabilidade, com base na escrituração uniforme de seus livros e anualmente elaborar o balanço patrimonial e as demonstrações de resultado econômico. O sistema de contabilidade é formado por um conjunto de livros escriturados segundo uma ordem lógica de normas contábeis (diário, razão, caixa, contas correntes etc.).

Essa escrituração deve indicar os documentos hábeis que lhe servem de suporte legal. Os documentos devem comprovar o fato econômico registrado na escrituração e seguir as Normas Brasileiras de Contabilidade, editadas pelo Conselho Federal de Contabilidade (CFC).

A contabilidade tem várias funções, das quais se destacam:

- De memória, ou seja, de registro dos atos e negócios jurídicos praticados pela pessoa, jurídica ou física.

- De controle, ou gerencial, que além de registrar todas as mutações patrimoniais, permite a tomada de decisões fundamentadas em relatórios instruídos por demonstrações contábeis precisas e claras.

- De prova, ou seja, servir como elemento de prova tanto perante qualquer Juízo, Instância ou Tribunal e perante o Fisco.

Parte Aplicada • Cap. 8 • ESCRITURAÇÃO | **101**

O MEI está dispensado dessas exigências de acordo com o art. 970 do CC. Todavia, deverá recolher mensalmente os valores fixos dos tributos devidos na forma da LC nº 123/06, por intermédio do sistema digital denominado SIMEI, bem como preencher e manter sob sua responsabilidade o Relatório Mensal de Receitas Brutas e entregar, até 31 de maio de cada ano, a Declaração Anual do Simples Nacional do Microempreendedor Individual.

As MEs e EPPs têm a obrigação de emitir documentos fiscais referentes às vendas de serviços ou bens. Devem conservar os documentos que fundamentam os cálculos e recolhimento mensal dos tributos devidos por elas na forma do Simples Nacional. Essas informações e os pagamentos mensais realizados estão sujeitos à confirmação (homologação) por parte das entidades arrecadadoras.

De acordo com o art. 26, § 2º, da LC nº 123/06, devem escriturar o livro--caixa no qual registrarão suas movimentações financeiras e bancárias.

São obrigadas, também, a entregar a Declaração Anual de Informações Econômicas e Fiscais até 31 de março de cada ano subsequente ao das operações realizadas por elas. Assim, por exemplo, uma ME ou EPP estará obrigada a entregar a sua Declaração referente a 2017 até 31 de março de 2018 (salvo se o Comitê Gestor do Simples Nacional alterar os prazos). As informações prestadas nessas declarações serão compartilhadas entre as Administrações Públicas federais (Receita Federal), estaduais (Secretarias de Fazenda dos estados) e municipais (Secretarias de Finanças ou Fazenda municipais). As declarações e respectivas documentações atualmente são entregues por meio do portal do Simples Nacional.

O Comitê Gestor do Simples Nacional, por intermédio da Resolução nº 94 e atualizações posteriores, estabelece, em seu art. 61, que as MEs e EPPs devem registrar suas operações nos seguintes livros:

> I – Livro-caixa, no qual deverá estar escriturada toda a sua movimentação financeira e bancária;
>
> II – Livro Registro de Inventário, no qual deverão constar registrados os estoques existentes no término de cada ano-calendário, quando contribuinte do ICMS;
>
> III – Livro Registro de Entradas, modelo 1 ou 1-A, destinado à escrituração dos documentos fiscais relativos às entradas de mercadorias ou bens e às aquisições de serviços de transporte e de comunicação efetuadas a qualquer título pelo estabelecimento, quando contribuinte do ICMS;
>
> IV – Livro Registro dos Serviços Prestados, destinado ao registro dos documentos fiscais relativos aos serviços prestados sujeitos ao ISS, quando contribuinte do ISS;

V – Livro Registro de Serviços Tomados, destinado ao registro dos documentos fiscais relativos aos serviços tomados sujeitos ao ISS;

VI – Livro de Registro de Entrada e Saída de Selo de Controle, caso exigível pela legislação do IPI.

Todavia, a própria LC nº 123/06, em seu art. 27, autoriza as MEs e EPPs a adotarem contabilidade simplificada para os registros e controles das operações realizadas, conforme regulamentação do próprio Comitê Gestor. Assim, esse comitê estabelece no art. 61 da Resolução nº 94 que a ME ou EPP, optante pelo Simples Nacional, poderá, opcionalmente, adotar contabilidade simplificada para os registros e controles das operações realizadas, atendendo-se às disposições previstas no Código Civil e nas Normas Brasileiras de Contabilidade editadas pelo CFC.

De acordo com o CFC, devem ser observados os Princípios Fundamentais de Contabilidade, mesmo se tratando de escrituração simplificada e, em especial, as MEs e EPPs devem observar o Princípio da Competência.[24] Para o CFC, esse regime permite que a emissão de documento fiscal que gerou a receita torne possível determinar a base de cálculos dos tributos abrangidos pelo Simples. Entretanto, a LC nº 123/06 permite a adoção do regime de Caixa[25] e, nesse caso, é necessário vincular o documento de recebimento da receita com o documento que deu origem à venda e, consequentemente, originou a receita. É um procedimento mais complexo. Dessa forma, o CFC orienta as MEs e EPPs que adotem o regime de competência.

---

[24] *"É aquele que determina que os resultados sejam reconhecidos (considerados) no mês da operação, independentemente de sua efetiva realização (recebimento). Por exemplo: o faturamento das vendas a prazo para dezembro de 2010 deve ser considerado na Receita Bruta de Vendas desse mês, embora os vencimentos das duplicatas sejam para janeiro, fevereiro e março de 2011. No entanto, deve-se ressaltar que as novas normas contábeis introduziram novos procedimentos para o reconhecimento da receita no resultado, não podendo ser utilizado unicamente o faturamento como preceito para realização da mesma. Deve-se ter atenção especial nas empresas prestadoras de serviços e que exerçam atividades no ramo da construção civil, que são afetadas significativamente por esse novo procedimento. O tratamento tributário para esses procedimentos a princípio pelo RTT não afetava a tributação. Para o exercício de 2011 a Receita Federal deve manifestar-se com relação a como as empresas devem proceder com relação a esses ajustes decorrentes das novas normas contábeis."* (Fabretti, Láudio Camargo. *Contabilidade Tributária.*São Paulo:Gen | Atlas, 2016.)

[25] *"É aquele em que se consideram as receitas e despesas na data em que foram efetivamente realizadas (recebidas ou pagas)."* (Fabretti, Láudio Camargo. *Contabilidade Tributária.* São Paulo: Gen | Atlas, 2016.)

Embora a escrituração seja simplificada, as MEs e EPPs têm a obrigação de apresentar Balanço Patrimonial e Demonstração do Resultado assinadas pelos titulares da empresa e por contabilista habilitado no órgão de classe. Essas informações devem constar do livro *diário* registrado na Junta Comercial ou, no caso das atividades de prestadores de serviços de profissão regulamentada,[26] no Cartório de Pessoa Jurídica e respectiva entidade de classe.

Ressalte-se que empresas não optantes pelo regime de tributação simplificada (Simples) e que sejam tributadas pelo lucro presumido ou real deverão escriturar seus livros na plataforma do Sistema Público de Escrituração Digital (SPED). Nessa plataforma, disponibilizada pela Receita Federal, as empresas deverão escriturar suas operações contábeis (SPED Contábil) e fiscais (SPED Fiscal). Os dados lançados no SPED serão cruzados com as informações das empresas constantes em notas fiscais eletrônicas e demais documentos eletrônicos exigíveis pela Administração Pública federal, estadual e municipal.

O Decreto nº 6.022/07, que regula o SPED, requer uma escrituração contábil mais complexa que também segue as normas do CFC e há exigência de livros fiscais específicos de acordo com o regime de tributação adotado. Além das obrigações mensais, as pessoas jurídicas tributadas pelo lucro real ou presumido cujos pagamentos de tributos não são unificados, estão obrigadas a entregarem declarações anuais de suas movimentações. Essa entrega deverá ocorrer até o dia 30 de abril do ano subsequente às operações. Ressalte-se que os tributos são recolhidos em guias e prazos diferentes e alguns têm recolhimento mensal (ICMS, IPI, PIS, COFINS) e outros recolhimentos trimestrais (IR, CSL e ISS). No regime do Simples Nacional, os tributos são recolhidos em guia única e o recolhimento é mensal (até o dia 20 do mês subsequente ao aferimento da receita bruta).

Dispõe ainda o CC:

> Art. 1.180. Além dos demais livros exigidos por lei é indispensável o Diário, que pode ser substituído por fichas no caso de escrituração mecanizada ou eletrônica.
>
> Parágrafo único. A adoção de fichas não dispensa o uso de livro apropriado para o lançamento do balanço patrimonial e do de resultado econômico.

A referência à escrituração manuscrita ou mecanizada também é ultrapassada, assim como a referente à adoção de livros ou fichas (art.1.180) e sua autenticação, antes de postos em uso, no Registro Público das Empresas Mer-

---

[26] Requerem, para o exercício da profissão, diploma de bacharel e inscrição na respectiva entidade de classe que fiscaliza as atividades do profissional (OAB, CRC, CRM etc.).

cantis, ou seja, na Junta Comercial ou Cartório de Pessoas Jurídicas e entidades de classe (art. 1.181).

Podem-se autenticar livros não obrigatórios pelo direito de empresa, que passarão a ter valor de livros auxiliares. Nesse caso, os seus lançamentos podem ser transcritos do livro diário pelos totais mensais, indicando-se no histórico do lançamento contábil o número do livro auxiliar e das páginas em que estão registrados. Exemplos: livros fiscais de entrada e de saída de mercadorias, livros auxiliares contábeis de caixa, contas a receber, contas a pagar etc.

Exemplo: o total de compras de mercadorias do mês pode ser efetuado em um único lançamento mensal:

CONTA	DÉBITO	CRÉDITO
Mercadorias	100.000	
Fornecedores		100.000

(Histórico: compras no mês, conforme livro Registro de Entradas n° 12, fls. 35 a 43)

A autenticação no Registro Civil de Pessoas Jurídicas confere a esses livros valor de "livros auxiliares", razão pela qual seus lançamentos podem ser transcritos no livro diário, pelo total mensal. Nesse sentido, dispõe o RIR/99 em seu art. 258, §§ 1° e 2°:

> § 1° Admite-se a escrituração resumida no Diário, por totais que não excedam ao período de um mês, relativamente a contas cujas operações sejam numerosas ou realizadas fora da sede do estabelecimento, desde que utilizados livros auxiliares para registro individuado e conservados os documentos que permitam sua perfeita verificação.
>
> § 2° Para efeito do disposto no parágrafo anterior, no transporte dos totais mensais dos livros auxiliares para o Diário, deve ser feira referência às paginas em que as operações se encontram lançadas nos livros auxiliares devidamente registrados.

8.2 VALOR PROBANTE DA ESCRITURAÇÃO

Tendo em vista o exposto anteriormente, nota-se a importância da contabilidade como uma forma de provar a situação financeira e fiscal da pessoa jurídica e do empresário individual.

Portanto, a escrituração contábil e fiscal são provas documentais em diversas situações. Isso inclui ações judiciais como: prestação de contas entre sócios, dissolução de sociedade (total ou parcial), recuperação judicial e falência, defesas fiscais etc.

Um sócio, por exemplo, tem o direito de exigir prestação de contas por parte do sócio administrador ou solicitar uma auditoria externa na contabilidade apresentada por ele, caso tenha dúvidas quanto à regularidade das informações constantes em balanços e demonstrações de resultados.

O CC determina a obrigatoriedade dos administradores de prestarem contas justificadas de sua administração. Para isso, o art. 1.020 do CC exige apresentação de inventário, balanço patrimonial e de resultado econômico. Essa prestação de contas pode ser exigida a qualquer momento por qualquer um dos sócios integrantes da sociedade. A eles é atribuído o direito de examinarem livros e documentos, avaliarem o estado do caixa e da carteira da sociedade (art. 1.021 do CC). O contrato social pode estipular datas para que isso ocorra, mas essa estipulação é facultativa.

Nos arts. 1.187 a 1.189, o CC estabelece as informações que devem ser apresentadas para esclarecimento dos sócios. Informações estas que têm força de prova documental:

> Art. 1.187. Na coleta dos elementos para o inventário serão observados os critérios de avaliação a seguir determinados:
>
> I – os bens destinados à exploração da atividade serão avaliados pelo custo de aquisição, devendo, na avaliação dos que se desgastam ou depreciam com o uso, pela ação do tempo ou outros fatores, atender-se à desvalorização respectiva, criando-se fundos de amortização para assegurar-lhes a substituição ou a conservação do valor;
>
> II – os valores mobiliários, matéria-prima, bens destinados à alienação, ou que constituem produtos ou artigos da indústria ou comércio da empresa, podem ser estimados pelo custo de aquisição ou de fabricação, ou pelo preço corrente, sempre que este for inferior ao preço de custo, e quando o preço corrente ou venal estiver acima do valor do custo de aquisição, ou fabricação, e os bens forem avaliados pelo preço corrente, a diferença entre este e o preço de custo não será levada em conta para a distribuição de lucros, nem para as percentagens referentes a fundos de reserva;
>
> III – o valor das ações e dos títulos de renda fixa pode ser determinado com base na respectiva cotação da Bolsa de Valores; os não cotados e as participações não acionárias serão considerados pelo seu valor de aquisição;

IV – os créditos serão considerados de conformidade com o presumível valor de realização, não se levando em conta os prescritos ou de difícil liquidação, salvo se houver, quanto aos últimos, previsão equivalente.

Parágrafo único. Entre os valores do ativo podem figurar, desde que se preceda, anualmente, à sua amortização:

I – as despesas de instalação da sociedade, até o limite correspondente a dez por cento do capital social;

II – os juros pagos aos acionistas da sociedade anônima, no período antecedente ao início das operações sociais, à taxa não superior a doze por cento ao ano, fixada no estatuto;

III – a quantia efetivamente paga a título de aviamento de estabelecimento adquirido pelo empresário ou sociedade.

Art. 1.188. O balanço patrimonial deverá exprimir, com fidelidade e clareza, a situação real da empresa e, atendidas as peculiaridades desta, bem como as disposições das leis especiais, indicará, distintamente, o ativo e o passivo.

Parágrafo único. Lei especial disporá sobre as informações que acompanharão o balanço patrimonial, em caso de sociedades coligadas.

Art. 1.189. O balanço de resultado econômico, ou demonstração da conta de lucros e perdas, acompanhará o balanço patrimonial e dele constarão crédito e débito, na forma da lei especial.

8.2.1 A Importância da Escrituração como Meio de Prova Extrajudicial e Judicial

Devido ao valor probante da escrituração contábil, o CC determina, no art. 1.194:

> O empresário e a sociedade empresária são obrigados a conservar em boa guarda toda a escrituração, correspondência e mais papéis concernentes à sua atividade, enquanto não ocorrer prescrição ou decadência no tocante aos atos neles consignados.

As determinações do CC sobre a escrituração aplicam-se às sucursais, filiais ou agências, no Brasil, do empresário ou sociedade com sede em país estrangeiro (art. 1.195).

Portanto, o profissional contábil, além de ter responsabilidades perante a empresa, empresário e demais interessados, também tem responsabilidades para com a justiça.

A comprovação de adulteração da escrituração ou de fraudes contábeis acarretará em responsabilidades éticas perante a entidade de classe (CFC, CRCs), responsabilidades civis em relação aos titulares de empresa e responsabilidades criminais.

As responsabilidades civis e criminais também se aplicam aos titulares de empresa, bem como às demais pessoas envolvidas nas irregularidades.

A exibição obrigatória da escrituração da pessoa jurídica está disciplinada em lei. Exibição em juízo em relação às obrigações civis deve ser feita mediante determinação judicial (art. 1.190 do CC).

Quanto às obrigações tributárias, o CC, em seu art. 1.193, e o CTN, nos arts. 194 e seguintes, prescrevem a obrigação do empresário individual e das sociedades empresárias de exibirem os livros e documentos comerciais e fiscais quando solicitados pelas autoridades fazendárias.

Esta determinação está expressa no art. 195 do CTN:

> Art. 195. Para os efeitos da legislação tributária, não têm aplicação quaisquer disposições legais excludentes ou limitativas do direito de examinar mercadorias, livros, arquivos, documentos, papéis e efeitos comerciais ou fiscais, dos comerciantes industriais ou produtores, ou da obrigação destes de exibi-los.
>
> Parágrafo único. Os livros obrigatórios de escrituração comercial e fiscal e os comprovantes dos lançamentos neles efetuados serão conservados até que ocorra a prescrição dos créditos tributários decorrentes das operações a que se refiram.

Para comprovar que a empresa e o empresário estão em situação regulares em relação às obrigações tributárias, seja no que se refere ao pagamento de tributos (obrigação principal) seja no que se refere à documentação que demonstra o cálculo e o recolhimento do tributo (obrigação acessória), é necessário manter a escrituração comercial e fiscal em ordem e apresentá-las às autoridades competentes quando solicitado.

A legislação do Imposto de Renda determina que, nos casos em que a autoridade fiscalizadora encontrar irregularidades na escrituração, indícios de fraudes ou informações que a tornem imprestável para a fiscalização do recolhimento de tributos, ou ainda, ocorrer a recusa da apresentação desses livros e documentos, esta poderá desclassificar a escrituração. Tal fato é extremamente prejudicial à empresa, uma vez que o lucro da pessoa jurídica será arbitrado para efeitos de cálculos de Imposto de Renda e Contribuição Social sobre o Lucro (arts. 529 a 539 do RIR). Ou seja, a partir de critérios estabelecidos em lei, a autoridade fazendária atribuirá um lucro para a pessoa jurídica e sobre ele serão calculados os valores de Imposto de Renda e Contribuição Social sobre o Lucro, bem como multas e encargos. Dependendo dos motivos que levaram ao arbitramento do lucro, os responsáveis pela escrituração estarão sujeitos a processo penal tributário, caso exista suspeita de fraude, sonegação etc.

Além das obrigações fiscais, é fundamental para os sócios e acionistas o acesso às informações constantes na escrituração contábil. Tais informações servem como prova da situação dos bens, direitos e obrigações da empresa, bem como de seu patrimônio líquido. Esses dados determinam como será feita a distribuição de lucros ou pagamento devido aos integrantes de pessoa jurídica em casos de liquidação de quotas de sociedade ou, ainda, transferências de ações.

O CC assegura aos herdeiros ou sucessores de sócio ou acionista de empresa a prerrogativa de examinarem a escrituração contábil da sociedade, a fim de apurarem quais os valores a que têm direito.

Em caso de dúvidas é possível que estes venham a solicitar auditoria na contabilidade da empresa, com a finalidade de averiguar a veracidade das informações que constam na escrituração. Também é possível ajuizarem ação de prestação de contas pela qual o administrador será obrigado a prestar esclarecimentos perante a um juiz.

Em caso de desacordo entre sócios, acionistas ou terceiros que tenham direitos a exercer (distribuição de lucros, responsabilidades pelas obrigações da empresa, liquidação de participações societárias, pagamento de herdeiros, acusações de fraudes contábeis, prestação de contas etc.), que estejam *subjudice* (sob apreciação da justiça), o Código de Processo Civil assim estabelece:

> Art. 417. Os livros empresariais provam contra seu autor, sendo lícito ao empresário, todavia, demonstrar, por todos os meios permitidos em direito, que os lançamentos não correspondem à verdade dos fatos.
>
> Art. 418. Os livros empresariais que preencham os requisitos exigidos por lei provam a favor de seu autor no litígio entre empresários.
>
> Art. 419. A escrituração contábil é indivisível, e, se dos fatos que resultam dos lançamentos, uns são favoráveis ao interesse de seu autor e outros lhe são contrários, ambos serão considerados em conjunto, como unidade.

Parte Aplicada • Cap. 8 • ESCRITURAÇÃO | **109**

> Art. 420. O juiz pode ordenar, a requerimento da parte, a exibição integral dos livros empresariais e dos documentos do arquivo:
>
> I – na liquidação de sociedade;
>
> II – na sucessão por morte de sócio;
>
> III – quando e como determinar a lei.
>
> Art. 421. O juiz pode, de ofício, ordenar à parte a exibição parcial dos livros e dos documentos, extraindo-se deles a suma que interessar ao litígio, bem como reproduções autenticadas.

O CC, ao disciplinar questões relativas aos interesses de sócios ou herdeiros de sociedade, determina:

> Art. 1.191. O juiz só poderá autorizar a exibição integral dos livros e papéis de escrituração quando necessária para resolver questões relativas à sucessão, comunhão ou sociedade, administração ou gestão à conta de outrem, ou em caso de falência.
>
> § 1° O juiz ou tribunal que conhecer de medida cautelar ou de ação pode, a requerimento ou de ofício, ordenar que os livros de qualquer das partes, ou de ambas, sejam examinados na presença do empresário ou da sociedade empresária a que pertencerem, ou de pessoas por estes nomeadas, para deles se extrair o que interessar à questão.
>
> § 2° Achando-se os livros em outra jurisdição, nela se fará o exame, perante o respectivo juiz.
>
> Art. 1.192. Recusada a apresentação dos livros, nos casos do artigo antecedente, serão apreendidos judicialmente e, no do seu § 1°, ter-se-á como verdadeiro o alegado pela parte contrária para se provar pelos livros.
>
> Parágrafo único. A confissão resultante da recusa pode ser elidida por prova documental em contrário.

Portanto, a legislação civil assegura à parte interessada o acesso às informações contábeis da pessoa jurídica. A recusa da exibição dessas informações acarreta na presunção de que as acusações contra o responsável pela empresa e pela escrituração são verdadeiras. Tal fato corresponde a uma confissão do responsável no sentido de não serem confiáveis os lançamentos contábeis e as informações que eles representam. A presunção de culpa somente será afastada se apresentadas provas documentais que atestam o contrário.

Para esclarecimento dos dados da escrituração contábil, o juiz contará com auxílio de perito contábil para a análise técnica e profissional dessas informações.

Nos processos de falência e recuperação judicial de empresa, obviamente a escrituração é fundamental para comprovar a situação financeira da pessoa jurídica ou do empresário.

A lei de falências e recuperação judicial estabelece que o administrador judicial tem, entre outras atribuições, a de fornecer extratos dos livros do devedor, que merecerão fé de ofício, a fim de servirem de fundamento nas habilitações e impugnações de créditos (art. 22, I, alínea *c*, da Lei nº 11.101/05). Isso significa que o credor do falido tem o direito de declarar e solicitar o recebimento de seus créditos dentro do processo de falência (habilitação) e o administrador desse processo judicial, nomeado pelo juiz, deverá fornecer as informações contábeis necessárias que comprovam a existência desses créditos.

No processo de recuperação judicial, por meio do qual o empresário procura evitar a falência, o administrador judicial deverá acompanhar os atos praticados por esse empresário. Para esse acompanhamento, deverá fiscalizar as atividades do titular da empresa e apresentar ao juiz relatório mensal (art. 22, II, da Lei nº 11.101/05). Esse acompanhamento se dá, também, pelo exame de livros e documentos contábeis e fiscais da pessoa jurídica.

O art. 51 da citada lei determina que, para requerer a recuperação judicial, o empresário devedor está obrigado a apresentar, juntamente com a petição inicial, outros documentos:

I – a exposição das causas concretas da situação patrimonial do devedor e das razões da crise econômico-financeira;

II – as demonstrações contábeis relativas aos 3 (três) últimos exercícios sociais e as levantadas especialmente para instruir o pedido, confeccionadas com estrita observância da legislação societária aplicável e compostas obrigatoriamente de:

a) balanço patrimonial;

b) demonstração de resultados acumulados;

c) demonstração do resultado desde o último exercício social;

d) relatório gerencial de fluxo de caixa e de sua projeção;

III – a relação nominal completa dos credores, inclusive aqueles por obrigação de fazer ou de dar, com a indicação do endereço de cada um, a natureza, a classificação e o valor atualizado do crédito, discriminando sua origem, o regime dos respectivos vencimentos e a indicação dos registros contábeis de cada transação pendente.

Parte Aplicada • Cap. 8 • ESCRITURAÇÃO | **111**

O § 1º do citado artigo estabelece que:

> § 1º Os documentos de escrituração contábil e demais relatórios auxiliares, na forma e no suporte previstos em lei, permanecerão à disposição do juízo, do administrador judicial e, mediante autorização judicial, de qualquer interessado.

Caso o empresário devedor, em vez de requerer a recuperação, venha solicitar a sua própria falência, o art. 105 da Lei nº 11.101/05 estabelece:

> Art. 105. O devedor em crise econômico-financeira que julgue não atender aos requisitos para pleitear sua recuperação judicial deverá requerer ao juízo sua falência, expondo as razões da impossibilidade de prosseguimento da atividade empresarial, acompanhadas dos seguintes documentos:
>
> I – demonstrações contábeis referentes aos 3 (três) últimos exercícios sociais e as levantadas especialmente para instruir o pedido, confeccionadas com estrita observância da legislação societária aplicável e compostas obrigatoriamente de:
>
> a) balanço patrimonial;
>
> b) demonstração de resultados acumulados;
>
> c) demonstração do resultado desde o último exercício social;
>
> d) relatório do fluxo de caixa;
>
> II – relação nominal dos credores, indicando endereço, importância, natureza e classificação dos respectivos créditos;
>
> III – relação dos bens e direitos que compõem o ativo, com a respectiva estimativa de valor e documentos comprobatórios de propriedade;
>
> IV – prova da condição de empresário, contrato social ou estatuto em vigor ou, se não houver, a indicação de todos os sócios, seus endereços e a relação de seus bens pessoais;
>
> V – os livros obrigatórios e documentos contábeis que lhe forem exigidos por lei;
>
> VI – relação de seus administradores nos últimos 5 (cinco) anos, com os respectivos endereços, suas funções e participação societária.

No processo de falência, o administrador judicial está obrigado a examinar a escrituração contábil da pessoa jurídica, bem como solicitar a entrega de dos bens da empresa e documentos desta por parte do devedor (art. 22, III, da Lei nº 11.101/05).

Ressalte-se que, ao promover o inventário de bens da falência para levá-los a leilão com a finalidade de pagar os débitos do falido, o administrador judicial está obrigado a apresentar ao juiz, juntamente com esse inventário,

> os livros obrigatórios e os auxiliares ou facultativos do devedor, designando-se o estado em que se acham, número e denominação de cada um, páginas escrituradas, data do início da escrituração e do último lançamento, e se os livros obrigatórios estão revestidos das formalidades legais (art. 110, § 2º, I, da Lei nº 11.101/05).

Portanto, as escriturações contábeis e fiscais trazem consigo informações e documentos que demonstram a situação financeira da pessoa jurídica.

> *"Para atingir plenamente esse objetivo, é preciso estudar, registrar e controlar os atos e fatos administrativos que produzem mutações patrimoniais, e consequentemente o resultado econômico positivo ou negativo da pessoa jurídica (lucro ou prejuízo)."*[27]

---

[27] Fabretti, Láudio Camargo. *Contabilidade tributária*. São Paulo: Atlas, 2016, p. 123.

9

NORMAS CIVIS, EMPRESARIAIS E FISCALIZATÓRIAS PARA AS MPES

As normas expostas no presente capítulo dividem-se em dois grupos: a) aquelas que se aplicam às MPEs inscritas no regime tributário do Simples Nacional; b) aquelas que são MPEs e estejam ou não inscritas no regime.

De acordo com o art. 3º-B da LC nº 123/06, somente as disposições previstas no Capítulo IV da referida lei são aplicáveis à pessoa jurídica que está no regime do Simples. Dessa forma aplicam-se somente às empresas inscritas no regime os tratamentos diferenciados descritos nos itens 9.1 a 9.6. Os tratamentos descritos nos itens 9.7 a 9.11 aplicam-se às MPEs em geral, que tenham optado ou não pela inscrição no regime tributário do Simples.

9.1 NORMAS CIVIS E EMPRESARIAIS

O Estatuto Nacional das Microempresas e Empresas de Pequeno Porte (LC n 123/06) simplifica as regras civis e empresariais para as MPEs. Facilita a aprovação das contas de seus administradores e reduz o custo com publicações desnecessárias para o porte dessas empresas. Seus sócios, geralmente, estão presentes aos atos e negócios do dia a dia da empresa e conhecem o estado de caixa, os estoques, os volumes de venda etc.

Assim, a LC nº 123/06, em seus arts. 70 e 71, simplifica as normas empresariais estabelecendo que microempresas e empresas de pequeno porte estão desobrigadas de realizarem reuniões e assembleias exigidas pela legislação civil (arts. 1.072 a 1.076 do CC, estudados no Capítulo 7, item 7.6.7 do presente livro). Entretanto, essas assembleias são substituídas por *deliberação representativa do primeiro número inteiro superior à metade do capital social*. Por exemplo: a participação societária no capital social de uma ME tem a seguinte composição: quatro sócios com participações de 25% cada um. Para que uma deliberação, sobre determinada medida a ser adotada para a sociedade, seja representativa é necessária a aprovação de três sócios, ou seja, 75% do capital social que corresponde ao primeiro número inteiro superior a 50% do capital.

Essa exigência não se aplica nos casos em que o contrato social tenha estabelecido disposição de forma diferente para aprovações e deliberações (desde que atendidos os requisitos da legislação civil que exige a maioria do capital social para decisões que interferem significativamente na estrutura da empresa). A exigência também não se aplica nos casos em que exista justa causa para exclusão de sócio da sociedade ou de sócios que estejam colocando em risco a continuidade da empresa devido à prática de atos graves. Exemplo: envolvimento em atos de corrupção.

O art. 71 da LC nº 123/06 dispensa as MEs e EPPs da obrigação de publicarem seus atos societários. Tal medida se faz necessária uma vez que as publicações oneram o caixa dessas empresas.

A inscrição, o cancelamento do registro das MEs e EPPs e o arquivamento de seus atos constitutivos também têm um tratamento especial que simplifica essas exigências legais.

Os órgãos públicos e entidades envolvidos nesse processo estão obrigados a unificar os procedimentos para assegurar o tratamento diferenciado às MEs e EPPs, no sentido da simplificação de suas obrigações comerciais. Assim, existem portais na internet exclusivos para o MEI e as MEs e EPPs que permitem acelerar os procedimentos de registros e cancelamento de inscrição. Por exemplo: estão dispensados de apresentarem certidão de inexistência de condenação criminal. Essa certidão pode ser substituída por declaração (com todas as responsabilidades legais que esse documento contém) feita pelo próprio MEI ou empresários titulares de ME ou EPP. Também estão dispensados da apresentação prévia de contrato de locação ou certidão de propriedade do imóvel no qual serão exercidas as atividades empresariais.

É importante se destacar que a LC nº 123/16 reduz a zero os custos referentes à abertura, inscrição, registro, funcionamento, alvarás e licenças, cadastros e alterações contratuais bem como atos de encerramento das atividades do MEI. Tais reduções abrangem, inclusive, inscrições em entidades de classe, contribuições sindicais entre outras. Quanto às contribuições associativas, elas somente poderão ser cobradas se houver manifestação de interesse por parte do MEI.

Tanto para o MEI como para o agricultor familiar não haverá cobrança de taxa de fiscalização sanitária. Obviamente, estão sujeitos à essa fiscalização, porém, são isentos da cobrança da referida taxa.

Para as MEs e EPPs, as vistorias para emissão de licenças e autorizações de funcionamento somente serão realizadas após o início das atividades

PARTE APLICADA • Cap. 9 • NORMAS CIVIS, EMPRESARIAIS E FISCALIZATÓRIAS | 115

da empresa, exceto se o grau de risco envolvido for incompatível com essa liberalidade. Assim, as MEs e EPPs, caso exerçam atividades classificadas como baixo grau de risco, podem iniciar suas atividades antes da obtenção dos alvarás de licença e funcionamento. Nos casos em que exercem riscos com grau alto, obterão alvarás provisórios para o início de suas atividades.

Ressalte-se que o MEI e as MEs e EPPs têm o direito à identificação cadastral única que substituiu as inscrições federais, estaduais e municipais.

Para o registro de atos constitutivos, alterações contratais e extinção da empresa classificada como MEI, ME ou EPP, não poderão ser exigidas as certidões de regularidade fiscal, previdenciária ou trabalhista do empresário ou da empresa. Todavia, tal dispensa não exclui as responsabilidades advindas do descumprimento dessas obrigações. Assim, o encerramento da atividade com respectiva baixa não afasta a cobrança administrativa ou judicial de suas obrigações tributárias, trabalhistas e previdenciárias, ente outras. O cancelamento do registro da empresa acarreta em responsabilidade solidária dos empresários em relação às irregularidades praticadas durante a existência da empresa.

Uma das novidades instituídas pela Lei Complementar nº 139, de 10 de novembro de 2011, consiste no fato de que a opção pelo Simples Nacional, obrigatoriamente implica a aceitação do sistema de comunicação eletrônica que tem como finalidade dar ciência ao contribuinte dos atos praticados pela Administração Pública no sentido de fiscalizar e controlar a arrecadação pelo sistema do Simples Nacional. Dessa forma, ao optar pela inclusão no Simples Nacional, o empresário deverá estar ciente de que se obrigou a acompanhar por meios eletrônicos os atos da Administração Pública cujas finalidades podem ser: cientificar o sujeito passivo de quaisquer tipos de atos administrativos, incluídos os relativos ao indeferimento de opção, à exclusão do regime e a ações fiscais (inclusive os processos administrativos fiscais), encaminhar notificações e intimações e expedir avisos em geral.

Uma vez que tais comunicações serão feitas em portal próprio e não há necessidade de que a Administração venha a publicar seus atos em Diários Oficiais, o contribuinte deve possuir equipamentos que lhe possibilitem o acesso seguro a esse portal, pois essas comunicações irão substituir as notificações pessoais. Deverá ter cautela também em relação às pessoas autorizadas a acessarem o portal em nome da empresa, pois a lei prevê que a ciência das ações da Administração, por meio do sistema eletrônico, com utilização de certificação digital ou de código de acesso, será considerada válida para todos os efeitos de Direito. Tal circunstância poderá interferir na defesa em processos administrativos e judiciais. A data em que o contribuinte acessar o teor da comunicação, na prática, irá corresponder à notificação do sujeito passivo para fins de futuros processos administrativos ou judiciais.

A adoção desse sistema eletrônico de comunicação requer outras cautelas por parte do empresário, pois a Lei Complementar nº 139/11 também estabelece que as informações prestadas pelo contribuinte quanto aos cálculos e recolhimentos de tributos de forma simplificada têm caráter declaratório, constituindo confissão de dívida. Portanto, tais declarações feitas pelo contribuinte facultam à Administração Pública a possibilidade de exigir e executar a cobrança dos tributos e contribuições que não tenham sido recolhidos e cujas informações de ocorrência dos respectivos fatos geradores já foram prestadas por esse meio de comunicação. Ressalte-se que a lei obriga o contribuinte a prestar informações à Secretaria da Receita Federal do Brasil até o vencimento do prazo para pagamento dos tributos devidos no Simples Nacional, em cada mês, relativamente aos fatos geradores ocorridos no mês anterior.

Além disso, com a adoção do sistema de notas fiscais eletrônicas, a Administração Pública dispõe de dados sobre as operações realizadas entre o micro, pequeno ou médio empresário e outras **empresas** antes mesmo que o contribuinte, inscrito no Simples Nacional, venha a fornecê-las em formulário eletrônico próprio.

O inciso V do art. 17 da LC nº 123/06 estabelece a vedação para o ingresso no Simples Nacional de empresas que não tenham inscrição ou que estejam em débitos com a previdência social e de tributos federais, estaduais e municipais. Caso esses débitos estejam em parcelamento ou discussão administrativa ou judicial (exigibilidade suspensa), o ingresso poderá ser realizado.

9.1.1 Nome Empresarial

Até 2016, a LC nº 123/06 determinava, em seu art. 72:

> Art. 72. As microempresas e as empresas de pequeno porte, nos termos da legislação civil, acrescentarão à sua firma ou denominação as expressões "Microempresa" ou "Empresa de Pequeno Porte", ou suas respectivas abreviações, "ME" ou "EPP", conforme o caso, sendo facultativa a inclusão do objeto da sociedade.

Assim, o nome empresarial, poderia ser, por exemplo, Comércio de Brinquedos Bandeirantes Ltda. – EPP.

Todavia, essa exigência revelou-se prejudicial ao empresário, pois, à medida que o limite de receita anual da empresa variava, era necessário alterar a inscrição do nome empresarial para EPP ou ME. Assim, com a edição da LC nº 155/16, o art. 72 foi revogado. Porém, essa revogação é válida até 31 de dezembro de 2017, cabendo ao legislador regular os seus efeitos.

A LC nº 123/06, na qualidade de Estatuto das MEs e EPPs, estabelece que a mudança de regime de tributação do empresário, sociedade simples e empresário, bem como alterações na sua condição de ME ou EPP, não implicam mudanças (alteração, denúncia ou qualquer restrição) em contratos anteriores firmados, ou seja, os contratos celebrados por titulares de empresas são considerados atos jurídicos perfeitos para efeitos de enquadramento ou desequadramento da empresa no estatuto.

9.2 PROTESTO DE TÍTULOS

O Estatuto inova em relação à legislação anterior. A LC nº 123/06 estabeleceu normas especiais relativas às MPEs, que realmente facilitam o dia a dia destas.

O protesto de títulos, quando o devedor for MPE (desde que comprove, documentalmente, no cartório de protestos essa condição), fica sujeito às regras dispostas no art. 73 da citada lei. Basicamente as normas especiais estabelecem o seguinte:

- Dispensa de pagamento de taxas, custas e contribuições para o Estado sobre os valores devidos ao Tabelião de Protestos quando o devedor for ME ou EPP. Exceções: despesas de correio, condução de oficial de justiça e de edital para a publicação da intimação do devedor. Dessa forma, sobre as custas devidas ao tabelião, não poderão incidir novos valores a título de taxas ou contribuições devidas à Administração Pública, ao Poder Judiciário ou entidades de classe (sindicatos, associações, entre outros). As despesas de correio, condução de oficial para intimar o devedor e publicação de edital são devidas pela ME ou EPP.

- Dispensa da exigência de pagamento por parte do devedor (ME ou EPP) por meio de cheque administrativo. O pagamento por cheque comum ou administrativo feito pelo devedor que seja MEI, ME ou EPP somente terá efeito e cancelará o protesto após a liquidação do respectivo documento. Assim, o título pago em cartório poderá ser quitado por meio de cheque comum, sem a necessidade de emissão de cheque administrativo (emitido por estabelecimento bancário). Obviamente, a quitação somente terá validade após a compensação e respectiva liquidação do cheque. Caso esse pagamento seja feito com cheque desprovido de fundos, o ME ou EPP terá a imediata suspensão dos benefícios a ele concedidos na quitação de títulos protestados. Essa suspensão vigorará pelo prazo de um ano e independe de protesto do cheque desprovido de fundos que a ela deu causa.

- Uma vez pago o título pelo devedor ME ou EPP, o protesto será cancelado sem a necessidade da anuência do credor. Exceto se não for possível apresentar o título original protestado. Portanto, não há necessidade de apresentação de documento que comprove a concordância ou anuência do credor com o cancelamento do protesto após o pagamento válido do título. Somente haverá necessidade de apresentação de declaração de anuência do credor se o título original tiver extraviado ou na impossibilidade de sua apresentação.

Para fazer jus a essas prerrogativas para a liquidação de títulos protestados é necessário que o devedor cujo título encontra-se protestado em cartório comprove a sua condição de ME ou EPP. Essa comprovação deverá ser feita por cópia de atos constitutivos ou certidão emitida pela Junta Comercial ou Cartório de Registro Civil de Pessoas Jurídicas.

A LC nº 123/06 proíbe que, nas relações comerciais das MEs e EPPs, ou nos próprios atos constitutivos dessas empresas, sejam estabelecidas cláusulas que limitem emissão ou circulação de títulos de crédito, bem como de direitos creditórios (aval e fiança) originados de operações de compra e venda de produtos e serviços realizadas por elas (art. 73-A).

9.2.1 Títulos de Crédito e Cheque

Título de crédito é o documento pelo qual uma pessoa prova que é credora de outra. Para ser válido, deve revestir-se de todas as formalidades que a lei exige que sejam observadas. Se for válido, pode ser negociado. Modernamente, é também chamado de "recebível".

Na prática, os títulos de crédito mais utilizados pelas empresas são a duplicata e a nota promissória.

9.2.1.1 Duplicata Mercantil

9.2.1.1.1 Natureza Jurídica

Para que se possa entender a natureza jurídica da duplicata, é preciso, inicialmente, demonstrar a diferença entre documentos comerciais e fiscais.

Os documentos comerciais existem, em nosso Direito, há muito mais tempo do que os documentos fiscais, ou seja, desde a edição do Código Comercial (Lei nº 556, de 25-6-1850).

Parte Aplicada • Cap. 9 • NORMAS CIVIS, EMPRESARIAIS E FISCALIZATÓRIAS | **119**

Denomina-se fatura a nota que o vendedor entrega ao comprador com todos os elementos referentes à venda efetuada. São elementos essenciais: a quantidade, o preço da mercadoria, o total da venda e as condições de pagamento.

Portanto, é a apresentação de uma conta de venda mercantil, que, ao mesmo tempo, é um documento comercial.

A exigência de um documento fiscal (Nota Fiscal) para acompanhar a mercadoria só surgiu muito tempo depois.

Atualmente, nas vendas à vista e ao consumidor, basta a emissão da nota fiscal, cuja quitação será dada por recibo ou no próprio comprovante de caixa (cupom fiscal).

O pedido, desde que por escrito, é considerado um contrato de compra e venda mercantil simplificado. Sua existência é o suporte legal para a emissão da fatura.

A Lei nº 5.474/68, Lei das Duplicatas (LD), dispõe, em seu art. 1º, que nas vendas com prazo não inferior a 30 (trinta) dias, contados da data de entrega ou do despacho da mercadoria, o vendedor emitirá a respectiva fatura para apresentação ao comprador.

A legislação fiscal permite que se unifiquem em um documento a fatura (documento comercial) e a nota fiscal (documento fiscal), ou seja, a nota fiscal-fatura.

Da fatura poderá ser extraída uma cópia, com o nome de duplicata, para circulação com efeito comercial. No caso, uma duplicata mercantil. Por efeito comercial, entende-se um título de crédito, originado de uma operação comercial. Como título de crédito que é, pode ser negociado (art. 2º, LD).

Não é admitida a emissão de qualquer outro título de crédito sobre a venda mercantil.

Ressalte-se que o boleto bancário não se caracteriza como duplicata, embora possa estar sujeito a protesto e à respectiva cobrança.

A duplicata deve indicar sempre o valor total da fatura e seu vencimento.

Os descontos condicionais para pagamento antecipado devem ser indicados à parte. Por exemplo: pagamento em 30 dias com desconto de 3%, em 15 dias, com desconto de 1,5%, ou em 60 dias, sem desconto (art. 3º, LD).

9.2.1.1.2 Endosso e Aval

A duplicata pode ser endossada. Endossar é o ato jurídico pelo qual se transfere a propriedade de um título para outra pessoa física ou jurídica. O endosso faz-se pela assinatura do emitente do título em seu verso (endossante), mediante a expressão "pague-se a Fulano" (endossado), seguida dessa assinatura.

O pagamento da duplicata pode ser assegurado por aval, que é uma garantia pessoal de quem avaliza o título, mediante sua assinatura no verso da duplicata, com essa indicação.

9.2.1.1.3 Certeza e Liquidez

A duplicata aceita pelo comprador é um título de dívida líquida e certa, ou seja, juridicamente, a certeza refere-se à origem do título e a liquidez ao montante de seu valor em moeda. Pelo aceite, o comprador reconhece sua origem e seu valor, dando-lhe, pois, certeza e liquidez.

Aceita, a duplicata é um título extrajudicial que, não pago, nem precisa ser protestado. Pode, desde a data do vencimento, ser objeto de um processo de execução judicial, muito mais rápido do que o processo ordinário de cobrança de uma duplicata não aceita.

Não aceita, é preciso propor ação judicial, sendo sua primeira fase de conhecimento em que o portador da duplicata tem que provar, por meio de documentação, a origem do crédito e a de seu montante, para, uma vez declarado credor, passar à fase de execução.

A duplicata deve ser remetida ao comprador pelo vendedor ou por seus representantes ou, ainda, por instituição financeira.

Por acordo entre as partes, a duplicata pode ter seu vencimento prorrogado, assinando o credor no verso da duplicata essa nova condição. Pode também ser reformada, para uma nota promissória.

No caso, somando-se seu valor acrescido de juros até o novo vencimento, o devedor emite uma nota promissória a favor do credor. O credor dá quitação da duplicata reformada e fica com a nota promissória.

A reforma ou prorrogação para manter a coobrigação dos demais intervenientes por endosso ou aval requer a anuência expressa destes (art. 11, LD).

9.2.1.1.4 Protesto

O protesto é o ato pelo qual o credor registra, em cartório, o fato de que o devedor não pagou determinado título. Uma vez protestado o título, se o devedor recusa-se a pagá-lo sem fundamentos legais que justifiquem tal recusa, terá o seu nome encaminhado (negativado) para os órgãos que prestam serviços de proteção ao crédito, a fim de que demais comerciantes ou interessados tenham ciência dessa condição e possam, assim, se precaver de eventuais prejuízos.

A duplicata pode ser protestada por falta de aceite, devolução ou de pagamento. Na prática, não é comum solicitar o aceite e a devolução da duplicata.

PARTE APLICADA • Cap. 9 • NORMAS CIVIS, EMPRESARIAIS E FISCALIZATÓRIAS | **121**

A duplicata pode ser protestada por falta de pagamento. A duplicata original, geralmente, não é devolvida pelo comprador. Nesse caso, emite-se uma triplicata, que é uma nova cópia da fatura, na qual deve constar essa indicação.

Protesta-se, então, o título por falta de pagamento, protesto esse que deverá ser tirado na praça de pagamento constante do título (art. 13, LD).

Os tribunais têm autorizado o protesto de boletos bancários por indicação, desde que devidamente acompanhados da comprovação da realização do negócio jurídico e da entrega das mercadorias ou prestação de serviços.

Na falta de protesto no prazo de 30 (trinta) dias contados da data do vencimento do título, o credor perderá o direito de regresso (cobrança) contra os endossantes e respectivos avalistas.

9.2.1.1.5 Cobrança Judicial

De acordo com as disposições do art. 15 da LD, a cobrança judicial da duplicata ou triplicata será efetuada de acordo com o processo aplicável aos títulos executivos extrajudiciais, previstos no CPC, quando se tratar de duplicata ou triplicata aceita, protestada ou não.

No caso de não estar aceita, é necessário, cumulativamente:

- Comprovar que foi protestadal.
- Juntar a documentação hábil que prove a entrega e o recebimento da mercadoria (nota fiscal e comprovante de entrega – "canhoto").
- Comprovar que o sacado não tenha recusado o aceite, antes do vencimento, na forma da lei, por motivo de vícios, defeitos, diferenças na qualidade ou na quantidade das mercadorias, devidamente comprovados, ou divergências nos prazos ou nos preços ajustados (art. 8º, LD).

9.2.1.1. 6 Prescrição

O art. 18 da LD determina que a pretensão à execução da duplicata prescreve:

> I – contra o sacado e respectivos avalistas, em 3 (três) anos, contados da data do vencimento do título;
>
> II – contra endossante e seus avalistas, em 1 (um) ano, contado da data do protesto;
>
> III – de qualquer dos coobrigados contra os demais, em 1 (um) ano, contado da data em que haja sido efetuado o pagamento do título.

9.2.1.1.7 Duplicata de Prestação de Serviço

O art. 20 da LD dispõe que as empresas individuais ou coletivas, fundações ou sociedades civis, que se dediquem à prestação de serviços, poderão também emitir fatura e duplicata.

A fatura deverá discriminar a natureza dos serviços prestados a cujo preço corresponderá a soma a pagar em dinheiro.

Aplicam-se à fatura, duplicata e/ou triplicata de prestação de serviços, com as adaptações cabíveis, as mesmas normas da duplicata mercantil.

Qualquer documento que comprove a efetiva prestação dos serviços e o vínculo contratual que o autorizou é hábil para a transcrição em instrumento de protesto.

9.2.1.2 *Nota Promissória*

A nota promissória é regida pelo Decreto nº 2.044, de 31-12-1908. Esse decreto define a letra de câmbio e a nota promissória e regula as operações cambiais.

A nota promissória, como o próprio nome já diz, é uma promessa de pagamento feita pelo devedor ao credor.

A promissória é emitida pelo devedor, que promete pagar uma quantia em dinheiro a um credor, em determinada data. Por ser emitida pelo próprio devedor, é um título de dívida líquida e certa e, portanto, um título extrajudicial. Se não for paga no vencimento, pode ser protestada e cobrada judicialmente, por meio de processo de execução.

Não obstante isso, ela pode ser emitida subordinando-se ao cumprimento de uma condição, ou vinculando-se a um contrato. Nesse caso, seu pagamento só pode ser exigido, uma vez cumprida a condição ou o contrato.

É o documento mais utilizado nos financiamentos bancários.

Também é utilizada na reforma de duplicatas vencidas e não pagas, mediante acordo entre devedor e credor. Pode-se somar o débito de várias duplicatas, mais atualização monetária e juros, e reformá-las para uma ou várias notas promissórias, com novos vencimentos. Para o credor, no caso de duplicatas não aceitas, a troca pela promissória beneficia-o com a posse de título de dívida líquida e certa, com prazo maior de prescrição.

A ação cambial contra o emitente da nota promissória e seus avalistas prescreve em 5 (cinco) anos contados de seu vencimento. Contra o endossador e respectivos avalistas, em 12 (doze) meses do dia do vencimento (arts. 52 e 53).

Da mesma forma que a duplicata, sua propriedade pode ser transmitida por endosso e pode ser garantida por aval.

Parte Aplicada • Cap. 9 • NORMAS CIVIS, EMPRESARIAIS E FISCALIZATÓRIAS | **123**

9.2.1.3 Cheque

O cheque é regido pela Lei nº 7.357, de 2-9-1985.

É uma ordem de pagamento à vista, emitida por quem tem fundos suficientes contra o banco ou a instituição financeira que lhe seja equiparada, a favor de um beneficiário.

Logo, não é um título de crédito. Destina-se apenas a pagamento à vista ao beneficiário, mediante saque no caixa do banco ou depósito em conta bancária.

Na prática, entretanto, é cada vez mais comum sua utilização para pagamento a prazo, como é o caso do pré-datado para pagamento em outra data.

No entanto, se a data convencionada não for observada, o banco deve pagá-lo na apresentação, ou, se não tiver fundos, deve devolvê-lo por esse motivo. Nesse sentido, são as disposições do art. 32:

> Art. 32. O cheque é pagável à vista. Considera-se não escrita qualquer menção em contrário.
>
> Parágrafo único. O cheque apresentado para pagamento antes do dia indicado como data de emissão é pagável no dia da apresentação.

Portanto, é uma questão de confiança do emitente em quem aceita o pré-datado. Este, por sua vez, assim age por motivos de concorrência de mercado.

A jurisprudência, atenta às mudanças que ocorreram nos últimos anos nas atividades econômicas, vem decidindo no sentido de considerar o cheque pré-datado como um instrumento simplificado de contrato de venda de bens ou prestação de serviços a prazo. Por essa razão, vem impondo a condenação em perdas e danos aos que efetuam sua apresentação antecipada.

O cheque é transmissível por via de endosso (art. 17). Salvo estipulação em contrário, o endossante garante o pagamento do cheque (art. 21). Também pode ser garantido por aval de terceiro (art. 29).

O cheque deve ser apresentado em até 30 (trinta) dias de sua emissão, quando emitido no lugar onde tiver que ser pago, ou 60 (sessenta) dias quando emitido em outro lugar do país ou no exterior (art. 33).

A apresentação do cheque à câmara de compensação equivale à apresentação para pagamento (art. 34).

O portador do cheque pode promover sua execução contra o emitente, o avalista e o endossante (art. 47).

O prazo para propor essa ação prescreve em 6 (seis) meses da expiração do prazo de apresentação previsto no art. 33 (30 ou 60 dias). A ação de regresso de um obrigado contra o outro prescreve em 6 (seis) meses, contados do dia em que efetuou o pagamento ou foi demandado (art. 59).

Mediante comunicação por escrito ao banco, apresentando oposição fundada em relevante razão de direito, o pagamento do cheque pode ser sustado pelo emitente ou portador legitimado (art. 36).

O cheque cruzado só pode ser pago mediante depósito bancário. O banco só pode liquidá-lo por depósito em conta corrente de cliente seu, ou para outro banco (arts. 44 e 45).

9.3 RECUPERAÇÃO JUDICIAL PARA AS MPES

De acordo com o art. 47 da Lei de Falências e Recuperação Judicial (Lei 11.101/05):

> Art. 47. A recuperação judicial tem por objetivo viabilizar a superação da situação de crise econômico-financeira do devedor, a fim de permitir a manutenção da fonte produtora, do emprego dos trabalhadores e dos interesses dos credores, promovendo, assim, a preservação da empresa, sua função social e o estímulo à atividade econômica.

A Lei de Falências e de Recuperação Judicial e Extrajudicial do Empresário e da Sociedade Empresária (Lei nº 11.101/95) prevê nos seus arts. 70 a 72 uma forma especial de recuperação judicial para as MPEs.

Ressalte-se que as sociedades simples não foram incluídas nessa lei.

As MPEs poderão apresentar um plano especial de recuperação judicial e, para elas, existe a possibilidade de apresentarem livros e escrituração contábil simplificados. A partir da apresentação do pedido de recuperação judicial, as MPEs têm um prazo de 60 dias para apresentação de seu plano para evitar a falência. Diferentemente do que ocorre com as demais empresas, as MPEs não estão obrigadas a incluírem todos os credores em seu plano de recuperação judicial. Os credores não inclusos somente poderão habilitar seus créditos em caso de uma eventual falência da ME ou EPP. Na prática, as MPEs, em vez de realizarem a recuperação extrajudicial junto aos seus maiores credores e homologarem essa proposta por sentença judicial, como fazem outras empresas, ficaram sujeitas apenas à recuperação judicial. Ou seja, as suas negociações com credores, para evitar a falência, devem sempre ser feitas junto ao Poder Judiciário. Além disso, o plano especial deve atender às exigências legais que são mais restritivas para a elaboração da proposta de pagamento aos credores.

PARTE APLICADA • Cap. 9 • NORMAS CIVIS, EMPRESARIAIS E FISCALIZATÓRIAS | 125

Assim, o plano está limitado às seguintes condições estabelecidas no art. 71 da Lei nº 11.101/95:

- Abrangerá somente os seguintes créditos: créditos sem garantia (quirografários[28]); créditos decorrentes de obrigações anteriores à recuperação judicial que deverão atender às condições originalmente contratadas ou definidas em lei, inclusive no que diz respeito aos encargos, salvo se de modo diverso ficar estabelecido no plano de recuperação judicial (§ 2º do art. 43, da Lei nº 11.101/95); os créditos existentes na data do pedido de recuperação, ainda que não vencidos, excetuados os decorrentes de repasse de recursos oficiais e os fiscais.

- Parcelamento das obrigações: em até 36 (trinta e seis) parcelas mensais, iguais e sucessivas, corrigidas monetariamente e acrescidas de juros equivalentes à taxa Sistema Especial de Liquidação e de Custódia – SELIC, podendo conter ainda a proposta de abatimento do valor das dívidas. A primeira parcela deverá ser quitada no prazo máximo de 180 dias contados a partir do pedido de recuperação judicial. Note-se que a lei determina que o prazo será contado a partir da distribuição do pedido e não do deferimento por parte do juiz.

- É necessária a autorização do juiz para o empresário contratar empregados e aumentar despesas após ter ajuizado o pedido de recuperação judicial. Essa autorização somente se dará se o administrador judicial nomeado pelo juiz e o Comitê de Credores da MPE concordarem.

- As demais obrigações não abrangidas pelo plano continuam persistindo e os credores devem ficar atentos, pois elas estarão sujeitas à prescrição. O devedor deve ficar atento, também, para o fato de que as ações de cobrança promovidas pelos credores que sejam anteriores ao pedido de recuperação especial da MPE não estarão suspensas, continuam seguindo o seu tramite normalmente.

No caso de plano especial para as MPE, não será convocada assembleia geral de credores para deliberar sobre o plano, e o juiz concederá a recuperação judicial se atendidas às demais exigências da lei.

Entretanto, o juiz também julgará improcedente o pedido de recuperação judicial e decretará a falência do devedor se houver objeções de credores titulares de mais da metade dos créditos quirografários.

---

[28] Credores quirografários são aqueles cujos títulos não gozem de nenhuma garantia especial (penhor, hipoteca etc.). São os créditos representados por duplicatas mercantil ou de serviços.

As Micro e Pequenas Empresas e o Simples Nacional • Fabretti

Ou seja, se no prazo de 30 dias, contados da publicação da relação de credores, mediante edital, houver impugnação dos credores titulares de mais da metade dos créditos relacionados, o juiz julgará improcedente o pedido de recuperação judicial e decretará a falência do devedor.

O § 2º do art. 51 permite às MPE apresentar livros e escrituração contábil simplificados. Com essa permissão, a lei admite o livro-caixa como livro contábil e elemento de prova, o que a legislação falimentar anterior não aceitava, motivo pelo qual exigia o livro diário.

O livro-caixa deve ser escriturado com toda a movimentação financeira, inclusive a bancária. Conforme dispõe a legislação tributária, tanto para o regime do Simples Nacional quanto para o regime do lucro presumido. Em ambos os regimes são também obrigatórios o livro registro de inventário, escriturado com os estoques do início e do final de cada ano-calendário.

Também devem ser conservados em boa ordem os documentos comercias e fiscais até que ocorra a prescrição ou a decadência.

9.4 NORMAS FISCALIZATÓRIAS

No que se refere à fiscalização das MPEs prevalece, na maioria dos casos, o princípio da fiscalização orientadora, ou seja, não haverá a aplicação de multas ou penalidades na primeira visita ou constatação de irregularidade por parte da Administração Pública. A MPE será orientada pela fiscalização no sentido de regularizar as suas pendências.

Essa fiscalização orientadora aplica-se aos aspectos trabalhista, metrológico, sanitário, ambiental, de segurança, de relações de consumo e de uso e ocupação do solo das microempresas e das empresas de pequeno porte quando a atividade ou situação, por sua natureza, comportar grau de risco compatível com esse procedimento. Assim, para lavrar auto de infração e imposição de multa deverá ser observado o critério da dupla visita. Esse critério, porém, não se aplica aos seguintes casos: falta de registro de empregado ou anotação na Carteira de Trabalho e Previdência Social – CTPS, ou, ainda, na ocorrência de reincidência, fraude, resistência ou embaraço à fiscalização (art. 55 e parágrafos da LC nº 123/06).

Quanto às demais obrigações, não se aplica o princípio da fiscalização orientadora, o que significa, na prática, que a fiscalização tributária poderá autuar a empresa assim que constatar uma infração à legislação fiscal.

9.4.1 Fiscalização Tributária

Uma vez que o Simples Nacional engloba tributos federais, estaduais e municipais, a fiscalização do cumprimento das obrigações tributárias (prin-

Parte Aplicada • Cap. 9 • NORMAS CIVIS, EMPRESARIAIS E FISCALIZATÓRIAS | **127**

cipais e acessórias) é realizada pelas esferas administrativas dos três níveis de governo: Receita Federal, Secretarias de Fazenda dos Estados e Secretarias de Finanças Municipais. Essa fiscalização pode ser feita por meio de convênios estabelecidos entre os órgãos administradores, o que significa, na prática, que as entidades fiscalizadoras compartilham informações a respeito da regularidade fiscal das MPEs.

A partir de janeiro de 2018, essa colaboração torna-se mais intensa, pois as entidades federais, estaduais e municipais, além de prestarem assistência mútua na troca de informações a respeito das MPEs, também passam a planejar, em conjunto, as suas ações preparatórias e de procedimento de fiscalização. Além disso, a LC nº 123/06 estabelece que as autoridades fiscais têm a competência de efetuarem autuações no sentido de lançar notificação de cobrança de <u>todos</u> os tributos e multas devidos pela ME ou EPP. Assim, por exemplo, se uma ME e suas filiais, optantes pelo regime do Simples Nacional, cometerem qualquer irregularidade a respeito do ICMS, que é um tributo estadual, a Receita Federal, apurando essa irregularidade, tem competência para aplicar multas e determinar o pagamento do tributo devido, emitindo uma notificação para esse fim. Essa competência, entretanto, está restrita à cobrança da obrigação principal (pagamento do tributo) e não se aplica à obrigação acessória (preenchimento de documentação necessária para demonstrar o cálculo e recolhimento do tributo). A competência para fiscalizar o cumprimento de obrigação acessória pertence à entidade que arrecada o tributo. Assim, no exemplo citado, embora a ME tenha recebido da Receita Federal uma notificação com a cobrança de ICMS e respectiva multa (por ausência de recolhimento desse tributo), cabe à Secretaria de Fazenda do Estado aplicar multa pela inobservância das regras estabelecidas para o cumprimento da obrigação de escriturar as entradas de mercadorias, emissão de notas fiscais etc. Tal fato ocorre porque cada entidade da federação possui regras próprias para emissão de documentação fiscal.

A LC nº 155/16 autorizou, a partir de 1º de janeiro de 2018, que as administrações tributárias utilizem o procedimento de fiscalização prévia para determinar a autorregularização das MEs e EPPS optantes pelo Simples. Essa fiscalização prévia não constituirá início de procedimento fiscal. Todavia, essa autorregularização não exclui a possibilidade de uma ação fiscal contra a ME ou EPP.

As MEs e EPPs ficam sujeitas às mesmas sanções tributárias relativas a juros e multas estabelecidas na legislação que regula os tributos integrantes do Simples Nacional. Dessa forma, a ausência de recolhimento de tributos no sistema do Simples Nacional implica a aplicação das multas e penalidades à falta de recolhimento de Imposto de Renda, de ICMS e ISS.

128 | As Micro e Pequenas Empresas e o Simples Nacional • Fabretti

A falta de entrega da Declaração Simplificada de Pessoa Jurídica optante pelo Simples Nacional está sujeita às penalidades previstas nos arts. 38, 38-A e 38-B da LC nº 123/06.[29]

---

[29] Art. 38. O sujeito passivo que deixar de apresentar a Declaração Simplificada da Pessoa Jurídica a que se refere o art. 25 desta Lei Complementar, no prazo fixado, ou que a apresentar com incorreções ou omissões, será intimado a apresentar declaração original, no caso de não apresentação, ou a prestar esclarecimentos, nos demais casos, no prazo estipulado pela autoridade fiscal, na forma definida pelo Comitê Gestor, e sujeitar-se-á às seguintes multas: (efeitos: a partir de 01/07/2007)

I – de 2% (dois por cento) ao mês-calendário ou fração, incidentes sobre o montante dos tributos e contribuições informados na Declaração Simplificada da Pessoa Jurídica, ainda que integralmente pago, no caso de falta de entrega da declaração ou entrega após o prazo, limitada a 20% (vinte por cento), observado o disposto no § 3º deste artigo; (efeitos: a partir de 01/07/2007)

II – de R$ 100,00 (cem reais) para cada grupo de 10 (dez) informações incorretas ou omitidas. (efeitos: a partir de 01/07/2007)

§ 1º Para efeito de aplicação da multa prevista no inciso I do *caput* deste artigo, será considerado como termo inicial o dia seguinte ao término do prazo originalmente fixado para a entrega da declaração e como termo final a data da efetiva entrega ou, no caso de não apresentação, da lavratura do auto de infração. (efeitos: a partir de 01/07/2007)

§ 2º Observado o disposto no § 3º deste artigo, as multas serão reduzidas: (efeitos: a partir de 01/07/2007)

I – à metade, quando a declaração for apresentada após o prazo, mas antes de qualquer procedimento de ofício; (efeitos: a partir de 01/07/2007)

II – a 75% (setenta e cinco por cento), se houver a apresentação da declaração no prazo fixado em intimação. (efeitos: a partir de 01/07/2007)

§ 3º A multa mínima a ser aplicada será de R$ 200,00 (duzentos reais). (efeitos: a partir de 01/01/2009)

§ 4º Considerar-se-á não entregue a declaração que não atender às especificações técnicas estabelecidas pelo Comitê Gestor. (efeitos: a partir de 01/07/2007)

§ 5º Na hipótese do § 4º deste artigo, o sujeito passivo será intimado a apresentar nova declaração, no prazo de 10 (dez) dias, contados da ciência da intimação, e sujeitar-se-á à multa prevista no inciso I do *caput* deste artigo, observado o disposto nos §§ 1º a 3º deste artigo. (efeitos: a partir de 01/07/2007)

§ 6º A multa mínima de que trata o § 3º deste artigo a ser aplicada ao Microempreendedor Individual na vigência da opção de que trata o art. 18-A desta Lei Complementar será de R$ 50,00 (cinquenta reais). (Incluído pela Lei Complementar nº 128, de 19 de dezembro de 2008) (efeitos: a partir de 01/07/2009)

Art. 38-A. O sujeito passivo que deixar de prestar as informações no sistema eletrônico de cálculo de que trata o § 15 do art. 18, no prazo previsto no § 15-A do mesmo artigo, ou que as prestar com incorreções ou omissões, será intimado a fazê-lo, no caso de não apresentação, ou a prestar esclarecimentos, nos demais casos, no prazo estipulado pela autoridade fiscal, na forma definida pelo CGSN, e sujeitar-se-á às seguintes multas, para cada mês de referência: (Incluído pela Lei Complementar nº 139, de 10 de novembro de 2011) (efeitos: a partir de 01/01/2012)

PARTE APLICADA • Cap. 9 • NORMAS CIVIS, EMPRESARIAIS E FISCALIZATÓRIAS | **129**

O procedimento fiscalizatório, por parte da Administração Pública, tem ainda como consequência fato que, após o início da fiscalização, esta poderá se estender aos demais estabelecimentos da microempresa ou empresa de pequeno porte, não importando as atividades por eles exercidas ou a localização desses estabelecimentos.

I – de 2% (dois por cento) ao mês-calendário ou fração, a partir do primeiro dia do quarto mês do ano subsequente à ocorrência dos fatos geradores, incidentes sobre o montante dos impostos e contribuições decorrentes das informações prestadas no sistema eletrônico de cálculo de que trata o § 15 do art. 18, ainda que integralmente pago, no caso de ausência de prestação de informações ou sua efetuação após o prazo, limitada a 20% (vinte por cento), observado o disposto no § 2° deste artigo; e (Incluído pela Lei Complementar n° 139, de 10 de novembro de 2011) (efeitos: a partir de 01/01/2012)

II – de R$ 20,00 (vinte reais) para cada grupo de 10 (dez) informações incorretas ou omitidas. (Incluído pela Lei Complementar n° 139, de 10 de novembro de 2011) (efeitos: a partir de 01/01/2012)

§ 1° Para efeito de aplicação da multa prevista no inciso I do *caput,* será considerado como termo inicial o primeiro dia do quarto mês do ano subsequente à ocorrência dos fatos geradores e como termo final a data da efetiva prestação ou, no caso de não prestação, da lavratura do auto de infração. (Incluído pela Lei Complementar n° 139, de 10 de novembro de 2011) (efeitos: a partir de 01/01/2012)

§ 2° A multa mínima a ser aplicada será de R$ 50,00 (cinquenta reais) para cada mês de referência. (Incluído pela Lei Complementar n° 139, de 10 de novembro de 2011) (efeitos: a partir de 01/01/2012)

§ 3° Aplica-se ao disposto neste artigo o disposto nos §§ 2°, 4° e 5° do art. 38. (Incluído pela Lei Complementar n° 139, de 10 de novembro de 2011) (efeitos: a partir de 01/01/2012)

§ 4° O CGSN poderá estabelecer data posterior à prevista no inciso I do *caput* e no § 1°. (Incluído pela Lei Complementar n° 139, de 10 de novembro de 2011) (efeitos: a partir de 01/01/2012)

Art. 38-B. As multas relativas à falta de prestação ou à incorreção no cumprimento de obrigações acessórias para com os órgãos e entidades federais, estaduais, distritais e municipais, quando em valor fixo ou mínimo, e na ausência de previsão legal de valores específicos e mais favoráveis para MEI, microempresa ou empresa de pequeno porte, terão redução de: (Incluído pela Lei Complementar n° 147, de 7 de agosto de 2014) (Produção de efeito) (efeitos: a partir de 01/01/2016)

I – 90% (noventa por cento) para os MEI; (Incluído pela Lei Complementar n° 147, de 7 de agosto de 2014) (Produção de efeito) (efeitos: a partir de 01/01/2016)

II – 50% (cinquenta por cento) para as microempresas ou empresas de pequeno porte optantes pelo Simples Nacional. (Incluído pela Lei Complementar n° 147, de 7 de agosto de 2014) (Produção de efeito) (efeitos: a partir de 01/01/2016)

Parágrafo único. As reduções de que tratam os incisos I e II do *caput* não se aplicam na: (Incluído pela Lei Complementar n° 147, de 7 de agosto de 2014) (Produção de efeito) (efeitos: a partir de 01/01/2016)

I – hipótese de fraude, resistência ou embaraço à fiscalização; (Incluído pela Lei Complementar n° 147, de 7 de agosto de 2014) (Produção de efeito) (efeitos: a partir de 01/01/2016)

II – ausência de pagamento da multa no prazo de 30 (trinta) dias após a notificação. (Incluído pela Lei Complementar n° 147, de 7 de agosto de 2014) (Produção de efeito) (efeitos: a partir de 01/01/2016)

9.4.1.1 Omissão de Informações

9.4.1.1.1 Omissão de Receita

Nos casos em que for constatada a omissão de receita por parte das MEs ou EPPs, as presunções estabelecidas nas respectivas legislações que regulam os diversos tributos abrangidos pelo Simples Nacional serão aplicáveis a esses casos. Assim, por exemplo, o Regulamento do Imposto de Renda estabelece que se caracteriza como omissão no registro de receita a falta de escrituração de pagamentos efetuados (art. 281, II), a ausência de emissão de nota fiscal ou recibos (art. 283) etc. Tal regra aplica-se a todas as pessoas jurídicas, inclusive aquelas que são optantes pelo regime do Simples Nacional. A omissão de receita poderá gerar consequências como arbitramento da receita da ME ou EPP.

O CGSN (Comitê Gestor do Simples Nacional) determina que, se for constatada omissão de receita por parte de MPEs sujeitas ao ICMS ou ISS e seja impossível identificar a origem dessas receitas, a autuação será feita utilizando a maior das alíquotas relativas à faixa de receita bruta de enquadramento do contribuinte, dentre as tabelas aplicáveis às respectivas atividades.

Assim, por exemplo, se a fiscalização apurar que uma ME tem uma receita omitida no valor de R$ 20.000,00 e cuja origem seja impossível de comprovar, procederá da seguinte forma: se as alíquotas aplicáveis à ME, no caso em questão estão entre 4,5% (menor) e 7,8% (maior), para fins de cálculo dos tributos e respectivas penalidades, a fiscalização aplicará a alíquota de 7,8%. Portanto, 7,8% x R$ 20.000,00 = R$ 1.560,00, esse será o valor correspondente aos tributos omitidos e que servirá de base para aplicação de penalidades. Essas penalidades serão calculadas de acordo com o que prevê a legislação do Imposto de Renda, inclusive para o cálculo de ISS e ICMS.

9.4.1.1.2 Omissão ou Ausência da Comunicação de Exclusão da MPE e do MEI do Regime do Simples Nacional

A MPE que deixar de atender a um dos requisitos para ser optante do regime do Simples Nacional deverá requerer a sua exclusão desse regime comunicando o fato à autoridade tributária. Os prazos para essa comunicação são estabelecidos pelo CGSN, e a pessoa jurídica deverá estar atenta para o calendário das obrigações estabelecido por esse Comitê. Assim, por exemplo, uma pessoa jurídica que exerça atividade de importação para revenda de mercadorias não pode ser optante do Simples Nacional. Caso a ME ou EPP altere o seu objeto social e passe a exercer tal atividade, deverá requerer a sua exclusão do regime a partir do momento da mudança. Se não o fizer, estará sujeita à multa correspondente a 10% (dez por cento) do total dos impostos e contribuições devidos em conformidade

PARTE APLICADA • Cap. 9 • NORMAS CIVIS, EMPRESARIAIS E FISCALIZATÓRIAS | **131**

com o Simples Nacional no mês que anteceder o início dos efeitos da exclusão. Se a ME ou EPP passou a ser importadora no mês de agosto, por exemplo, não comunicou o fato e o valor que recolheu a título de Simples Nacional em julho foi de R$ 2.500,00, pagará uma multa no valor de R$ 250,00. Ressalta-se que essa multa, de acordo com o art. 36 da LC nº 123/06, não poderá ser inferior a R$ 200,00 (duzentos reais). Essa multa não está sujeita à redução.

Caso seja o MEI que desatenda à obrigação de comunicar a sua exclusão do regime, a multa será de R$ 50,00 e não existirá o benefício da redução.

Entretanto, as multas não excluem as demais consequências e sanções previstas em lei, incluindo-se as leis penais que regulam a falsidade de informações e documentos. Caso a autoridade administrativa apure a impossibilidade de a pessoa jurídica permanecer no regime do Simples, tal situação acarretará no procedimento da exclusão de ofício com as suas respectivas consequências (ver item 9.4.4).

9.4.2 Processo Administrativo Fiscal

Todos os contribuintes têm direito a acessar o processo administrativo fiscal, seja para efetuar consultas administrativas a fim de esclarecer dúvidas quanto à situação tributária (arts. 88 e 89 do Decreto nº 7.574/11),[30] seja para apresentar impugnação quanto aos procedimentos fiscais que considerar irregulares (art. 56 do Decreto nº 7.574/11).[31] Esse processo administrativo fiscal tem desenvolvimento perante a entidade fiscalizadora competente para arrecadar e fiscalizar o tributo. Assim, existem processos administrativos fiscais no âmbito da Receita Federal, das Secretarias de Fazenda dos Estados e Finanças dos Municípios.

---

[30] Art. 88. O sujeito passivo poderá formular consulta sobre a interpretação da legislação tributária e aduaneira aplicável a fato determinado e sobre a classificação fiscal de mercadorias e a classificação de serviços, intangíveis e de outras operações que produzam variações no patrimônio, com base na Nomenclatura Brasileira de Serviços, Intangíveis e Outras Operações que Produzam Variações no Patrimônio. (Redação dada pelo Decreto nº 8.853, de 2016)

Parágrafo único. A consulta de que trata o *caput* é facultada aos órgãos da administração pública e às entidades representativas de categorias econômicas ou profissionais. (Decreto nº 70.235, de 1972, art. 46, parágrafo único).

Art. 89. Nenhum procedimento fiscal será instaurado, relativamente à espécie consultada, contra o sujeito passivo alcançado pela consulta, a partir da apresentação da consulta até o trigésimo dia subsequente à data da ciência da decisão que lhe der solução definitiva. (Decreto nº 70.235, de 1972, arts. 48 e 49; Lei nº 9.430, de 1996, art. 48, *caput* e § 3º).

[31] Art. 56. A impugnação, formalizada por escrito, instruída com os documentos em que se fundamentar e apresentada em unidade da Secretaria da Receita Federal do Brasil com jurisdição sobre o domicílio tributário do sujeito passivo, bem como, remetida por via postal, no prazo de trinta dias, contados da data da ciência da intimação da exigência, instaura a fase litigiosa do procedimento (Decreto nº 70.235, de 1972, arts. 14 e 15).

132 | As Micro e Pequenas Empresas e o Simples Nacional • Fabretti

É importante ressaltar que todas as comunicações dos atos desses processos são feitas por meio eletrônico e geram os seguintes efeitos: a) não haverá o envio pelo correio ou publicação em Diário Oficial dos resultados; b) entende-se que a comunicação é pessoal, ou seja, independentemente de quem teve acesso a ela, considera-se que o empresário ou titular da empresa foi notificado a respeito dos resultados; c) a partir do acesso à comunicação, por qualquer interessado, seja por meio de senha ou certificado digital, ela torna-se válida; d) considera-se realizada a comunicação no dia em que for efetivada a consulta a ela, ou, caso o acesso não tenha sido realizado em dia útil, a comunicação considera-se efetivada no primeiro dia útil seguinte ao acesso; e) se o contribuinte ou interessado não acessar o comunicado em 45 dias contados da data da disponibilização, considera-se que, terminado esse prazo, o sujeito passivo foi automaticamente comunicado.

Ao contribuinte é facultado impugnar e discutir, inclusive, o indeferimento de sua solicitação de inclusão no regime do Simples Nacional.

9.4.3 Processo Judicial

Em regra, as ações judiciais referentes aos tributos abrangidos pelo Simples Nacional deverão ser propostas perante a Justiça Federal. Os débitos do contribuinte optante pelo regime do Simples Nacional serão inscritos na dívida ativa da União, ocasião em que a pessoa jurídica e seus titulares terão os seus respectivos dados incluídos no cadastro de inadimplentes.

As exceções a essa regra são: a) mandados de segurança nos quais se pretende impugnar ato de autoridade pertencente aos Estados, Municípios ou Distrito Federal; b) ações que visem discutir tributos estaduais ou municipais e deverão ser propostas na Justiça Estadual; c) dívida tributária decorrente de descumprimento de obrigação acessória estadual ou municipal; d) cobranças de dívidas tributárias decorrentes de convênios celebrados entre a Fazenda Nacional e Estados e Municípios; e) as dívidas de ICMS e ISS do MEI.

9.4.4 Exclusão do Regime do Simples Nacional

A LC nº 123/06 estabelece as condições para que as MPEs possam ingressar no regime do Simples Nacional. Não é apenas o limite de receita que condiciona o ingresso das MPEs no regime. Existem outras restrições quanto à atividade exercida pelo empresário (art. 17), à forma jurídica da empresa e a situações referentes aos sócios (art. 3º, § 4º).

Se a MPE deixar de atender a qualquer uma dessas exigências, deverá solicitar a sua exclusão do regime de tributação simplificada. Caso não o faça poderá ocorrer a exclusão de ofício, ou seja, por parte da autoridade fazendária.

O contribuinte está sujeito à exclusão de ofício quando deixar de realizar a sua exclusão obrigatória e também nos seguintes casos: a) dificultar a fiscalização, negando-se injustificadamente a exibir livros e documentos solicitados pela autoridade fazendária, ou negando-se a prestar informações sobre bens, movimentação financeira, negócio ou atividade, quando intimado a fazê-lo; b) negar acesso ao estabelecimento ou local onde desenvolve as suas atividades; c) for constatada a interposição de pessoas na constituição do negócio, ou seja, colocar como responsáveis pela empresa pessoas que, de fato, não estão ligadas a ela; d) cometer reiteradamente infrações à legislação do Simples Nacional; e) a empresa for considerada inapta (ter CPF sujeito a cancelamento) por deixar de apresentar em dois exercícios consecutivos as declarações ou não comprovar a origem de seus recursos empregados no comércio exterior; f) comercializar mercadorias objetos de contrabando (comércio de mercadorias ilícitas) ou descaminho (comércio de mercadorias lícitas sem o devido pagamento de tributos); g) não possuir escrituração de livro-caixa ou escrituração que permita identificar a sua situação financeira e movimentação bancária; h) for constatado pela fiscalização que o valor pago em despesas supera em 20% o valor das receitas ingressantes no mesmo período (exceto no início das atividades); i) a fiscalização constatar que o valor das aquisições de mercadorias para comercialização ou industrialização é superior a 80% dos ingressos de receita do mesmo período (exceto aumento justificado de estoque e início de atividade); j) ausência de emissão de documento fiscal relativo à venda de produtos ou serviços; k) omitir dados da folha de pagamento e de documentos, exigidos pela legislação trabalhista, previdenciária ou tributária, de seus empregados ou trabalhadores avulsos ou autônomos que lhes prestem serviços.

Excetuada a hipótese em que a MPE deixa de solicitar a sua exclusão obrigatória, nos demais casos anteriormente relacionados, a exclusão produzirá efeitos no próprio mês em que foi constatada a irregularidade, e o contribuinte ficará impedido de optar pelo regime do Simples nos próximos três anos subsequentes.

Assim, por exemplo, se uma empresa dificulta a fiscalização negando-se, injustificadamente, a exibir livros e documentos solicitados pela autoridade administrativa em setembro de 2018, será excluída do regime nesse mesmo mês e não poderá retornar a ele até janeiro de 2022.

Esse prazo poderá elevar-se para 10 anos se a MPE utilizar métodos ou artifícios fraudulentos para induzir a Administração Pública a erro.

Caso a MPE deixe de solicitar a sua exclusão por não preencher mais os requisitos do regime de tributação pelo Simples Nacional, a notificação será feita pelo sistema eletrônico de comunicação com os efeitos dele decorrentes, conforme exposto no item 9.4.2.

De acordo com o art. 30 da LC nº 123/06, as alterações cadastrais no CNPJ informada pela MPE equivale à comunicação obrigatória de exclusão do Simples

134 | As Micro e Pequenas Empresas e o Simples Nacional • Fabretti

Nacional quando ocorrerem as seguintes situações: a) alteração de natureza jurídica para Sociedade Anônima, Sociedade Empresária em Comandita por Ações, Sociedade em Conta de Participação ou Estabelecimento, no Brasil, de Sociedade Estrangeira; b) inclusão de atividade econômica vedada à opção pelo Simples Nacional; c) inclusão de sócio pessoa jurídica; d) inclusão de sócio domiciliado no exterior; e) cisão parcial ou extinção da empresa.

A LC nº 123/06 estabelece, no art. 29, as condições que caracterizam prática reiterada de infração à legislação do Simples: a) ocorrência em 2 anos ou mais consecutivos ou alternados de infrações idênticas que foram objeto, inclusive, de auto de infração (ausência de emissão de notas fiscais, ausência de livro-caixa, de entrega de declaração etc.); b) segunda ocorrência idêntica de utilização de fraude ou artifícios para induzir a autoridade administrativa a erro.

A partir da exclusão do regime do Simples, a MPE ficará sujeita às normas de tributação aplicáveis às demais pessoas jurídicas (lucro presumido ou real). Caso existam diferenças de tributos a recolher (em virtude de ausência de escrituração, falta de emissão de notas fiscais, por exemplo), a ME ou EPP ficará sujeita apenas ao pagamento dos tributos calculados pelo regime habitual de tributação acrescidos de juros de mora, exceto se a autoridade administrativa já houver lavrado auto de infração.

9.5 OBRIGAÇÕES FISCAIS ACESSÓRIAS

De acordo com o que foi estudado no Capítulo 3, item 3.1.1, o fato gerador da obrigação tributária acessória está descrito no art. 115 do CTN:

> Fato gerador da obrigação acessória é qualquer situação que, na forma da legislação aplicável, impõe a prática ou a abstenção de ato que não configure obrigação principal.

As obrigações tributárias acessórias das MPEs estão descritas no citado item do Capítulo 3: apresentação de declaração de suas informações socioeconômicas e fiscais, emitir notas fiscais etc.

De acordo com o que dispõe o § 1º do art. 5º da LC nº 123/06, o envio dessas informações à Administração Pública pressupõe o reconhecimento da obrigação tributária principal do contribuinte, ou seja, é confissão de dívida tributária e permite que a fiscalização exija os tributos declarados e eventualmente não pagos.

As informações constantes nesses documentos serão compartilhadas entre a Receita Federal do Brasil e os órgãos de fiscalização tributária dos Estados, Distrito Federal e Municípios.

Assim, em caso de inatividade da MPE, ela deverá informar essa situação em sua Declaração de Informações Socioeconômicas e Fiscais (DEFIS). Considera-se

PARTE APLICADA • Cap. 9 • NORMAS CIVIS, EMPRESARIAIS E FISCALIZATÓRIAS | 135

inatividade da MPE a ausência de mutação patrimonial e atividade operacional durante todo o ano-calendário (§ 3º, do art. 25, da LC nº 123/06).

O MEI deverá apenas declarar suas informações de receita bruta referentes ao ICMS, já as MPEs optantes pelo Simples Nacional, de acordo com o art. 26 da LC nº 123, são obrigadas a: emitir documento fiscal de venda ou prestação de serviço, de acordo com instruções expedidas pelo Comitê Gestor; manter em boa ordem e guarda os documentos que fundamentaram a apuração dos impostos e contribuições devidos, e envio de demais informações fiscais e socioeconômicas pelo prazo de 5 anos contados a partir de 1º de janeiro do ano seguinte à ocorrência do fato gerador das obrigações.

Por exemplo, a MPE enviou sua DEFIS referente a 2017 em março de 2018. Os fatos geradores ocorreram em 2017, portanto, deverá guardar os documentos que serviram de suporte para essa declaração até 01/01/23 (início da contagem: 01/10/18 a 01/01/23). Todavia, essa contagem inicia-se, na realidade, no primeiro dia útil do período-base (exemplo: o primeiro dia útil de 2018 é o dia 2, então o prazo será de 02/01/18 a 02/01/2023).

Para o MEI é facultado comprovar a sua receita bruta a partir das informações constantes em seus registros de vendas de produtos ou serviços, podendo ser dispensado da obrigação de emitir notas fiscais. Já para as MPEs, existe a obrigação de manter livro-caixa para escriturar movimentação financeira e bancária. Aos Estados e Municípios é vedado estabelecerem outras obrigações além daquelas previstas pela LC nº 123/06.

Atualmente, as informações e a emissão de documentos são feitas por meios eletrônicos que dispõem de aplicativos específicos para essas finalidades.

A ausência do cumprimento dessas obrigações bem como irregularidades ou falsidades nelas constantes resultarão na exclusão da empresa do regime do Simples Nacional, por parte da Administração Pública (exclusão de ofício), com os efeitos descritos no item 9.4.4

9.6 REGIME TRABALHISTA E PREVIDENCIÁRIO DAS MPES

9.6.1 Dispensa de Obrigações Acessórias

O antigo Estatuto (Lei nº 9.841, de 5 de outubro de 1999) simplificava bastante para as MPE o cumprimento das obrigações acessórias previstas na legislação trabalhista, dispensando uma série delas e cumprindo, dessa forma, a disposição do art. 179 da CF.

Entretanto, não foram dispensados, por serem relevantes, os seguintes procedimentos (parágrafo único do art. 11):

I – anotações na Carteira de Trabalho e Previdência Social – CTPS;

136 As Micro e Pequenas Empresas e o Simples Nacional • Fabretti

II – apresentação da Relação Anual de Informações Sociais – RAIS e do Cadastro Geral de Empregados e Desempregados – CAGED;

III – arquivamento dos documentos comprobatórios de cumprimento das obrigações trabalhistas e previdenciárias, enquanto não prescreverem essas obrigações;

IV – apresentação da Guia de Recolhimento do Fundo de Garantia do Tempo de Serviço e Informações à Previdência Social – GFIP.

Essas obrigações foram mantidas no art. 52 da LC nº 123/06.

É importante ressaltar que a guarda e a conservação dos livros e documentos que comprovem o cumprimento das obrigações trabalhistas e previdenciárias (inciso III) devem atender a diferentes prazos de prescrição, estabelecidos na lei ou na jurisprudência:

a) Para o trabalhador ajuizar ação quanto a créditos resultantes das relações de trabalho: cinco anos, até o limite de dois anos após a extinção do contrato (inciso XXIX do art. 7º da CF).

b) O direito de cobrar os créditos da Seguridade Social (INSS) prescreve em dez anos (art. 46 da Lei nº 8.212/91).

c) A ação de cobrança das contribuições ao FGTS prescreve em 30 anos (STJ – Súmula 210, 27-5-99, *DJU*, 5-6-99).

Entre as obrigações acessórias previstas na CLT, das quais foram dispensadas as MPEs pelo Estatuto (art. 11), vale ressaltar, em síntese, as seguintes:

a) Quadro de horário de trabalho afixado em lugar visível; anotação do horário no livro ou fichas de registro de empregados, com indicação de acordos ou contratos coletivos; anotação da hora de entrada e saída (ponto), assinalando o horário de repouso (art. 74).

b) Anotação no livro ou em fichas de registro de empregado da participação por escrito, com 30 dias de antecedência da concessão de férias, com recibo do interessado (§ 2º do art. 135).

c) Entrega ao Ministério do Trabalho de relação anual de todos os seus empregados, assinalando em vermelho as modificações havidas em confronto com a anterior (art. 360).

d) Obrigação de matricular no Serviço Nacional de Aprendizagem Industrial (Senai) um número de aprendizes equivalente a 5% (cinco por cento) no mínimo e 15% (quinze por cento) no máximo dos operários existentes em cada estabelecimento (art. 429).

e) Obrigação das empresas de manter Livro de Inspeção do Trabalho, no modelo aprovado por portaria ministerial (§ 1º do art. 628).

PARTE APLICADA • Cap. 9 • NORMAS CIVIS, EMPRESARIAIS E FISCALIZATÓRIAS | **137**

Além dessas dispensas que eram concedidas pelo Estatuto, relativas a obrigações acessórias previstas na lei (CLT), o Regulamento do Simples Nacional dispensou as MPE também do cumprimento de quaisquer obrigações acessórias instituídas por atos normativos (portarias, ordens de serviço, instruções normativas etc.), relativas à fiscalização do trabalho, salvo os atos do Ministro de Estado do Trabalho e Emprego que sejam considerados imprescindíveis à proteção do trabalhador (art. 9º).

Iniciada a vigência do Regulamento em 22-5-00, data de sua publicação no *DOU*, os novos atos normativos de caráter geral que foram editados pelas autoridades administrativas, criando obrigações acessórias relativas à fiscalização do trabalho, só eram aplicáveis às MPE, se assim dispusessem expressamente (art. 10).

Essas exonerações realmente simplificam as obrigações acessórias no campo trabalhista e previdenciário, atendendo ao preceito constitucional do art. 179 da CF. Assim, basta observar a lei, no caso a CLT, sem ter que se preocupar com as centenas de atos normativos, cujo cumprimento exige assessoria especializada que as MPEs, geralmente, não têm, em razão de sua menor capacidade econômica e financeira.

Com o advento da Lei Complementar nº 123/06 e suas posteriores alterações, foi mantida a simplificação das relações de trabalho. A Lei Complementar nº 127, de 14 de agosto de 2007, incluiu uma nova redação no art. 50, no sentido de obrigar o poder público e serviços sociais autônomos a estimularem as MEs e EPPs a formarem consórcios para acesso a serviços especializados em segurança e medicina do trabalho.

O art. 51 da LC nº 123/06 determina que as MEs e EPPs estão dispensadas:

I – da afixação de Quadro de Trabalho em suas dependências;

II – da anotação das férias dos empregados nos respectivos livros ou fichas de registro;

III – de empregar e matricular seus aprendizes nos cursos dos Serviços Nacionais de Aprendizagem;

IV – da posse do livro intitulado "Inspeção do Trabalho"; e

V – de comunicar ao Ministério do Trabalho e Emprego a concessão de férias coletivas.

Todavia, as MEs e EPPs estão obrigadas a adotarem procedimentos comuns aplicáveis a todos os empregados, previstos no art. 52 da LC nº 123/06 tais como:

I – anotações na Carteira de Trabalho e Previdência Social – CTPS;

II – arquivamento dos documentos comprobatórios de cumprimento das obrigações trabalhistas e previdenciárias, enquanto não prescreverem essas obrigações;

138 | As Micro e Pequenas Empresas e o Simples Nacional • Fabretti

> III – apresentação da Guia de Recolhimento do Fundo de Garantia do Tempo de Serviço e Informações à Previdência Social – GFIP;
>
> IV – apresentação das Relações Anuais de Empregados e da Relação Anual de Informações Sociais – RAIS e do Cadastro Geral de Empregados e Desempregados – CAGED.

A LC nº 123/06 regula também o acesso à Justiça do Trabalho por parte do empregador de ME ou EPP, facultando-lhe a substituição ou representação por parte de terceiros. A lei permite que o terceiro ou substituto que venha a representar o empresário em ações judiciais referentes às relações de trabalho seja pessoa que tenha conhecimento dos fatos pertinentes à ação judicial, com ou sem vínculo trabalhista ou societário.

9.6.2 Normas de Fiscalização

O art. 12 do Estatuto dispunha:

> Art. 12. Sem prejuízo de sua ação específica, as fiscalizações trabalhista e previdenciária prestarão, prioritariamente, orientação à microempresa e à empresa de pequeno porte.

A lei estabeleceu como prioridade o dever de orientar, que, por via de consequência, passa a ser um direito do pequeno e microempresário. Estes, por motivos de ordem financeira, têm dificuldades de poder contar com os serviços de boas assessorias jurídicas e contábeis. A orientação da fiscalização, com certeza, pode ajudá-los a cumprir a lei de forma correta. É, portanto, uma boa norma, pois atende à realidade jurídica diferenciada das MPEs.

O parágrafo único do art. 12 estabelece o critério de duas visitas das fiscalizações trabalhista ou previdenciária para lavratura de auto de infração, salvo quando for constatada infração por falta de registro de empregado, ou anotação na Carteira de Trabalho e Previdência Social (CTPS), ou ainda na ocorrência de reincidência, fraude, resistência ou embaraço à fiscalização.

O art. 13 do Regulamento simplifica também a homologação da rescisão do contrato de trabalho, permitindo que o extrato da conta vinculada do trabalhador relativa ao FGTS possa ser substituído pela guia própria de recolhimento pré-impressa no mês anterior, desde que a homologação venha a ocorrer antes do dia 10 do mês subsequente à emissão.

A prioridade do dever de orientar da Administração Pública foi mantida pela LC nº 123/06, que determina em seu art. 55:

> Art. 55. A fiscalização, no que se refere aos aspectos trabalhista, metrológico, sanitário, ambiental e de segurança, de relações de

PARTE APLICADA • Cap. 9 • NORMAS CIVIS, EMPRESARIAIS E FISCALIZATÓRIAS | **139**

> consumo e de uso e ocupação do solo das microempresas e empresas de pequeno porte, deverá ser prioritariamente orientadora, quando a atividade ou situação, por sua natureza, comportar grau de risco compatível com esse procedimento.
>
> § 1º Será observado o critério de dupla visita para lavratura de autos de infração, salvo quando for constatada infração por falta de registro de empregado ou anotação da Carteira de Trabalho e Previdência Social – CTPS, ou, ainda, na ocorrência de reincidência, fraude, resistência ou embaraço à fiscalização.
>
> § 2º (VETADO).
>
> § 3º Os órgãos e entidades competentes definirão, em 12 (doze) meses, as atividades e situações cujo grau de risco seja considerado alto, as quais não se sujeitarão ao disposto neste artigo.

Todavia, essas disposições não se aplicam ao processo fiscal relativo à arrecadação de tributos, que deve obedecer às regras do processo administrativo fiscal aplicável às MEs e EPPs.

9.7 OUTRAS DISPOSIÇÕES

Conforme exposto no início do presente capítulo, os tratamentos diferenciados a seguir expostos aplicam-se às MPEs em geral, tenham elas optado ou não pela inscrição no regime tributário do Simples ou estejam impedidas de nele ingressarem.

9.7.1 Do Acesso aos Mercados

A LC nº 123/06 estabelece regras que incentivam o acesso das MPEs ao mercado, atendendo, assim, ao disposto na CF, art. 170, IX. Para viabilizar esse acesso, a LC nº 123/06 regula as normas gerais sobre a participação das MPEs em processos licitatórios referentes às aquisições públicas e o acesso ao mercado externo.

9.7.1.1 Aquisições Públicas

É regra geral que, para participar de licitação pública, a pessoa jurídica deverá apresentar certidões negativas de débitos fiscais e trabalhistas. Todavia, para as MPEs, a exigência da apresentação dessas certidões somente será aplicável no ato da assinatura do contrato. Assim, a apresentação de documentos que comprovem a sua regularidade fiscal e trabalhista não é condição para que façam a inscrição no processo licitatório. Somente se obtiverem êxito nesse processo

140 | As Micro e Pequenas Empresas e o Simples Nacional • Fabretti

é que deverão apresentar esses documentos. Além disso, caso ocorra alguma restrição na comprovação de sua regularidade, ainda haverá um prazo de cinco dias úteis, a partir da divulgação dos resultados, para regularizar a documentação. Esse prazo de cinco dias poderá ser prorrogado a critério da Administração Pública. Nesses prazos, inclusive, a MPE poderá pagar débitos tributários ou efetuar o parcelamento.

Caso não seja possível apresentar os documentos ou regularizar a situação nos prazos estabelecidos, a MPE perderá o direito à contratação, e a Administração Pública poderá convocar os licitantes remanescentes de acordo com as respectivas ordens de classificação ou revogar a licitação.

Ocorrendo empate no processo licitatório, ou seja, nas situações em que as propostas apresentadas pelas MPEs sejam iguais ou superiores a 10% da proposta mais bem classificada,[32] o critério para desempate será a preferência para a contratação de MPE.

De acordo com o art. 45 da LC nº 123/06, ocorrendo o empate, o procedimento será o seguinte:

> I – a microempresa ou empresa de pequeno porte mais bem classificada poderá apresentar proposta de preço inferior àquela considerada vencedora do certame, situação em que será adjudicado em seu favor o objeto licitado;
>
> II – não ocorrendo a contratação da microempresa ou empresa de pequeno porte, na forma do inciso I do *caput* deste artigo, serão convocadas as remanescentes que porventura se enquadrem na hipótese dos §§ 1º e 2º do art. 44 desta Lei Complementar, na ordem classificatória, para o exercício do mesmo direito;
>
> III – no caso de equivalência dos valores apresentados pelas microempresas e empresas de pequeno porte que se encontrem nos intervalos estabelecidos nos §§ 1º e 2º do art. 44 desta Lei Complementar, será realizado sorteio entre elas para que se identifique aquela que primeiro poderá apresentar melhor oferta.

Se, mesmo assim, não ocorrer a contratação de MPE, a licitação será favorável à pessoa jurídica cuja proposta foi originalmente vencedora.

---

[32] Na modalidade de pregão, o intervalo percentual estabelecido será de até 5% (superior ao melhor preço (§ 2º do art. 44 da LC nº 123/06).

Obviamente, os critérios descritos não se aplicam aos casos em que a MPE tenha sido a empresa vencedora no processo licitatório.

Para garantir às MPEs o acesso ao mercado, bem como a possibilidade de inovação tecnológica, a Administração Pública deverá realizar licitação destinada às microempresas e empresas de pequeno porte quando o valor da contratação for até R$ 80.000,00, e exigir dos participantes de processo de licitação de aquisição de obras e serviços a subcontratação de microempresa e empresas de pequeno porte.

Todos os estímulos anteriormente descritos não se aplicam às MPEs nos casos previstos no art. 49 da LC nº 123/06, incisos II a IV:

> II – não houver um mínimo de 3 (três) fornecedores competitivos enquadrados como microempresas ou empresas de pequeno porte sediados local ou regionalmente e capazes de cumprir as exigências estabelecidas no instrumento convocatório;
>
> III – o tratamento diferenciado e simplificado para as microempresas e empresas de pequeno porte não for vantajoso para a administração pública ou representar prejuízo ao conjunto ou complexo do objeto a ser contratado;
>
> IV – a licitação for dispensável ou inexigível, nos termos dos arts. 24 e 25 da Lei nº 8.666, de 21 de junho de 1993, excetuando-se as dispensas tratadas pelos incisos I e II do art. 24 da mesma Lei, nas quais a compra deverá ser feita preferencialmente de microempresas e empresas de pequeno porte, aplicando-se o disposto no inciso I do art. 48.

9.7.1.2 Acesso ao Mercado Externo

As MPEs, inscritas no regime do Simples Nacional, ao realizarem exportações, têm direito à simplificação dos procedimentos de exportação (art. 49-A da LC nº 123/06). Esse benefício é extensivo para as empresas especializadas em logística internacional que forem contratadas pelas MPEs.

9.8 ESTÍMULO AO CRÉDITO E À CAPITALIZAÇÃO

O estímulo ao crédito e capitalização das MPEs, também denominado microcrédito, tem a finalidade de promover a livre-iniciativa e incentivar a participação e permanência das MPEs no ambiente da concorrência empresarial. Dessa forma, por meio desse benefício, é possível que os bancos públicos e privados,

Caixa Econômica Federal e Banco Nacional de Desenvolvimento Econômico e Social adotem medidas para reduzir os custos de empréstimos, além de simplificar o procedimento para obtenção de crédito.

De acordo com o art. 58 da LC nº 123/06, essas instituições deverão estabelecer linhas de crédito voltadas para as MPEs, com procedimentos mais simples e rápido. Também é obrigatório esclarecer ao tomador do empréstimo as condições e exigências para obtê-lo. Essa determinação está em consonância com os princípios previstos no Código de Defesa do Consumidor que asseguram o direito às informações adequadas e claras do serviço contratado, bem como da educação para o seu uso e a liberdade de escolha nas contratações (art. 6º do CDC, incisos, III e IV).

Ressalte-se que a simplificação na concessão de crédito somente se aplica a pessoas jurídicas. Não se aplica aos seus titulares.

Além disso, as instituições financeiras devem estabelecer parcerias com entidades que apoiam e representam as MPEs, a fim de criarem programas de treinamento, capacitação tecnológica e gerenciamento empresarial, conforme previsto no art. 59 da LC nº 123/06. Dessa forma, além de concederem o empréstimo, deverão oferecer apoio ao empresário na administração de seus negócios para que ele possa conduzi-los de forma a saber gerenciar os recursos captados.

O governo federal participa de fundos garantidores de riscos de empréstimos com a finalidade de simplificar o procedimento de obtenção de empréstimos por parte das MPEs.

O Banco Central do Brasil é responsável pela divulgação e disponibilização de dados sobre instituições financeiras e sistemas de informações de crédito para ampliar o acesso ao microcrédito.

Também há possibilidade de obtenção de crédito por cooperativas de crédito das quais sejam participantes MPEs ou seus titulares.

Existe ainda a possibilidade de captação de recursos por aporte de capital de investidor anjo, conforme estudado no Capítulo 7.

9.9 ASSOCIATIVISMO

De acordo com o que foi estudado no Capítulo 7, embora o art. 3º, *caput*, da LC nº 123/06 estabeleça as condições de formas societárias das MPEs para ingressarem no regime do Simples Nacional, tais restrições não impedem que a MPE participe de uma Sociedade de Propósito Específico (SPE). Há uma diferença entre ela ser constituída sob a forma de SPE e participar de uma SPE. Assim, para comercializarem seus bens e serviços, as MPEs poderão realizar negócios

Parte Aplicada • Cap. 9 • NORMAS CIVIS, EMPRESARIAIS E FISCALIZATÓRIAS | **143**

por meio de SPEs. Todavia, somente poderão integrar essas sociedades pessoas jurídicas optantes pelo regime do Simples Nacional. Na prática, as MPEs não poderão participar de consórcios ou parcerias com empresas não integrantes do regime do Simples.

As características das SPEs formadas pelas microempresas e empresas de pequeno porte estão descritas no Capítulo 7.

9.10 ESTÍMULO E APOIO À INOVAÇÃO

O art. 64 da LC nº 123/06, para efeitos de obtenção de tratamento diferenciado, define a inovação como

> a concepção de um novo produto ou processo de fabricação, bem como a agregação de novas funcionalidades ou características ao produto ou processo que implique melhorias incrementais e efetivo ganho de qualidade ou produtividade, resultando em maior competitividade no mercado.

Essa definição está em consonância com o que estabelece a lei da propriedade industrial a respeito de invenções e modelos de utilidade.

Assim, enquanto a característica fundamental da invenção é a novidade proveniente de atividade inventiva que tenha aplicação industrial (pode ser reproduzida em grande escala), o modelo de utilidade consiste no aperfeiçoamento de objeto de uso prático já existente e que também é suscetível de produção em grande escala. Por exemplo: a caneta esferográfica é uma invenção, mas a sua versão em ponta retrátil corresponde ao seu aperfeiçoamento.

Com a finalidade de preservar seus direitos autorais e de exclusividade, o criador da invenção ou modelo industrial poderá patentear esses objetos no Instituto Nacional da Propriedade Industrial (Inpi). Essa patente, além de garantir o direito de exclusividade de uso e proteger o criador contra as cópias não autorizadas de suas ideias (pirataria), também é fundamental para que ele possa licenciá-las para outros interessados em reproduzi-las, recebendo, assim, os respectivos direitos autorais (*royalties*).

O art. 8º da Lei da Propriedade Industrial (LPI) estabelece que é *"patenteável a invenção que atenda aos requisitos de novidade, atividade inventiva e aplicação industrial"*. Já o modelo de utilidade consiste, como esclarece o art. 9º da LPI, *"o objeto de uso prático, ou parte deste, suscetível de aplicação industrial, que apresente nova forma ou disposição, envolvendo ato inventivo, que resulte em melhoria funcional no seu uso ou em sua fabricação"*.

144 | As Micro e Pequenas Empresas e o Simples Nacional • Fabretti

A finalidade da concessão de patente é proteger o trabalho realizado com pesquisa e elaboração de novos produtos que, muitas vezes, requerem altos investimentos. Tome-se como exemplo os medicamentos.

Todavia, essa proteção é garantida por tempo determinado, pois, uma vez concedida a patente sobre uma invenção ou modelo de utilidade, ela é válida pelos prazos de 20 e 15 anos, respectivamente.

A LC nº 123/06 cria meios de incentivo para que agências de fomento,[33] instituições científicas e tecnológicas[34] e instituições de apoio[35] financiem as MEs ou EPPs para o desenvolvimento de atividades voltadas à inovação.

As MPEs contam também com instrumentos e apoio tecnológico para a inovação, que correspondem aos serviços presenciais ou virtuais que promovem o acesso às informações, orientações e atividades de apoio para as entidades mencionadas que, inclusive, deverão manter programas de apoio e programas específicos para as MPEs.

As condições de acesso a esses programas deverão ser diferenciadas, favorecidas e simplificadas.

Entidades que se disponham a entrar no programa de estimulo à inovação (públicas e privadas) deverão aplicar no mínimo 20% de seus recursos em ações voltadas para as microempresas e empresas de pequeno porte.

A LC nº 123/06 também autoriza a Administração Pública federal, estadual e municipal a reduzir a zero as alíquotas dos impostos e contribuições incidentes na aquisição, ou importação, de equipamentos, máquinas, aparelhos, instrumentos, acessórios, sobressalentes e ferramentas que os acompanhem, na forma definida em regulamento, quando adquiridos, ou importados, diretamente por microempresas ou empresas de pequeno porte para incorporação ao seu ativo imobilizado.

O art. 67-A da LC nº 123/06 também cria a obrigação para o Poder Executivo no sentido de auxiliar as MPEs a terem acesso às informações para obtenção de certificação de qualidade de seus produtos, serviços e processos.

Os certificados de qualidade ou marcas de certificação concedidos à empresa valorizam o negócio e a respectiva marca, uma vez que atestam ou certificam

---

[33] Inciso II do art. 64 da LC nº 123/06: *II – agência de fomento: órgão ou instituição de natureza pública ou privada que tenha entre os seus objetivos o financiamento de ações que visem a estimular e promover o desenvolvimento da ciência, da tecnologia e da inovação;*

[34] Inciso III do art. 64 da LC nº 123/06: *III – Instituição Científica e Tecnológica – ICT: órgão ou entidade da administração pública que tenha por missão institucional, dentre outras, executar atividades de pesquisa básica ou aplicada de caráter científico ou tecnológico;*

[35] Inciso V do art. 64 da LC nº 123/06: *V – instituição de apoio: instituições criadas sob o amparo da Lei nº 8.958, de 20 de dezembro de 1994, com a finalidade de dar apoio a projetos de pesquisa, ensino e extensão e de desenvolvimento institucional, científico e tecnológico.*

PARTE APLICADA • Cap. 9 • NORMAS CIVIS, EMPRESARIAIS E FISCALIZATÓRIAS | **145**

que a empresa age de acordo com determinados preceitos técnicos ou sociais. Por exemplo: ISO Qualidade do Ar; Empresa Amiga da Criança; Selo de Pureza concedido pela ABIC aos fabricantes de Café, entre outros.

9.11 APOIO E REPRESENTAÇÃO

A LC nº 123/06 determina, no art. 76, que o poder público deverá desenvolver meios de acompanhar as políticas para incentivar as MPEs e dar cumprimento ao que determina o art. 170, IX, da CF. Atualmente essa atividade é desenvolvida por intermédio do Fórum Permanente das Microempresas e Empresas de Pequeno Porte. A citada lei também estabelece a obrigação para as instituições de apoio e representação empresarial desenvolverem programas de orientação fiscal, trabalhista, adoção de sistemas de informação a fim de estimularem a formalização das MPEs, bem como a competitividade destas.

10

SIMPLES NACIONAL – REGIME TRIBUTÁRIO DAS MPES

10.1 LEGISLAÇÃO ANTERIOR À LC Nº 123/06

A Lei nº 9.317/96 havia instituído o regime tributário simplificado para ME e EPP, denominado Sistema Integrado de Pagamento de Impostos e Contribuições – Simples.

Note-se que não se tratava de "imposto único", como às vezes escreveram e disseram os menos avisados, mas da unificação do pagamento de diversos impostos e contribuições em um único documento de arrecadação federal, denominado Darf – Simples.

A Lei nº 9.317/96 era lei federal e, portanto, só poderia dispor sobre os tributos federais. Entretanto, ela abria espaço para que, mediante convênio com o Estado e/ou Município, o ICMS e o ISS pudessem também ser recolhidos juntos com os tributos federais, nesse mesmo documento, Darf – Simples, facilitando bastante a vida das MPEs.

Não obstante isso, os Estados e Municípios tinham se recusado a firmar esses convênios, por razões de ordem política, ou seja, para não ficar na dependência da União de retardar o repasse dos recursos, preferindo continuar arrecadando diretamente os seus impostos.

O Estado de São Paulo, para atender aos dispositivos constitucionais que garantem tratamento especial para as pequenas empresas (arts. 170, IX, e 179 da CF), havia instituído o Simples Paulista.

A Lei nº 9.317/96 vigorou de 1º de janeiro de 1997 a 31 de dezembro de 2005, sem correção dos valores das faixas de receita bruta para enquadramento, fato que causou na prática grandes transtornos para as MPEs, obrigando muitos pequenos empresários a praticarem vários malabarismos, inclusive deixando na informalidade parte de suas receitas brutas, para não se submeterem à tributação mais onerosa, por mudança de faixa de tributação.

PARTE APLICADA • Cap. 10 • SIMPLES NACIONAL – REGIME TRIBUTÁRIO DAS MPES | **147**

10.2 LEI COMPLEMENTAR Nº 123/06

A LC nº 123/06, também conhecida como Lei Geral da ME e EPP, instituiu o novo Estatuto Nacional da Microempresa e da Empresa de Pequeno Porte. Estabelece as normais gerais relativas ao tratamento diferenciado e favorecido a ser dispensado ao empresário e às sociedades empresariais ou simples, cumprindo, dessa forma, a garantia a eles assegurada pela CF em seus arts. 170 e 179.

A lei complementar, prevista no art. 146 da CF, é lei de caráter nacional e tem por função, entre outras, dispor sobre as normas gerais em matéria tributária, que pela sua importância a CF reservou especificamente para ela.

A LC nº 123/06 estabelece normas gerais relativas a apuração e recolhimento dos impostos e contribuições da União, dos Estados, do Distrito Federal e dos Municípios, mediante regime único de arrecadação, e também sobre as obrigações acessórias.

O art. 89 da referida lei complementar revoga as legislações anteriores sobre as ME e EPP:

> Art. 89. Ficam revogadas, a partir de 1º de julho de 2007, a Lei nº 9.317, de 5 de dezembro de 1996, e a Lei nº 9.841, de 5 de outubro de 1999.

A Lei nº 9.317/96 dispõe sobre o Simples Federal e a Lei nº 9.841/99 sobre o Estatuto da ME e EPP.

O Governo Federal editou o Decreto nº 6.038/07 que regulamenta a LC nº 123/06 e instituiu o Comitê Gestor de Tributação das Microempresas e Empresas de Pequeno Porte, denominado Comitê Gestor do Simples Nacional (CGSN).

O art. 3º do referido Decreto deu competência para o CGSN tratar dos aspectos tributários da LC nº 123/06 (Simples Nacional).

Cabe, portanto, ao CGSN regulamentar, por meio de Resoluções, as normas da referida LC nº 123/06.

10.3 DEFINIÇÃO DE ME E EPP

O art. 3º da Lei Geral define, pelos parâmetros fiscais de receita bruta, que, na prática, geralmente é denominada de faturamento:

> Art. 3º Para os efeitos desta Lei Complementar, consideram-se microempresas ou empresas de pequeno porte, a sociedade empresária, a sociedade simples, a empresa individual de responsabilidade limitada e o empresário a que se refere o art. 966 da Lei nº 10.406, de 10 de janeiro de 2002 (Código Civil), devidamente

> registrados no Registro de Empresas Mercantis ou no Registro Civil de Pessoas Jurídicas, conforme o caso, desde que: (Redação dada pela Lei Complementar n° 139, de 10 de novembro de 2011) (efeitos: a partir de 01/01/2012)
>
> I – no caso da microempresa, aufira, em cada ano-calendário, receita bruta igual ou inferior a R$ 360.000,00 (trezentos e sessenta mil reais); e (Redação dada pela Lei Complementar n° 139, de 10 de novembro de 2011) (efeitos: a partir de 01/01/2012)
>
> II – no caso de empresa de pequeno porte, aufira, em cada ano-calendário, receita bruta superior a R$ 360.000,00 (trezentos e sessenta mil reais) e igual ou inferior a R$ 4.800.000,00 (quatro milhões e oitocentos mil reais). (Redação dada pela Lei Complementar n° 155, de 2016)[36]

A Lei Geral dispõe também que a ME que no ano-calendário ultrapassar o limite de R$ 360.000,00 passará no ano-calendário seguinte à condição de EPP.

A EPP que não alcançar o limite de R$ 360.000,00 passará no ano-calendário seguinte à condição de ME.

10.4 DEFINIÇÃO DE RECEITA BRUTA

Dispõe o § 1° do art. 3° da referida lei complementar:

> § 1° Considera-se receita bruta, para fins do disposto no *caput* deste artigo, o produto da venda de bens e serviços nas operações de conta própria, o preço dos serviços prestados e o resultado nas operações em conta alheia, não incluídas as vendas canceladas e os descontos incondicionais concedidos.

A definição de receita bruta por meio de lei complementar é muito importante, pois é norma geral que impede que as legislações federais, estaduais e municipais venham alterá-la, tornando-a mais abrangente do que o inicialmente previsto na lei complementar, como já aconteceu com o PIS e a COFINS, por meio da Lei n° 9.718/98, que ampliou o conceito de receita bruta para receita total, ou seja, a receita bruta mais receitas financeiras especificadas nessa lei.

---

[36] Até 31-12-2017, o limite era de R$ 3.600.000,00 (três milhões e seiscentos mil reais).

Assim, por exemplo, uma microempresa que obteve receita nos últimos 12 meses no valor de R$ 370.000,00, cuja composição é a seguinte:

Receita R$ 370.000,00

Vendas canceladas R$ 9.000,00

Descontos incondicionais R$ 3.000,00

Deverá considerar, para efeito de enquadramento, os seguintes cálculos:

Receita	R$ 370.000,00
(–) Vendas canceladas	(R$ 9.000,00)
(–) Descontos incondicionais	(R$ 3.000,00)
Receita Bruta	R$ 358.000,00

Portanto, continua a ser microempresa para efeitos de cálculos do Simples Nacional.

É necessário esclarecer que, no caso da MPE realizar atividades de exportação, para os limites de receita para enquadramento no Simples Nacional, deve-se observar o seguinte: a) segregar as receitas separando-se, assim, as receitas de vendas internas das receitas de vendas externas; b) as receitas vendas internas deverão observar os limites estabelecidos em lei; c) as receitas de vendas externas também deverão, isoladamente, obsevar os limites estabelecidos em lei.

Assim, por exemplo, se uma ME apresenta receita de vendas internas R$ 300.000,00 e receita de vendas externas R$ 100.000,00, continuará a ser tributada como ME, e o cálculo da tributação dessas receitas deverá ocorrer em separado, uma vez que, para efeitos de exportação, não há incidência de determinados impostos e contribuições.

Caso a MPE explore as atividades de higiene e embelezamento capilar, estético e corporal que estejam ligadas ao exercício da profissão de cabeleireiro, barbeiro, esteticista, manicure, pedicuro, depilador e maquiador, os valores recebidos e que serão repassados aos profissionais contratados por meio de parceria não integrarão a sua receita bruta para fins de cálculo dos tributos e limites de enquadramento no Simples Nacional. Todavia, a MPE deverá efetuar a retenção dos tributos devidos por seus contratados (INSS e IRPF).

Os profissionais-parceiros poderão ser qualificados, perante as autoridades fazendárias, como pequenos empresários, microempresários ou microempreendedores individuais.

10.4.1 Cálculo do Limite de Receita Bruta no Início das Atividades e Excesso de Receita da EPP

De acordo com o § 2º do art. 3º da LC nº 123/06:

> § 2º No caso de início de atividade no próprio ano-calendário, o limite a que se refere o *caput* deste artigo será proporcional ao número de meses em que a microempresa ou a empresa de pequeno porte houver exercido atividade, inclusive as frações de meses.

Dessa forma, os limites são os seguintes:

a) ME que inicia sua atividade no próprio ano-calendário:

Início das atividades em 20 de abril do ano-calendário.

O limite geral do Simples para ser tributada como ME é de R$ 360.000,00.

Limite de 12 meses é de R$ 360.000,00/12 = R$ 30.000,00/mês.

Inclui-se a fração do mês para efeitos de cálculos, portanto, do início das operações (20 de abril a 31 de dezembro), serão 8 meses de atividade.

R$ 30.000,00 × 8 = R$ 240.000,00

R$ 240.000,00 é o limite anual para que essa empresa seja enquadrada como ME no regime do Simples.

A ME, ao ultrapassar o limite anual de receita bruta, será tributada na forma da EPP, exceto se o excesso de receita ocorrer no ano-calendário do início de suas atividades. Nesse caso, passará a ser tributada como EPP somente no próximo ano-calendário. Dessa forma, se a empresa citada ultrapassar o limite de R$ 240.000,00, somente será tributada como EPP a partir de janeiro do ano seguinte.

b) EPP que inicia sua atividade no próprio ano-calendário:

Início das atividades em 20 de abril do ano-calendário.

O limite geral do Simples para ser tributada como ME é de R$ 4.800.000,00.

Limite de 12 meses é de R$ 4.800.000,00/12 = R$ 400.000,00/mês.

Inclui-se a fração do mês para efeitos de cálculos, portanto, do início das operações (20 de abril a 31 de dezembro), serão 8 meses de atividade.

R$ 400.000,00 × 8 = R$3.200.000,00

R$ 3.200.000,00 é o limite anual para que essa empresa seja enquadrada como ME no regime do Simples.

PARTE APLICADA • Cap. 10 • SIMPLES NACIONAL – REGIME TRIBUTÁRIO DAS MPES | **151**

A EPP que ultrapassar o seu limite de receita bruta está sujeita às seguintes alternativas:

1. A sua receita bruta anual não ultrapassa 20% do limite legal.

O limite legal é de R$ 4.800.000,00, portanto, 20% desse limite será R$ 960.000,00.

Se uma EPP obtiver no ano-calendário uma receita bruta de até R$ 5.760.000,00, será excluída do Simples a partir do mês em que ocorreu o excesso.

No exemplo anterior, o limite de excesso para a empresa que iniciou suas atividades no ano-calendário será de R$ 3.200.000,00 × 20% = R$ 640.000,00.

Se o seu excedente de receita estiver dentro desse parâmetro, será excluída do regime do Simples a partir do mês subsequente ao evento. Se, por exemplo, ocorreu o excesso em outubro do ano-calendário do início de suas atividades, deverá solicitar a sua exclusão do Simples a partir de novembro e, nesse período, optar pelo regime de tributação mais adequado a ela (lucro presumido ou real).

2. A sua receita bruta anual ultrapassa 20% do limite legal.

Tanto para a EPP que iniciou suas atividades no ano-calendário em que ocorreu o excesso quanto para as demais, os efeitos da exclusão do regime do Simples serão retroativos ao início do ano-calendário, o que significa o recálculo de todos os tributos abrangidos pelo Simples pelo regime do lucro presumido ou real.

10.5 VEDAÇÕES DE INGRESSO NO SIMPLES NACIONAL

Para o ingresso no regime do Simples Nacional, além dos limites de receita estabelecidos nos incisos I e II do art. 3º da LC nº 123/06, existem outras limitações quanto à: atividade exercida pela MEP; estrutura da MPE; situação jurídica dos titulares da MPE e situação fiscal.

10.5.1 VEDAÇÕES QUANTO À ATIVIDADE EXERCIDA PELA ME E EPP

A relação estabelecida em lei é extensa. Assim, não poderão ingressar no regime do Simples Nacional:

> Art. 3º (...)
>
> VIII – que exerça atividade de banco comercial, de investimentos e de desenvolvimento, de caixa econômica, de sociedade de

> crédito, financiamento e investimento ou de crédito imobiliário, de corretora ou de distribuidora de títulos, valores mobiliários e câmbio, de empresa de arrendamento mercantil, de seguros privados e de capitalização ou de previdência complementar;

No art. 17, também está previsto que não poderão recolher os impostos e contribuições na forma do Simples Nacional a microempresa ou a empresa de pequeno porte que:

- Explore atividade de prestação cumulativa e contínua de serviços de assessoria creditícia, gestão de crédito, seleção e riscos, administração de contas a pagar e a receber, gerenciamento de ativos (*asset management*), compras de direitos creditórios resultantes de vendas mercantis a prazo ou de prestação de serviços (*factoring*).

- Preste serviço de transporte intermunicipal e interestadual de passageiros, exceto quando na modalidade fluvial ou quando possuir características de transporte urbano ou metropolitano ou realizar-se sob fretamento contínuo em área metropolitana para o transporte de estudantes ou trabalhadores.

- Seja geradora, transmissora, distribuidora ou comercializadora de energia elétrica.

- Exerça atividade de importação ou fabricação de automóveis e motocicletas.

- Exerça atividade de importação de combustíveis.

- Exerça atividade de produção ou venda no atacado de: cigarros, cigarrilhas, charutos, filtros para cigarros, armas de fogo, munições e pólvoras, explosivos e detonantes; bebidas alcoólicas; bebidas não alcoólicas a seguir descritas: refrigerantes, inclusive águas saborizadas gaseificadas; preparações compostas, não alcoólicas (extratos concentrados ou sabores concentrados), para elaboração de bebida refrigerante, com capacidade de diluição de até 10 (dez) partes da bebida para cada parte do concentrado; cervejas sem álcool.[37]

---

[37] Embora a legislação proíba o ingresso no Simples de empresas que exerçam a produção ou venda de bebidas alcoólicas, a partir de 2018, foi autorizado o ingresso das seguintes atividades: micro e pequenas cervejarias; micro e pequenas vinícolas; produtores de licores; micro e pequenas destilarias. Todavia, é obrigatório que essas pessoas jurídicas estejam registradas no Ministério da Agricultura, Pecuária e Abastecimento e atendam à regulamentação da Agência Nacional de Vigilância Sanitária e da Secretaria da Recei-

Parte Aplicada • Cap. 10 • SIMPLES NACIONAL – REGIME TRIBUTÁRIO DAS MPES | **153**

- Realize cessão ou locação de mão de obra.

- Se dedique ao loteamento e à incorporação de imóveis.

- Realize atividade de locação de imóveis próprios, exceto quando se referir à prestação de serviços tributados pelo ISS.

10.5.2 Vedações quanto à Estrutura Jurídica da Empresa

Quanto à composição do capital e forma jurídica as restrições previstas em lei são as seguintes:

- Ter outra pessoa jurídica participando de seu capital social.

- Qualquer que seja a quantidade de quotas de capital social, somente poderá ingressar no regime do Simples Nacional a empresa cujo capital social tenha como sócios apenas pessoas físicas.

- Ser filial, sucursal, agência ou representação, no País, de pessoa jurídica com sede no exterior.

  Independentemente da receita e do fato de ter como sócios pessoas físicas, não há possibilidade de empresa que depende de decisões de matriz sediada no exterior ingressar no regime do Simples Nacional. As filiais, sucursais ou representantes de pessoa jurídica com sede no exterior, embora tenham um administrador ou representante local com certa autonomia, estão subordinadas às decisões e orientações dadas pelo estabelecimento matriz, uma vez que são unidades que representam a expansão dos negócios dessa matriz.

- Estar constituída sob a forma de cooperativa, salvo a de consumo.

  Somente as cooperativas que têm a finalidade de comprarem produtos no atacado para revendê-los aos associados para consumo próprio poderão ingressar no sistema. Ressalte-se que essas cooperativas revendem os produtos aos cooperados a preço de custo, acrescentando a eles os percentuais relativos de despesas, tais como de aquisição, transporte, entre outros. O resultado gerado por essa atividade poderá ser repartido entre os cooperados.

- Ser constituída sob a forma de sociedade por ações.

  Devido às características inerentes às sociedades por ações, tais como o fato de ser uma sociedade de capital e não de pessoas, possibilidade de transferência ágil das participações societárias (ações); necessidade

---

ta Federal do Brasil quanto à produção e à comercialização de bebidas alcoólicas (§ 5º do art. 17 da LC nº 123/06).

de apresentar as demonstrações financeiras aos acionistas, possibilidade de abertura de capital entre outras, torna-se inviável que este tipo de sociedade venha aderir a um regime de tributação simplificada cujas demonstrações de receita e cálculo de tributos dispensam uma série de exigências previstas na legislação que regula as sociedades por ações.

- Participar do capital de outra pessoa jurídica.

Assim como a ME ou EPP que desejar ingressar no Simples Nacional deve ter somente pessoas físicas com participação em seu capital social, não poderá adotar esse regime de tributação a empresa que tem participação em capital de outra pessoa jurídica, exceto nos seguintes casos: participação no capital de cooperativas de crédito, bem como em centrais de compras, bolsas de subcontratação, consórcio para acesso a serviços especializados em segurança e medicina do trabalho e associações assemelhadas, sociedades de interesse econômico, sociedades de garantia solidária e outros tipos de sociedade, que tenham como objetivo social a defesa exclusiva dos interesses econômicos das microempresas e empresas de pequeno porte (§ 5º do art. 3º da LC nº 123/06). Estas exceções foram estudadas no Capítulo 7, item 7.8 do presente livro.

- Ser *"resultante ou remanescente de cisão ou qualquer outra forma de desmembramento de pessoa jurídica que tenha ocorrido em um dos 5 (cinco) anos-calendário anteriores."* (inciso IX do § 4º do art. 3º da LC nº 123/06).

Assim, se uma pessoa jurídica se divide em duas ou mais pessoas jurídicas em 2016 e dessa divisão resultar uma ou mais empresas com receita bruta dentro dos limites legais estabelecidos pela LC nº 123/06, o ingresso destas no regime do Simples Nacional somente poderá ocorrer a partir de 2021, desde que atendam às demais exigências previstas em lei (inciso X do § 4º do art. 3º da LC nº 123/06).

O inciso IX supratranscrito põe fim a uma alternativa de planejamento tributário, consistente na cisão da empresa, de forma que a empresa remanescente ou resultante da cisão optasse pelo Simples Federal.

- De cujo capital participe entidade da Administração Pública, direta ou indireta, federal, estadual ou municipal (inciso III do art. 17 da LC nº 123/06).

10.5.3 Vedações quanto aos Sócios da Empresa

É possível ressaltar, ainda, vedações que atingem a figura dos titulares da empresa. Embora essas vedações também afetem a estrutura da ME ou EPP, elas estão direcionadas aos seus titulares e, por isso, estão destacadas neste tópico.

PARTE APLICADA • Cap. 10 • SIMPLES NACIONAL – REGIME TRIBUTÁRIO DAS MPES | **155**

O art. 3º da LC nº 123/06 estabelece nos incisos II a IV do § 4º as seguintes restrições:

- Ter titular ou sócio inscrito como empresário ou sócio de outra ME ou EPP se a receita bruta global ultrapassar os limites legais (inciso II).

  Assim, por exemplo, se o sócio José, da ME JJ Ltda. cuja receita anual é de R$ 180.000,00 (cento e oitenta mil reais), participar de outra pessoa jurídica, a Empresa de Pequeno Porte AA Ltda. cuja receita anual é de R$ 1.800.000,00 (hum milhão e oitocentos mil reais), ambas empresas poderão usufruir dos benefícios da Lei Geral, uma vez que a receita global (ME JJ Ltda. + Empresa de Pequeno Porte AA Ltda. é de R$ 1.980.000,00 (hum milhão novecentos e oitenta mil reais) e está dentro dos limites legais, pois atualmente o limite de receita anual é R$ 4.800.000,00 (quatro milhões e oitocentos mil reais). Se a soma dessas receitas ultrapassasse o valor de R$ 4.800.000,00, a microempresa JJ Ltda. estaria impedida de ingressar no sistema do Simples Nacional.

- Ter titular ou sócio que participe com mais de 10% (dez por cento) do capital de outra empresa não beneficiada pelo regime do Simples Nacional, desde que a receita bruta global venha a ultrapassar os limites legais (inciso III).

  Exemplo: o titular da Microempresa Indústria JJ Ltda., cuja receita anual é de R$ 300.000,00 (trezentos mil reais) tem participação de 12% no capital social de uma empresa que importa motocicletas e, portanto, não beneficiada pela Lei Geral de acordo com o art. 17, VIII, da LC nº 123/06, uma vez que essa atividade está relacionada entre aquelas que não podem usufruir do regime do Simples Nacional. Porém, a receita bruta dessa importadora é de R$ 1.500.000,00 (hum milhão e quinhentos mil reais). Uma vez que a soma da receita de ambas as empresas totaliza R$ 1.800.000,00 (hum milhão e oitocentos mil reais), a ME Indústria JJ Ltda. poderá optar pelo Simples Nacional. Se a soma dessas receitas ultrapassasse o valor de R$ 4.800.000,00, a indústria JJ Ltda. estaria impedida de ingressar no sistema do Simples Nacional.

  Não se aplica essa restrição se a participação do sócio for em capital de cooperativas de crédito, bem como em centrais de compras, bolsas de subcontratação, consórcio para acesso a serviços especializados em segurança e medicina do trabalho, e associações assemelhadas, sociedades de interesse econômico, sociedades de garantia solidária e outros tipos de sociedade, que tenham como objetivo social a defesa exclusiva dos interesses econômicos das microempresas e empresas de pequeno porte de acordo com o § 5º do art. 3º da LC nº 123/06.

- Ter sócio ou titular que seja administrador ou equiparado de outra pessoa jurídica com fins lucrativos, desde que a receita bruta global ultrapasse o limite legal (inciso IV).

No exemplo do item anterior, se o sócio com participação de 12% nocapital da importadora fizer parte da administração, ainda é possível a inscrição da Indústria JJ Ltda. no Simples Nacional. Observe-se que, se este mesmo empresário for diretor ou presidente de uma ONG destinada a promover ações para preservação do meio ambiente, por exemplo, não haverá necessidade de observar os limites de receita para comparação com a ONG, uma vez que esta não é uma entidade com fins lucrativos.

Caso a microempresa ou empresa de pequeno porte venha a incorrer em alguma das situações previstas nos incisos do § 4º do art. 3º da LC nº 123/06, será excluída do regime com efeitos a partir do mês seguinte ao que incorrida a situação impeditiva.

A receita bruta global, ou seja, a receita bruta das empresas consideradas nos incisos III, IV e V é de R$ 4.800.000,00.

Ou seja, a soma da receita bruta da ME ou EPP mais a da outra empresa não pode ultrapassar R$ 4.800.000,00.

Ultrapassado esse limite, a EPP ou ME será excluída do Simples Nacional.

- Ter no quadro de sócios ou titulares pessoas que guardem, cumulativamente com contratante de serviço fornecido pela MPE, relação de pessoalidade, subordinação e habitualidade. Esse dispositivo tem como objetivo evitar que empresa que exerça atividade de locação de mão de obra venha a inserir no quadro social pessoas que prestam serviços em seu nome, alternado assim as suas características jurídicas.

- Ter sócio domiciliado no exterior (art. 17, II).

Entende-se por domicílio da pessoa natural ou pessoa física o lugar onde ela estabelece a sua residência com ânimo definitivo (art. 70 do Código Civil). Quanto às relações que dizem respeito ao exercício de suas atividades ou profissão, o domicílio será o local onde a pessoa efetivamente os exerce (art. 73). Dessa forma, a lei civil estabelece que se considera domicílio do indivíduo o local onde ele reside ou exerce suas atividades. O CTN, em seu art. 127, determina que o domicílio tributário (local onde o contribuinte responde por suas obrigações tributárias referentes aos tributos que compõem o sistema tributário nacional) poderá ser determinado pelo contribuinte. Porém, na falta de eleição, pelo contribuinte ou responsável, de domicílio tributário, considera-se para as pessoas naturais, a sua residência habitual, ou, sendo esta incerta ou desconhecida, o centro habitual de sua atividade.

Dessa forma, titular de MPE que reside e exerce atividades no exterior cria um impedimento para o ingresso da pessoa jurídica no regime do Simples Nacional.

Mesmo que no início de sua constituição ou ingresso no regime do Simples, a MPE não tenha sócios domiciliados no exterior, se, no decorrer das suas atividades, um dos sócios passar a residir em outro país, a MPE deverá requerer a sua exclusão do regime do Simples a partir do momento da ocorrência desse fato.

10.5.4 Vedações quanto à Situação Fiscal

Além das proibições elencadas anteriormente, convém ressaltar que as MPEs que tiverem débitos com a previdência social (INSS) ou com as Fazendas Públicas federal, estadual ou municipal não poderão ingressar no regime do Simples, exceto se a exigibilidade da cobrança esteja suspensa devido a uma ou mais causas, previstas no CTN, que suspendem o crédito tributário da Administração Pública.

A exigibilidade do crédito tributário pode ser suspensa nos termos do art. 151 do CTN:

> Art. 151. Suspendem a exigibilidade do crédito tributário:
>
> I – moratória;
>
> II – o depósito do seu montante integral;
>
> III – as reclamações e os recursos, nos termos das leis reguladoras do processo tributário administrativo;
>
> IV – a concessão da medida liminar em mandado de segurança;
>
> V – a concessão de medida liminar ou de tutela antecipada, em outras espécies de ação judicial; (Incluído pela Lcp nº 104, de 2001)
>
> VI – o parcelamento. (Incluído pela Lcp nº 104, de 2001)
>
> Parágrafo único. O disposto neste artigo não dispensa o cumprimento das obrigações acessórias dependentes da obrigação principal cujo crédito seja suspenso, ou dela consequentes.

A suspensão da exigibilidade do crédito tributário está regulada nos arts. 151 a 155 do CTN. Significa que, durante certo período, a Fazenda Pública, devido à ocorrência de uma das hipóteses previstas legalmente, é impedida de exigir a dívida tributária do sujeito passivo. Esse impedimento ocorre ou porque a Fazenda Pública assim estabelece (moratória), ou porque o sujeito passivo discute a validade (no todo ou em parte) da cobrança do crédito tributário.

a) Moratória

Não se confundem a moratória e o parcelamento de débito fiscal. A figura jurídica da moratória importa na concessão da prorrogação do prazo para o pagamento do crédito tributário, em razão da ocorrência de fatos que dificultam o exercício de certas atividades ou a situação econômica de determinadas regiões.

A concessão de parcelamento aplica-se a tributos já vencidos cujo débito será acrescido de multa, juros e correção monetária, sendo esta somente exigível em relação aos fatos geradores ocorridos durante a época em que a atualização monetária era exigida por lei. Consolidado o crédito tributário, seu montante será dividido em prestações mensais e sucessivas. Uma vez estabelecido o valor de cada prestação, elas serão acrescidas mensalmente de juros calculados à taxa Selic, entre a data do deferimento do pedido do parcelamento e a data do efetivo pagamento de cada prestação (Lei nº 9.430/96, art. 61, § 3º).

b) Depósito de seu montante integral

Consiste em depósito feito pelo contribuinte que pretende discutir judicialmente a cobrança, no todo ou em parte, do crédito tributário.

Esse depósito judicial tem a finalidade de evitar a aplicação de multa pelo atraso no recolhimento do tributo, bem como dos juros de mora e correção monetária do crédito tributário.

Se o fato gerador do tributo for periódico, o depósito poderá ser feito mensal ou trimestralmente, no mesmo prazo assinalado para seu pagamento.

Enquanto o contribuinte contesta judicialmente a validade do crédito tributário, a Fazenda Pública está impedida de exigi-lo.

O depósito é feito à ordem do juízo em que se discute o crédito tributário, e somente após a decisão judicial definitiva transitada em julgado será possível dar-lhe destino. No caso de a decisão judicial entender não ser exigível o crédito, o contribuinte poderá levantar (retirar) a quantia depositada. Caso contrário, se a decisão judicial entender ser exigível o crédito, o depósito será convertido em renda da Fazenda Pública.

Esse depósito pode ser feito em ações cautelares ou em ação de consignação de pagamento que são reguladas pelo Código de Processo Civil.

Para obter o parcelamento, a MPE deve requerer que esse depósito seja convertido em renda da União e abater o seu valor do montante de seu débito tributário.

PARTE APLICADA • Cap. 10 • SIMPLES NACIONAL – REGIME TRIBUTÁRIO DAS MPES | **159**

c) Reclamações e recursos

Esses procedimentos são adotados pelo sujeito passivo, perante a autoridade administrativa competente para arrecadar e fiscalizar o tributo, para discutir a validade da exigência por ela efetuada; portanto, pela via administrativa. São regulados pelo Decreto nº 70.235/72 (Processo administrativo).

Existem duas formas de o contribuinte suspender a exigibilidade do crédito tributário à Administração Pública: por meio de consulta ou de recurso administrativo.

I – A consulta é cabível quando não há qualquer procedimento por parte da Administração Pública a fim de cobrar o tributo, porém o contribuinte não tem certeza se está sujeito ou não a seu pagamento, ou, ainda, tem dúvidas sobre a forma de aplicação da lei (quanto aos cálculos que deve efetuar, por exemplo).

A fim de evitar uma possível fiscalização e aplicação de penalidade, o contribuinte formula consulta perante a autoridade que administra o tributo para a obtenção de esclarecimentos sobre seu pagamento. Enquanto essa consulta não é respondida pela Administração, não pode ser exigido o crédito tributário sobre o qual pairam dúvidas. Esse procedimento está regulado pelos arts. 48 a 50 da Lei nº 9.430/96 e pelo Decreto nº 70.235/72.

II – O recurso é utilizado pelo contribuinte que tenha sido notificado da existência de um crédito tributário lançado pela Administração Pública, ou que tenha sofrido fiscalização por parte da autoridade administrativa que vem a exigir-lhe determinado crédito tributário acrescido de penalidade pela falta de recolhimento ou por este ter sido efetuado de forma inadequada. Se o sujeito passivo entende ser incorreto o procedimento da Administração Pública, poderá apresentar um recurso dirigido à autoridade administrativa competente para arrecadar e fiscalizar o tributo em questão, a fim de que esta faça uma revisão de seus atos. Enquanto se processa o recurso administrativo, o crédito tributário em discussão tem sua exigibilidade suspensa.

O processo administrativo fiscal é regulado por leis federais, estaduais e municipais das pessoas políticas competentes para instituir os respectivos tributos.

d) Liminar em mandado de segurança

O mandado de segurança é um tipo de ação judicial cabível na hipótese de a autoridade pública, ou agente de pessoa jurídica, no exercício de funções públicas, agir com ilegalidade ou abuso de poder, desrespeitando direito líquido e certo (existente em razão da legislação em vigor) de pessoa física ou jurídica.

No mandado de segurança, se o sujeito passivo demonstrar, logo na inicial, a ilegalidade do ato praticado pela autoridade tributária e que o prejuízo patrimonial

160 | As Micro e Pequenas Empresas e o Simples Nacional • Fabretti

dele decorrente poderá tornar-se irreversível, se o impetrante tiver que aguardar até a decisão final de última instância (*periculum in mora*), poderá obter uma ordem judicial, expedida no início do processo, antes até de ser ouvida a outra parte (*in limine, inaudita altera parte*), determinando a suspensão da prática do ato pela autoridade pública, até a decisão final. Essa ordem judicial é denominada liminar.

A palavra *liminar* está ligada à ideia de tempo no processo, ou seja, a pressa ou urgência do provimento judicial, que se pede no processo. Liminar não é decisão judicial de mérito, mas momento processual em que se dá o provimento de urgência plenamente contido no poder cautelar do juiz.

A liminar, entretanto, é provisória, e a suspensão da exigência do crédito tributário poderá ser mantida ou não, de acordo com a decisão judicial definitiva. Essa decisão é proferida após o juiz ouvir as razões da autoridade administrativa que efetua a exigência fiscal.

Portanto, a liminar afasta temporariamente a possibilidade de cobrança do tributo, impedindo que, em virtude do não recolhimento, venham a incidir penalidades (suspende a exigibilidade do crédito apenas). O julgamento definitivo do mandado de segurança poderá ou não afastar a possibilidade de cobrança do crédito por parte da autoridade administrativa. O mandado de segurança é regulado pela Lei nº 1.533/51.

e) Concessão de medida liminar ou tutela antecipada em outras espécies de ação judicial

A LC nº 104/01 acrescentou ao art. 151 o inciso V, incluindo entre as formas de suspender a exigência o crédito tributário, a concessão de medida liminar ou de tutela antecipada, em outras espécies de ação judicial. Essa tutela cautelar específica pode ser requerida em qualquer tipo de ação processual, com amparo nos arts. 287, 461, §§ 3º e 4º, 798 e 799 do CPC.

A liminar em ação cautelar ou a tutela antecipada requerida em qualquer outro tipo de processo é um provimento justo, que livra o sujeito passivo de ter de pagar o indevido, durante todo o tempo do processo, para, depois da decisão final, pedir sua restituição (*solve et repet*).

f) Parcelamento

A LC nº 104/01 incluiu, entre as formas de suspender a exigência do crédito tributário, o parcelamento deferido ao contribuinte. Dessa forma, o parcelamento não constitui uma novação de dívida: art. 999, I, do Código Civil: "quando o devedor contrai com o credor uma nova dívida, para extinguir e substituir a anterior". Portanto, o parcelamento é simples suspensão da exigência do crédito tributário. Assim, se o parcelamento não for cumprido, cessa a suspensão e o

PARTE APLICADA • Cap. 10 • SIMPLES NACIONAL – REGIME TRIBUTÁRIO DAS MPES | **161**

crédito tributário passa a ser cobrado na forma original, anulando-se qualquer benefício que havia sido concedido ao contribuinte no parcelamento (redução de multas, juros etc.), e seu valor, acrescido dos respectivos encargos, é exigido em um único pagamento.

g) Obrigações acessórias

Da análise do parágrafo único do art. 151, conclui-se que, em todas as hipóteses de suspensão da exigibilidade do crédito tributário, não há dispensa legal do cumprimento das respectivas obrigações tributárias acessórias.

Assim, embora o crédito não seja exigível por um período, as obrigações acessórias a ele relativas devem ser cumpridas normalmente pelo sujeito passivo. Por exemplo: a legislação do Imposto de Renda da Pessoa Jurídica prevê a obrigatoriedade de registrar na contabilidade os depósitos judiciais de créditos tributários em discussão. Em caso de vitória definitiva, esse valor retornará para o disponível de seu ativo; no caso contrário, será registrado como despesa. A legislação do IR não permite sua dedução do lucro real, como despesa, antes da sentença definitiva transitada em julgado:

Também não poderão ingressar no regime do Simples as pessoas jurídicas que não tenham inscrições em cadastros fiscais (federal - CNPJ; estadual – IE ou municipal - CCM). Essa regra não se aplica ao MEI que terá a sua inscrição automática nesses cadastros a partir do momento em que solicita a sua formalização.

10.5.4.1 Parcelamento para Ingresso

No início da vigência da Lei Complementar nº 123/06, o prazo para pedido de parcelamento, federal, estadual e municipal foi prorrogado até 20 de agosto de 2007, em até 120 parcelas mensais e sucessivas, sendo sua prestação mínima no valor de R$ 100,00. O prazo para opção pelo Simples Nacional também foi prorrogado para a mesma data, bem como o pedido de exclusão para quem optou ou foi migrado automaticamente e não desejava mais ficar no Simples Nacional.

O Estado de São Paulo concedeu parcelamento nessas mesmas condições pelo Decreto nº 52.061/07.

O Município de São Paulo ofereceu apenas o Programa de Parcelamento Incentivado (PPI), com prazo de adesão até 30 de junho de 2008.

Embora o parcelamento especial para incentivar o ingresso das MPEs no regime do Simples tenha encerrado em 2008, caso a pessoa jurídica que não está inclusa no regime do Simples venha a parcelar seus débitos tributários poderá ingressar no regime. Todavia, esse procedimento é mais complexo, uma vez que deverá parcelar os tributos devidos de acordo com a legislação de cada ente da federação. Assim, por exemplo, uma pessoa jurídica que não esteja no regime do Simples e tenha débitos de ICMS, ISS e IR deverá observar os programas de parcelamento da União em relação ao IR, do Estado onde se localiza a empresa para os débitos de ICMS e do Município em relação ao ISS. Esses programas nem sempre são feitos simultaneamente, o que dificulta o ingresso da MPE no regime do Simples.

Quanto ao parcelamento de débitos de empresas já inscritas no regime do Simples, ocorrerá de forma unificada, conforme foi explicado no Capítulo 5, item 5.7, do presente livro.

10.5.5 Vedações Aplicáveis ao MEI

O MEI caracteriza-se como microempresa e aplicam-se a ele os benefícios atribuídos pela LC nº 123/06 às microempresas. Para ter direito ao tratamento diferenciado, o MEI está sujeito a algumas restrições previstas no art. 18-A da LC nº 123/06. São elas:

a) Limite de receita anual

O MEI, para efetuar o pagamento dos valores fixos mensais previstos em lei,[38] não poderá ter receita bruta anual superior a R$ 81.000,00.

No início de suas atividades, o limite para o MEI será de R$ 6.750,00 multiplicado pelo número de meses de atividade. Por exemplo: MEI que inicia as suas atividades em 29 de março do presente ano terá de março a dezembro, 10 meses de atividade (considera-se a fração do mês), portanto, o seu limite anual para o primeiro ano-calendário de atividades será de R$ R$ 6.750,00 × 10 = R$ 67.500,00.

Ressalte-se que o MEI deverá sempre recolher as quantias fixas previstas em lei e não terá direito a usufruir de isenção de ICMS ou ISS referente à sua

---

[38] Art. 18-A, § 3º, inciso V:

– o MEI, com receita bruta anual igual ou inferior a R$ 81.000,00 (oitenta e um mil reais), recolherá, na forma regulamentada pelo Comitê Gestor, valor fixo mensal correspondente à soma das seguintes parcelas:

a) R$ 45,65 (quarenta e cinco reais e sessenta e cinco centavos), a título da contribuição prevista no inciso IV deste parágrafo;

b) R$ 1,00 (um real), a título do imposto referido no inciso VII do *caput* do art. 13 desta Lei Complementar, caso seja contribuinte do ICMS; e

c) R$ 5,00 (cinco reais), a título do imposto referido no inciso VIII do *caput* do art. 13 desta Lei Complementar, caso seja contribuinte do ISS;

PARTE APLICADA • Cap. 10 • SIMPLES NACIONAL – REGIME TRIBUTÁRIO DAS MPES | **163**

atividade. Dessa forma, mesmo que as mercadorias que comercializa sejam isentas de ICMS ou seus serviços sejam isentos de ISS ou tributados de forma fixa, esses fatos não alteram o valor fixo mensal a recolher: R$ 5,00 (ICMS), R$ 1,00 (ISS) e R$ 46,45 a título de contribuição previdenciária.

Ocorrendo o excesso de receita, o MEI deverá comunicar seu desenquadramento do regime de tributação diferenciada a partir do mês seguinte a essa ocorrência. Porém, somente será excluído do regime a partir de 1º de janeiro do ano-calendário seguinte. Se o excesso ultrapassar 20% do limite anual (R$ 16.200,00), excepcionalmente nesse caso, o MEI será excluído a partir do momento em que ocorreu o excesso, e essa exclusão será retroativa a janeiro do ano-calendário. Assim, por exemplo, um MEI que em novembro do ano-calendário ultrapasse o limite de receita anual em R$ 20.000,00 deverá recalcular os seus tributos pelo regime do Simples aplicável às microempresas. Esse recálculo retroage a janeiro. O pagamento deverá ser feito em parcela única e sem incidência de correção ou multas, e somente será exigido em janeiro do ano subsequente.

Caso deixe de comunicar até o último dia útil do mês subsequente ao evento que ultrapassou o limite de receita, será excluído de ofício pela autoridade administrativa suportando todas as consequências desse tipo de exclusão.

b) Atividades não contempladas pelo benefício do recolhimento de quantias fixas

Os serviços tributados na forma do Anexo V da LC nº 123/06 deverão ser tributados somente na forma prevista nesse anexo e, portanto, é vedado o ingresso no regime do MEI para os serviços de:

- Medicina e medicina veterinária.
- Comissaria, de despachantes, de tradução e de interpretação.
- Engenharia, medição, cartografia, topografia, geologia, geodésia, testes, suporte e análises técnicas e tecnológicas, pesquisa, *design*, desenho e agronomia.
- Representação comercial e demais atividades de intermediação de negócios e serviços de terceiros.
- Perícia, leilão e avaliação.
- Auditoria, economia, consultoria, gestão, organização, controle e administração.
- Jornalismo e publicidade.
- Agenciamento, exceto de mão de obra que deverá ser tributado na forma do Anexo III.

- Outras atividades do setor de serviços que tenham por finalidade a prestação de serviços decorrentes do exercício de atividade intelectual, de natureza técnica, científica, desportiva, artística ou cultural, que constitua profissão regulamentada ou não.

c) Outras restrições

Também não poderá utilizar o benefício do pagamento por quantia mensal fixa o MEI que possua mais de um estabelecimento ou que participe de outra empresa, seja como titular, sócio, administrador.

O MEI somente poderá contratar um empregado cujo salário não seja superior a um salário mínimo ou ao piso da categoria profissional e deverá reter as contribuições previdenciárias do empregado segurado e prestar informações a seu respeito, bem como recolher o FGTS e respeitar as demais obrigações trabalhistas.

Caso o empregado tenha que se afastar do trabalho, inclusive por prazo determinado (ex.: gravidez), é permitida, ao MEI, a contratação de outro empregado até que cessem as causas do afastamento.

10.6 VEDAÇÃO DE APROPRIAÇÃO DE CRÉDITOS TRIBUTÁRIOS

O art. 23 da Lei Geral dispõe:

> Art. 23. As microempresas e as empresas de pequeno porte optantes pelo Simples Nacional não farão jus à apropriação nem transferirão créditos relativos a impostos ou contribuições abrangidos pelo Simples Nacional.

Essa vedação, na realidade, é um obstáculo para os negócios realizados pelas MPEs integrantes do regime do Simples. Uma vez que, na qualidade de fornecedoras, não transferem seus créditos para seus clientes, apresentam maiores dificuldades na negociação dos preços praticados por elas.

Tome-se como exemplo uma ME fornecedora de matéria-prima produzida por ela para fornecimento à indústria. Supondo-se que o IPI sobre a operação de saída da mercadoria de seu estabelecimento seja de 7,5%, ao vender um lote de R$ 10.000,00 para a indústria, poderá estar sujeita a duas situações:

a) ME não inclusa no regime do Simples

Nesse caso irá apurar um IPI no valor de R$ 10.000,00 × 7,5% = R$ 750,00 que serão transferidos para o industrial (cliente) abater do cálculo do IPI a

PARTE APLICADA • Cap. 10 • SIMPLES NACIONAL – REGIME TRIBUTÁRIO DAS MPES | **165**

ser pago por ele após o processo de industrialização. Assim, por exemplo, se esse industrial apurar um IPI de R$ 800,00 a recolher após ter transformado a matéria-prima em produto, abaterá R$ 750,00 transferidos pelo seu fornecedor e recolherá somente a diferença de R$ 50,00.

b) ME inclusa no regime do Simples

Após o cálculo do valor a pagar pela ME no regime do Simples, a União terá, a título de repasse do Simples, 7,5% de IPI sobre o valor apurado pela ME.

Assim, se a ME obteve uma receita de R$ 10.000,00, irá apurar um valor de R$ 950,00 a recolher em função dessa receita e que irá englobar todos os tributos do Simples.[39] Nesses tributos estão contidos 7,5% a título de IPI.[40] Portanto, o IPI nessa operação será de R$ 950,00 × 7,5% = R$ 71,25, que a ME não poderá repassar para o industrial que adquiriu a matéria-prima comercializada por ela.

Por isso mesmo, a Lei Geral passou a permitir que pessoas jurídicas e aquelas a elas equiparadas pela legislação tributária não optantes pelo Simples Nacional aproveitem o crédito correspondente **ao ICMS** incidente sobre as suas aquisições de mercadorias de microempresa ou empresa de pequeno porte optante pelo Simples Nacional. Todavia, o direito a esses créditos está sujeito aos seguintes requisitos:

---

[39] Alíquotas e Partilha do Simples Nacional – Indústria

	Receita Bruta em 12 meses (em R$)	Alíquota	Valor a deduzir (em R$)
1ª faixa	Até 180.000,00	4,50%	–
2ª faixa	De 180.000,01 a 360.000,00	7,80%	5.940,00
3ª faixa	De 360.000,01 a 720.000,00	10,00%	13.860,00
4ª faixa	De 720.000,01 a 1.800.000,00	11,20%	22.500,00
5ª faixa	De 1.800.000,01 a 3.600.000,00	14,70%	85.500,00
6ª faixa	De 3.600.000,01 a 4.800.000,00	30,00%	720.000,00

[40]

Faixas	Percentual de repartição dos tributos						
	IRPJ	CSLL	Cofins	PIS/Pasep	CPP	IPI	ICMS
1ª faixa	5,50%	3,50%	11,51%	2,49%	37,50%	7,50%	32,00%
2ª faixa	5,50%	3,50%	11,51%	2,49%	37,50%	7,50%	32,00%
3ª faixa	5,50%	3,50%	11,51%	2,49%	37,50%	7,50%	32,00%

- As mercadorias e os produtos adquiridos devem ser destinados à comercialização ou industrialização e observado, como limite, o ICMS efetivamente devido pelas optantes pelo Simples Nacional em relação a essas aquisições.

  > No exemplo anterior, sobre uma receita de R$ 10.000,00 referente à venda realizada para o cliente, foi apurado o valor a recolher a título de Simples Nacional: R$ 950,00. Desse valor, 32% correspondem ao ICMS (vide nota de rodapé 5), portanto, R$ 950,00 × 32% = R$ 350,00,o valor que poderá ser transferido para o cliente industrial.

- A alíquota aplicável ao cálculo do crédito deverá ser informada no documento fiscal e corresponderá ao percentual de ICMS a que a microempresa ou a empresa de pequeno porte estiver sujeita no mês anterior ao da operação.

- Na hipótese de a operação ocorrer no mês de início de atividades da microempresa ou empresa de pequeno porte optante pelo Simples Nacional, a alíquota aplicável ao cálculo do crédito corresponderá ao percentual de ICMS referente à menor alíquota prevista para a atividade de comércio ou de indústria.

- Não haverá o direito a crédito quando: a microempresa ou empresa de pequeno porte estiver sujeita à tributação do ICMS no Simples Nacional por valores fixos mensais; não informar a alíquota no documento fiscal; houver isenção estabelecida pelo Estado ou Distrito Federal que abranja a faixa de receita bruta a que a microempresa ou a empresa de pequeno porte estiver sujeita no mês da operação; o remetente da operação ou prestação considerar, por opção, que a alíquota deverá incidir sobre a receita recebida no mês.

Quanto ao ICMS incidente sobre os insumos utilizados nas mercadorias adquiridas de indústria optante pelo Simples Nacional, o crédito correspondente ao ICMS incidente sobre os insumos poderá ser autorizado mediante deliberação exclusiva e unilateral dos Estados e do Distrito Federal. É vedado o estabelecimento de diferenciação no valor do crédito em razão da procedência dessas mercadorias.

Assim, a autorização para a transferência de créditos depende da política fiscal de cada Estado, pois a competência para legislar sobre esse tributo pertence aos Estados e não à União.

Esse é um grande problema de mercado para as MPEs, pois os compradores de suas mercadorias ou produtos industrializados desejam aproveitar os créditos dos impostos (ICMS e IPI) e das contribuições do PIS e da COFINS no sistema não cumulativo.

PARTE APLICADA • Cap. 10 • SIMPLES NACIONAL – REGIME TRIBUTÁRIO DAS MPES | **167**

É evidente que com essas restrições de créditos o preço das mercadorias ou produtos industrializados das MPEs torna-se mais caro do que o de outra empresa, que mesmo vendendo pelo mesmo preço, mas com aproveitamento dos créditos tributários, na prática, oferece um produto mais barato.

Parte das proibições é inconstitucional, pois fere o princípio da não cumulatividade do ICMS, que determina que do imposto devido em cada operação seja descontado o imposto pago na operação anterior (art. 155, § 2º, inciso I, da CF).

10.7 TRIBUTOS ABRANGIDOS PELO SIMPLES NACIONAL

A pessoa jurídica inscrita no regime do Simples Nacional tem, como benefício, a simplificação do recolhimento dos tributos devidos. Não há necessidade de recolhimento desses tributos em guias separadas e em prazos diferentes previstos para os respectivos pagamentos. Todos os tributos, abrangidos pelo regime, são pagos mensalmente por meio de um documento único de arrecadação e o vencimento ocorre na mesma data. Todavia, existem algumas exceções em relação ao ICMS, ISS e contribuições previdenciárias que serão estudadas nos capítulos que tratam dos cálculos para os diversos setores: comércio (Capítulo 11), indústria (Capítulo 12) e serviços (Capítulo 13).

De acordo com o art. 13 da LC nº 123/06, o Simples Nacional abrange os seguintes tributos e contribuições:

> I – Imposto sobre a Renda da Pessoa Jurídica – IRPJ, exceto: a) Imposto de Renda relativo aos rendimentos ou ganhos líquidos auferidos em aplicações de renda fixa ou variável; b) Imposto de Renda relativo aos ganhos de capital auferidos na alienação de bens do ativo permanente.
>
> II – Imposto sobre Produtos Industrializados – IPI, exceto para as pessoas jurídicas que estão no regime de substituição tributária na condição de substituídas.
>
> III – Contribuição Social sobre o Lucro Líquido – CSLL.
>
> IV – Contribuição para o Financiamento da Seguridade Social – COFINS, exceto para as pessoas jurídicas que estão no regime de substituição tributária na condição de substituídas e aquelas devidas na importação de bens e serviços.
>
> V – Contribuição para o PIS/Pasep, exceto para as pessoas jurídicas que estão no regime de substituição tributária na condição de substituídas e aquelas devidas na importação de bens e serviços.

168 As Micro e Pequenas Empresas e o Simples Nacional • Fabretti

> VI – Contribuição Patronal Previdenciária – CPP para a Seguridade Social, a cargo da pessoa jurídica, de que trata o art. 22 da Lei nº 8.212, de 24 de julho de 1991, exceto no caso da microempresa e da empresa de pequeno porte que se dedique às atividades de prestação de serviços referidas no § 5º-C do art. 18 da citada Lei Complementar, exceto: a) Contribuição para manutenção da Seguridade Social, relativa ao trabalhador; b) Contribuição para a Seguridade Social, relativa à pessoa do empresário, na qualidade de contribuinte individual.
>
> VII – Imposto sobre Operações Relativas à Circulação de Mercadorias e sobre Prestações de Serviços de Transporte Interestadual e Intermunicipal e de Comunicação – ICMS,[41] exceto para as pessoas jurídicas que estão no regime de substituição tributária na condição de substituídas.
>
> VIII – Imposto sobre Serviços de Qualquer Natureza – ISS,[42] exceto: a) em relação aos serviços sujeitos à substituição tributária ou retenção na fonte; b) na importação de serviços.

Ressalte-se que, de acordo com o § 3º do art. 13 da LC nº 123/06, as MPEs optantes pelo regime do Simples Nacional são dispensadas do pagamento de contribuições de terceiros (contribuições para as entidades privadas de serviço social e de formação profissional vinculadas ao sistema sindical e demais entidades de serviço social autônomo que em regra estão na ordem de 5,8% sobre a folha de salários) e demais contribuições instituídas pela União.

Todavia, é importante observar que a pessoa jurídica e seus titulares deverão observar que, se a MPE estiver na condição de responsável tributário ou contribuinte nas situações descritas a seguir, haverá a incidência destes tributos, que deverão ser recolhidos na forma da legislação aplicável às pessoas jurídicas não integrantes do Simples e nas condições estabelecidas na LC nº 123/06 (§ 1º do art. 13): a) Imposto sobre Operações de Crédito, Câmbio e Seguro, ou Relativas a Títulos ou Valores Mobiliários – IOF; b) Imposto sobre a Importação de Produtos Estrangeiros; c) Imposto sobre a Exportação, para o Exterior, de Produtos Nacionais ou Nacionalizados – IE; d) Imposto sobre a Propriedade Territorial Rural – ITR; g) Contribuição para o Fundo de Garantia do Tempo de Serviço – FGTS; h) Imposto de Renda relativo aos pagamentos

---

[41] As normas da LC nº 123/06 a respeito desse tributo são estudadas nos capítulos que tratam da tributação de comércio (Capítulo 11), indústria (Capítulo 12) e serviços (Capítulo 13).

[42] As normas da LC nº 123/06 a respeito desse tributo são estudadas no Capítulo 13 – Tributação dos serviços.

ou créditos efetuados pela pessoa jurídica a pessoas físicas; i) ICMS, IPI, PIS e COFINS no regime de substituição tributária ou monofásico, nos quais a MPE seja substituta ou responsável, que deverão ser calculados na forma prevista em lei; j) ISS no regime de retenção ou substituição tributária nos quais a MPE seja responsável por substituição, que deverá ser calculado na forma prevista em lei.

10.8 NORMAS PARA CÁLCULO DOS TRIBUTOS

O cálculo do valor a recolher a título de pagamento simplificado depende de fatores referentes a MPE como: a receita bruta acumulada pela pessoa jurídica nos últimos 12 meses anteriores ao mês em que serão efetuados o cálculo e pagamento, sua localização na unidade da federação e a atividade exercida por ela.

10.8.1 Base de Cálculo

A base de cálculo para determinação do valor devido mensalmente pelas MPEs será a receita bruta total mensal auferida, segregada por tipo de atividade econômica. A LC nº 123/06 classifica, para fins de tributação, as atividades exercidas pelas MPEs em 5 tabelas diferentes (Anexos I a V) e, portanto, é necessário segregar as receitas obtidas pela pessoa jurídica em função dessas tabelas (art. 18, § 4º). Conforme disposto no art. 18 da Lei Geral, o valor devido mensalmente pelas MPEs optantes do Simples Nacional será determinado mediante aplicação da tabela dos Anexos I a V da Lei Complementar.

Assim, por exemplo, se uma empresa obteve no mês atual uma receita bruta total no valor de R$ 200.000,00, realiza a atividade de montagem de computadores para revenda (industrial) e presta serviços de confecção, manutenção e atualização de páginas eletrônicas e desenvolvimento de *softwares*, deverá separar as receitas para obter a base de cálculo dos tributos. Supondo-se que as receitas sejam as seguintes:

- atividade de montagem de computadores para revenda = R$ 150.000,00
- serviços de confecção, manutenção e atualização de páginas eletrônicas e desenvolvimento de *softwares* = R$ 50.000,00

No primeiro caso, como se trata de atividade industrial, esta receita será tributada na forma da tabela do Anexo II e a receita de serviços referente à segunda atividade será tributada na forma da tabela do Anexo III.

Caso a ME ou a EPP tenha filiais, deverá ser considerado o somatório das receitas recebidas por todos os estabelecimentos.

Convém ressaltar que, sobre as receitas cuja tributação de IPI, ICMS, PIS e COFINS estejam no regime de substituição tributária ou no regime monofásico, bem como as receitas cuja tributação de ISS esteja sujeita ao regime de retenção ou tributação fixa, não haverá a incidência desses tributos e, portanto, é necessário segregá-las para fins de cálculos dos demais tributos incidentes sobre elas (IRPJ, CSL e CPP). Também é necessário observar, em relação a esses tributos, se as receitas obtidas pela pessoa jurídica estão sob regime de isenção ou redução. É o que ocorre, por exemplo, com as receitas de exportação que deverão constituir uma base de cálculo diferente para fins de pagamento no regime do Simples Nacional, uma vez que sobre ela não incidirão: PIS, COFINS, ICMS e IPI.

Além disso, para efeitos de enquadramento no Simples Nacional, as empresas deverão observar os sublimites referentes aos Estados e Municípios de sua localização.

A segregação ou separação da receita bruta por tipo de atividade será demonstrada nos capítulos referentes à tributação do comércio (Capítulo 11), indústria (Capítulo 12) e serviços (Capítulo 13).

10.8.1.1 Sublimites

A Lei Geral permite que os Estados e o Distrito Federal adotem sublimites, ou limites próprios para enquadramento das MPEs no recolhimento de ICMS. Isso significa que, na prática, nos Estados onde se adota essa técnica, esse imposto não será englobado pelo regime do Simples, devendo ser recolhido em separado e de acordo com a legislação estadual. A tributação de ICMS será realizada em separado.

Os sublimites serão adotados pelos Estados que fixarão as faixas de receitas para limitar o pagamento do ICMS pelo sistema do Simples Nacional. Esses limites estão vinculados à participação de cada Estado no Produto Interno Bruto brasileiro:

> Art. 19. Sem prejuízo da possibilidade de adoção de todas as faixas de receita previstas nos Anexos I a V desta Lei Complementar, os Estados cuja participação no Produto Interno Bruto brasileiro seja de até 1% (um por cento) poderão optar pela aplicação de sublimite para efeito de recolhimento do ICMS na forma do Simples Nacional nos respectivos territórios, para empresas com receita bruta anual de até R$ 1.800.000,00 (um milhão e oitocentos mil reais).

PARTE APLICADA • Cap. 10 • SIMPLES NACIONAL – REGIME TRIBUTÁRIO DAS MPES | **171**

> § 1º A participação no Produto Interno Bruto brasileiro será apurada levando em conta o último resultado divulgado pelo Instituto Brasileiro de Geografia e Estatística ou outro órgão que o substitua.
>
> (...)
>
> § 4º Para os Estados que não tenham adotado sublimite na forma do *caput* e para aqueles cuja participação no Produto Interno Bruto brasileiro seja superior a 1% (um por cento), para efeito de recolhimento do ICMS e do ISS, observar-se-á obrigatoriamente o sublimite no valor de R$ 3.600.000,00 (três milhões e seiscentos mil reais).

Assim, por exemplo, se um determinado Estado da federação tem uma participação no PIB em até 1%, este poderá reduzir o limite para recolhimento de ICMS na forma do Simples Nacional para R$ 1.800.000,00. Dessa forma, as empresas que tiverem suas receitas nos últimos 12 meses acima desses valores não poderão recolher o ICMS na forma do Simples Nacional e deverão pagar esse tributo de acordo com a respectiva legislação estadual.

De acordo com o art. 20, a opção pelos Estados desses limites de receita bruta anual importará na adoção desses mesmos limites para efeito de recolhimento do ISS dos Municípios nele localizados.

Assim, um Estado que tenha uma participação no PIB em até 1% e adote o sublimite previsto no art. 19, fará com que as pessoas jurídicas nele localizadas, com receita dos últimos 12 meses superiores a R$ 1.800.000,00, tenham que recolher ICMS e ISS em separado, pois esses tributos não serão abrangidos pelo Simples Nacional.

As MPEs que ultrapassarem esses sublimites estarão automaticamente impedidas de recolherem o ICMS e o ISS pelo Simples Nacional, a partir do mês subsequente ao que tiver ocorrido o excesso. Isso se o excesso não ultrapassar 20% do limite. Portanto, as MPEs poderão exceder o sublimite em até R$ 360.000,00 no ano. Acima disso, deverão recolher ICMS e ISS em separado a partir do mês seguinte à ocorrência do excesso.

Ressalte-se que, se um Estado adota o regime de sublimite em um determinado ano-calendário, a exigência para as MPEs de recolhimento de ICMS e ISS em separado somente poderá ocorrer no ano-calendário seguinte. Se, por exemplo, a adoção do regime de sublimite foi feita pelo Estado em 2018, a exigência para que as MPEs recolham ICMS e ISS em separado somente poderá ocorrer a partir de janeiro de 2019.

As Micro e Pequenas Empresas e o Simples Nacional • Fabretti

Uma vez que os recolhimentos serão feitos em separado, as alíquotas correspondentes ao ICMS e ISS, previstas nas tabelas dos Anexos I a V da LC nº 123/06, deverão ser desconsideradas para efeitos de cálculos dos valores a recolher pela MPE a título de tributação pelo regime do Simples Nacional.

Esses cálculos, desconsiderando essas alíquotas, serão demonstrados em capítulo próprio.

10.8.2 Alíquotas

Até 31 de dezembro de 2017, as alíquotas constantes nas tabelas da LC nº 123/06 eram predeterminadas. A partir de 1º de janeiro de 2018, essas alíquotas deverão ser apuradas pelo próprio contribuinte, o que significa aumentar a complexidade no cálculo dos valores a serem apurados mensalmente pela MPE.

Dessa forma, a determinação da alíquota passou a ser feita a partir do seguinte método:

1. Determinar a receita bruta total acumulada nos últimos 12 meses anteriores ao período de apuração.

2. Verificar se há necessidade de segregar as receitas a serem tributadas no mês em função das atividades exercidas pela empresa.

3. A alíquota efetiva, para cada atividade, será o resultado da seguinte operação: Receita Bruta dos últimos 12 meses multiplicada pela alíquota nominal, constante no anexo referente à atividade, diminuída da parcela a deduzir. O valor apurado deverá ser dividido pela receita bruta acumulada nos últimos 12 meses:

$$\frac{RBT12 \times Aliq\text{-}PD}{RBT12}$$

Onde:

RBT12: receita bruta acumulada nos 12 meses anteriores ao período de apuração.

Aliq: alíquota nominal constante dos Anexos I a V da LC nº 123/06.

PD: parcela a deduzir constante dos Anexos I a V da Lei Complementar.

Por exemplo: Empresa comercial que irá efetuar o cálculo do valor a recolher no mês de abril do presente ano. Sua receita acumulada nos últimos 12 meses (até março) é R$ 2.000.000,00 e a receita do mês atual é R$ 100.000,00, e não está sujeita a regime de substituição tributária de ICMS nem a regime monofásico de PIS e COFINS.

PARTE APLICADA • Cap. 10 • SIMPLES NACIONAL – REGIME TRIBUTÁRIO DAS MPES | **173**

A tabela aplicável à atividade comercial está no Anexo I da LC nº 123/06:

Receita bruta em 12 meses (em R$)		Alíquota	Valor a deduzir (em R$)
1ª faixa	Até 180.000,00	4,00%	–
2ª faixa	De 180.000,01 a 360.000,00	7,30%	5.940,00
3ª faixa	De 360.000,01 a 720.000,00	9,50%	13.860,00
4ª faixa	De 720.000,01 a 1.800.000,00	10,70%	22.500,00
5ª faixa	De 1.800.000,01 a 3.600.000,00	14,30%	87.300,00
6ª faixa	De 3.600.000,01 a 4.800.000,00	19,00%	378.000,00

A empresa localiza-se na 5ª faixa de tributação.

O cálculo será o seguinte:

RBT12 = R$ 2.000.000,00

Alíquota = 14,30%

PD (parcela a deduzir) = R$ 87.300,00

Aplicando-se a fórmula: $\dfrac{RBT12 \times Aliq - PD}{RBT12}$

$$R\$\ 2.000.000,00 \times 14,30\% - R\$\ 87.300,00 = \dfrac{R\$\ 198.700,00}{R\$\ 2.000.000,00} = 0,9935 \text{ ou } 9,935\%$$

Portanto, 9,935% será a alíquota efetiva a ser aplicada sobre a receita do mês de abril.

R$ 100.000,00 × 9,935% = R$ 9.935,00 (será o valor a recolher e englobará: IRPJ, CSL, PIS, COFINS, CPP e ICMS).

Ressalte-se que, se a empresa estiver no início de atividade, os valores de receita bruta deverão ser proporcionalizados ao número de meses do período (art. 18, § 2º, da LC nº 123/06)

A Resolução 126 do CGSN estabelece a forma de se determinar essa proporcionalidade no art. 21, §§ 2º e 3º:

§ 2º No caso de início de atividade no próprio ano-calendário da opção pelo Simples Nacional, para efeito de determinação da alíquota no 1º (primeiro) mês de atividade, o sujeito passivo utilizará, como receita bruta total acumulada, a receita auferida no próprio mês de apuração multiplicada por 12 (doze).

§ 3º Na hipótese prevista no § 2º, nos 11 (onze) meses posteriores ao do início de atividade, para efeito de determinação da alíquota, o sujeito passivo utilizará a média aritmética da receita bruta total auferida nos meses anteriores ao do período de apuração, multiplicada por 12 (doze).

Exemplo: suponha-se que, no caso anterior, a empresa tenha iniciado as suas atividades em fevereiro e as receitas são as seguintes:

Fevereiro = R$ 60.000,00
Março = R$ 80.000,00
Abril = R$ 100.000,00

O cálculo para o mês de abril será o seguinte:

Média dos meses anteriores = $\dfrac{R\$ 60.000,00 + R\$ 80.000,00}{2}$ = R$ 70.000,00

R$ 70.000,00 × 12 = R$ 840.000,00

Portanto, a empesa estará sujeita à 4ª faixa de tributação da tabela.

Cálculo para abril
RBT12 = R$ 840.000,00
Alíquota = 10,70%
PD (parcela a deduzir) = R$ 22.500,00

Aplicando-se a fórmula: $\dfrac{RBT12 \times Aliq-PD}{RBT12}$

R$ 840.000,00 × 10,70% − R$ 22.500,00 = $\dfrac{R\$ 67.380,00}{R\$ 840.000,00}$ = 0,08021

R$ 100.000,00 × 8,021% = R$ 8.021,00

10.9 EXCESSO DE RECEITA

Se a EPP ultrapassar o limite de receita anual em valor não superior a 20%, poderá continuar a recolher seus tributos pelo Simples Nacional e solicitar a exclusão do regime a partir do próximo exercício.[43] Se ultrapassar mais do que 20% do limite legal, deverá, no mês subsequente, solicitar a exclusão do Simples e passar a recolher seus tributos pelo regime do lucro presumido ou real. Caso deixe de tomar essa providência, será excluída de ofício pela Administração Pública e terá o seu lucro arbitrado desde o início do ano-calendário em que ocorreu o excesso de receita com a aplicação das penalidades cabíveis.[44]

Assim, a soma de receita anual de uma EPP, considerando-se que ela já ultrapassou o limite legal, não poderá ultrapassar R$ 5.760.000,00 (R$ 4.800.000,00 × 20% = R$ 960.000,00). Se ultrapassar esse limite, a EPP deverá requere a exclusão do Simples.

Todavia, se com o excesso de receita a EPP estiver dentro do limite legal de 20%, ela continuará no regime do Simples, porém, deverá, sobre a alíquota apurada com base na última faixa de tributação, aplicar um aumento de 20%.

Exemplo: Empresa que exerce atividade comercial:

Total da receita acumulada nos últimos 12 meses = R$ 5.000.000,00

Revenda de mercadoria, em novembro do ano-calendário = R$ 300.000,00

Alíquota máxima = última faixa da tabela Anexo I (6ª faixa)

$$\frac{RBT12 \times Aliq - PD}{RBT12}$$

$$\frac{R\$\ 5.000.000,00 \times 19\% - 378.000,00 = 11,44\%}{R\$\ 5.000.000,00}$$

Uma vez que a EPP ultrapassou o limite de receita, a alíquota apurada deverá aumentar em 20%.

11,44 × 20% = 2,29

11,44 + 2,29 = 13,73%

---

[43] De acordo com o art. 18, § 18-A: *A microempresa que, no ano-calendário, exceder o limite de receita bruta previsto no § 18 fica impedida de recolher o ICMS ou o ISS pela sistemática de valor fixo, a partir do mês subsequente à ocorrência do excesso, sujeitando-se à apuração desses tributos na forma das demais empresas optantes pelo Simples Nacional.*

[44] Os tributos pagos pelo regime do Simples serão abatidos do total a pagar pelo regime do lucro arbitrado.

176 | As Micro e Pequenas Empresas e o Simples Nacional • Fabretti

Portanto, o valor a recolher será:

R$ 300.000,00 × 13,73% = R$ 41.190,00

10.10 DISTRIBUIÇÃO DE LUCROS ISENTA DO IR

Como regra geral, as distribuições de lucros pela pessoa jurídica tributada pelo lucro real, presumido ou arbitrado são isentas do IR para o beneficiário, seja ele pessoa física ou jurídica (art. 10 da Lei nº 9.249/95).

A Lei Geral estendeu essa isenção também para os lucros da pessoa jurídica optante pelo Simples Nacional, em seu art. 14:

> Art. 14. Consideram-se isentos do imposto de renda, na fonte e na declaração de ajuste do beneficiário, os valores efetivamente pagos ou distribuídos ao titular ou sócio da microempresa ou empresa de pequeno porte optante pelo Simples Nacional, salvo os que corresponderem a pró-labore, aluguéis ou serviços prestados.
>
> § 1º A isenção de que trata o *caput* deste artigo fica limitada ao valor resultante da aplicação dos percentuais de que trata o *art. 15 da Lei nº 9.249, de 26 de dezembro de 1995*, sobre a receita bruta mensal, no caso de antecipação de fonte, ou da receita bruta total anual, tratando-se de declaração de ajuste, subtraído do valor devido na forma do Simples Nacional no período.
>
> § 2º O disposto no § 1º deste artigo não se aplica na hipótese de a pessoa jurídica manter escrituração contábil e evidenciar lucro superior àquele limite.

Se ocorrer antecipação de distribuição de lucros, haverá um limite para isenção de IR retido na fonte. Esse limite corresponde aos percentuais aplicáveis ao lucro presumido (art. 15 da Lei nº 9.249/95) sobre a receita bruta mensal da empresa.

Assim, por exemplo, se uma ME que comercializa mercadorias tem uma receita bruta mensal no valor de R$ 20.000,00 e efetuar uma antecipação de distribuição aos sócios, o limite de isenção do valor a ser distribuído corresponderá ao seguinte cálculo:

Percentual aplicável à atividade comercial no lucro presumido = 8% (art. 15 da Lei nº 9.249/95[45]) × receita bruta do mês da ME = R$ 20.000,00 = R$ 1.600,00

---

[45] Art. 15. A base de cálculo do imposto, em cada mês, será determinada mediante a aplicação do percentual de 8% (oito por cento) sobre a receita bruta auferida mensalmente,

será o valor limite a ser distribuído sem incidência de IR, uma vez que a pessoa jurídica, ao antecipar a distribuição de lucro, já o fez pelo método contábil.

Caso ele venha a fazer o ajuste da distribuição no encerramento do período base o cálculo deverá considerar a receita do período subtraindo-se do valor obtido os valores pagos a título de recolhimento do Simples Nacional.

Na declaração anual da Pessoa Física deverão ser feitos os ajustes referentes a essa antecipação e a distribuição de lucros isenta de IR.

---

observado o disposto no art. 12 do Decreto-Lei nº 1.598, de 26 de dezembro de 1977, deduzida das devoluções, vendas canceladas e dos descontos incondicionais concedidos, sem prejuízo do disposto nos arts. 30, 32, 34 e 35 da Lei nº 8.981, de 20 de janeiro de 1995. (Redação dada pela Lei nº 12.973, de 2014) (Vigência)

§ 1º Nas seguintes atividades, o percentual de que trata este artigo será de:

I – um inteiro e seis décimos por cento, para a atividade de revenda, para consumo, de combustível derivado de petróleo, álcool etílico carburante e gás natural;

II – dezesseis por cento:

a) para a atividade de prestação de serviços de transporte, exceto o de carga, para o qual se aplicará o percentual previsto no *caput* deste artigo;

b) para as pessoas jurídicas a que se refere o inciso III do art. 36 da Lei nº 8.981, de 20 de janeiro de 1995, observado o disposto nos §§ 1º e 2º do art. 29 da referida Lei;

III – trinta e dois por cento, para as atividades de: (Vide Medida Provisória nº 232, de 2004)

a) prestação de serviços em geral, exceto a de serviços hospitalares e de auxílio diagnóstico e terapia, patologia clínica, imagenologia, anatomia patológica e citopatologia, medicina nuclear e análises e patologias clínicas, desde que a prestadora destes serviços seja organizada sob a forma de sociedade empresária e atenda às normas da Agência Nacional de Vigilância Sanitária – Anvisa; (Redação dada pela Lei nº 11.727, de 2008)

b) intermediação de negócios;

c) administração, locação ou cessão de bens imóveis, móveis e direitos de qualquer natureza;

d) prestação cumulativa e contínua de serviços de assessoria creditícia, mercadológica, gestão de crédito, seleção de riscos, administração de contas a pagar e a receber, compra de direitos creditórios resultantes de vendas mercantis a prazo ou de prestação de serviços (*factoring*).

e) prestação de serviços de construção, recuperação, reforma, ampliação ou melhoramento de infraestrutura vinculados a contrato de concessão de serviço público. (Incluído pela Lei nº 12.973, de 2014) (Vigência)

§ 2º No caso de atividades diversificadas será aplicado o percentual correspondente a cada atividade.

§ 3º As receitas provenientes de atividade incentivada não comporão a base de cálculo do imposto, na proporção do benefício a que a pessoa jurídica, submetida ao regime de tributação com base no lucro real, fizer jus.

§ 4º O percentual de que trata este artigo também será aplicado sobre a receita financeira da pessoa jurídica que explore atividades imobiliárias relativas a loteamento de terrenos, incorporação imobiliária, construção de prédios destinados à venda, bem como a venda de imóveis construídos ou adquiridos para a revenda, quando decorrente da comercialização de imóveis e for apurada por meio de índices ou coeficientes previstos em contrato. (Incluído pela Lei nº 11.196, de 2005)

Exemplo: Receita de janeiro a dezembro do período base = R$ 240.000,00

Total de recolhimentos sob o regime do Simples = R$ 9.600,00

O limite a ser distribuído no ano é de R$ 240.000,00 × 8%= R$ 19.200,00 - R$ 9.600,00= R$ 9.600,00.

O mesmo princípio aplica-se para o MEI.

Exemplo: Receita mensal = R$ 5.000,00 × 8% = R$ 400,00

Ou receita obtida no ano-calendário = R$ 60.000,00

Valores recolhidos durante o ano = R$ 680,00

R$ 60.000,00 × 8% = R$ 4.800,00 − R$ 680 = R$ 4.120,00

11

TRIBUTAÇÃO DO COMÉRCIO

11.1 INTRODUÇÃO

A tributação do comércio, ou seja, das MPEs que simplesmente revendem as mercadorias adquiridas de terceiros, é feita de acordo com as normas previstas para essa atividade que serão, a seguir, apresentadas. Essa atividade está sujeita à apuração da alíquota do Simples, de acordo com a Tabela 1, do Anexo I da LC nº 123/06, constante no final deste capítulo.

Para a empresa estabelecida e optante pelo Simples há mais de um ano, a alíquota será determinada pela faixa correspondente à soma da receita bruta dos últimos 12 meses.

Para a que iniciou sua atividade no próprio ano-calendário, o limite será proporcional ao número de meses em que houver exercido a atividade, considerando-se para esse fim as frações de meses, como mês inteiro.

11.2 EMPRESA ESTABELECIDA

Conforme explicado anteriormente, para apurar o valor a recolher no mês, é necessário somar as receitas obtidas pela MPE nos últimos 12 meses anteriores ao cálculo.

Exemplo: Cálculo para o mês de julho do ano-calendário

Somar as receitas dos últimos 12 meses, excluindo-se o mês atual e considerando-se junho do ano-calendário a julho do ano-calendário anterior.

Somatório das receitas = R$ 240.000,00

Faturamento de julho = R$ 20.000,00

Com essa faixa de receita acumulada nos últimos 12 meses, a microempresa encontra-se na 2ª faixa de tributação da tabela do Anexo I (vide final deste capítulo).

Aplica-se a fórmula prevista no § 1º-A do art. 18 da LC nº 123/06:

$$\frac{RBT12 \times Aliq - PD}{RBT12}$$

Onde:

RBT12: receita bruta acumulada nos 12 meses anteriores ao período de apuração.

Aliq: alíquota nominal constante dos Anexos I a V da Lei Complementar nº 123/06.

PD: parcela a deduzir constante dos Anexos I a V da Lei Complementar.

No exemplo anterior, será apurada uma alíquota de 4,825%:

$$\frac{240.000,00 \times 7,30\% - 5.940,00}{240.000,00} = 0,04825$$

Ou seja, 4,825% é a alíquota a ser aplicada sobre a receita do mês de julho.

Portanto, R$ 20.000,00 × 4,825% = R$ 965,18.

Em se tratando de exemplo de EPP com o somatório das receitas dos últimos 12 meses = R$ 1.780.000,00 e faturamento de julho do ano-calendário = R$ 150.000,00, obtém-se o seguinte:

Essa EPP localiza-se na 4ª faixa de receita da tabela do Anexo I:

Aplicando-se a fórmula $\frac{RBT12 \times Aliq - PD}{RBT12}$, obtém-se a alíquota de 9,436%:

$$\frac{R\$ 1.780.000,00 \times 10,70\% - 22.500,00}{R\$ 1.780.000,00} = 0,9436$$

Valor a recolher em julho = R$ 150.000,00 x 9,436% = R$ 14.154,00.

11.3 EMPRESA QUE INICIA SUA ATIVIDADE NO PRÓPRIO ANO--CALENDÁRIO

a) Supondo-se uma ME que iniciou sua atividade em maio do ano-calendário, faturando nesse mês o valor de R$ 12.000,00, é necessário multiplicar a receita obtida no primeiro mês de atividade por 12 para se obter o valor correspondente a RBT12:

R$ 12.000,00 × 12 = R$ 144.000,00. Portanto, essa ME estará na 1ª faixa de receita da tabela do Anexo I.

Aplicando-se a fórmula $\underline{RBT12 \times Aliq - PD}$, obtém-se a alíquota de 4%:
RBT12

$$\frac{R\$ 144.000,00 \times 4\% - 0}{R\$ 144.000,00} = 0,04$$

R$ 12.000,00 × 4% = R$ 480,00, que corresponde ao valor a ser recolhido no mês de início da atividade.

Nos 11 meses posteriores ao início da atividade, para efeito de determinação da alíquota, a ME adotará a média aritmética da receita bruta dos meses anteriores ao do período de apuração, multiplicado por 12.

Exemplo: No mês de junho do ano-calendário, a ME obtém uma receita de R$ 20.000,00.

Receitas anteriores = maio R$ 12.000 + junho R$ 20.000,00

Média aritmética = R$ 12.000,00 + R$ 20.000,00 = R$ 32.000,00

R$ 32.000,00 : 2 = R$ 16.000,00 (média)

R$ 16.000,00 × 12 = R$ 192.000,00

Determinação da alíquota:

Segunda faixa de receita da tabela do Anexo I:

$$\frac{R\$ 192.000,00 \times 7,30\% - 5.940,00}{R\$ 192.000,00} = 0,042 \text{ ou } 4,20\%$$

Valor a recolher = R$ 20.000 × 4,20% = R$ 840,00

b) Supondo-se que seja uma EPP que iniciou sua atividade em abril do ano-calendário, obtendo, nesse mês, uma receita correspondente a R$ 145.000,00:

R$ 145.000,00 × 12 = R$ 1.740.000,00

A tributação para esse valor de receita corresponde à 4ª faixa da tabela do Anexo I:

$$\frac{R\$ 1.740,00 \times 10,70\% \times 22.500,00}{R\$ 1.740.000,00} = 0,0940$$

Receita em abril do ano-calendário = R$145.000,00 × 9,40% = R$ 13.630,00

Supondo-se as seguintes receitas nos próximos meses de atividade: abril = R$ 145.000,00; maio = R$ 140.000,00 e junho = R$ 150.000,00, o cálculo para junho será o seguinte:

Média aritmética: R$ 145.000,00 + R$ 140.000,00 + R$ 150.000,00 = R$ 435.000,00

R$ 435.000,00 : 3 = R$ 145.000,00 (média)

R$ 145.000,00 × 12 = R$ 1.740.000,00

A tributação para esse valor de receita acumulada corresponde à 4ª faixa do Anexo I:

$$\frac{R\$\ 1.740,00 \times 10,70\% - 22.500,00}{R\$\ 1.740.000,00} = 0,0940$$

Então: receita de junho = R$ 150.000,00 × 9,40% = R$ 14.100,00

11.4 SEGREGAÇÃO DA RECEITA

A Lei Geral determina que a MPE segregue as receitas considerando o seguinte: a) atividade operacional; b) regime de tributação (com ou sem substituição tributária e tributo sujeito ou não à retenção); c) vendas internas; d) vendas para o exterior.

Essa segregação se faz necessária uma vez que vendas internas, vendas sob o regime de substituição tributária e vendas para o exterior são tributadas de formas diferentes.

11.5 NORMA GERAL DA SUBSTITUIÇÃO TRIBUTÁRIA

Se a mercadoria, objeto de revenda, for sujeita ao regime de substituição tributária e a MPE estiver na situação de substituída, isso significa que o ICMS incidente sobre as vendas já foi pago por antecipação pelo seu substituto. Note-se que a substituição tributária geralmente é feita na indústria (portanto, na origem da circulação da mercadoria) que projeta a margem de lucro do comerciante ou revendedor e sugere um preço mínimo para revenda. Esse industrial substituto calcula o imposto incidente sobre esse preço sugerido e já recolhe antecipadamente o tributo ou os tributos incidentes sobre essa operação que virá a ser realizada futuramente pelo comerciante. Uma vez que a indústria ou substituto recolhe, por antecipação, os tributos devidos pelo substituído (comerciante), se este último calcular o Simples pela alíquota geral, estará pagando duas vezes o mesmo tributo. Assim, como a indústria já recolheu os tributos devidos pela MPE (e os repassou no preço quando efetuou a venda para ela),

Parte Aplicada • Cap. 11 • TRIBUTAÇÃO DO COMÉRCIO | **183**

tais tributos deverão ser excluídos do cálculo do valor a recolher a título de Simples Nacional, pois já foram suportados pelo comerciante.

Na tabela intitulada *Percentual da Repartição de Tributos,* que acompanha a tabela para o cálculo das alíquotas do Simples Nacional, estão discriminados os percentuais correspondentes a cada um dos tributos que compõem essas alíquotas. Assim, por exemplo, na 1ª faixa de receita da tabela do Anexo I, uma alíquota de 4% sobre a receita é composta da seguinte forma:

Alíquota 4% composta de:

IRPJ	5,50%	0,22%
CSL	3,50%	0,14%
COFINS	12,74%	0,51%
PIS/Pasep	2,76%	0,11%
CPP	41,50%	1,66%
ICMS	34%	1,36%
Total de Tributos/Alíquota	**100%**	**4%**

11.6 EXPORTAÇÃO

11.6.1 Introdução

A exportação é uma das atividades comerciais mais importantes para o desenvolvimento econômico. O valor das exportações de bens e de serviços é recebido em moeda estrangeira (divisas).

A balança comercial é apurada pelo confronto entre as receitas de exportação e as despesas de importação. Se as receitas de exportação forem maiores do que as despesas de importação, a diferença positiva denomina-se de superávit.

O superávit forma as reservas cambiais que são um fator importante para enfrentar as crises dos mercados internacionais.

Por essa razão, procura-se evitar o excesso de tributação sobre os bens e serviços exportados, para que seus preços possam competir no mercado internacional.

A CF, ao distribuir a competência tributária da União, em seu art. 153, § 3º, inciso III, dispõe que o IPI não incidirá sobre produtos industrializados destinados ao exterior.

184 | As Micro e Pequenas Empresas e o Simples Nacional • Fabretti

Da mesma forma, dispõe que o ICMS não incidirá sobre operações que destinem mercadorias para o exterior, nem sobre serviços prestados a destinatários no exterior, assegurados a manutenção e o aproveitamento do montante do imposto cobrado nas operações e prestações anteriores (art. 155, § 2º, inciso X, letra *a*, da CF).

Também dispõe que, em relação ao ISS, cabe à lei complementar excluir da incidência do imposto as prestações de serviços, nas exportações para o exterior (art. 156, § 3º, inciso II, da CF).

O mesmo ocorre com as contribuições sociais e de intervenção no domínio econômico que não incidirão sobre as receitas decorrentes de exportação (art. 149, § 2º, inciso I, da CF).

Sobre a exportação, incide apenas o imposto de exportação, cuja receita líquida destina-se à formação de reservas monetárias, conforme disposto no art. 28 do CTN.

11.6.2 Normas sobre Exportação da Lei Geral

As empresas comerciais exportadoras (*trade companies*) são especializadas e conhecedoras do mercado internacional e das normas de exportação.

Por essa razão, a maioria das MPE recorre a essas empresas para poder exportar seus produtos.

A Lei Geral, em seu art. 18, §§ 7º a 11, dispõe sobre as normas para que a MPE recorra aos serviços das comerciais exportadoras.

A comercial exportadora adquire as mercadorias da MPE, sem a incidência do IPI, do ICMS e das Contribuições Sociais, por se destinarem à exportação para o exterior.

Essas mercadorias devem ser exportadas em até 180 dias da data da emissão da nota fiscal pela MPE.

Se a comercial exportadora não comprovar o seu embarque nesse prazo, ficará sujeita ao pagamento de todos os impostos e contribuições, que deixaram de ser pagos pela MPE, acrescidos de juros de mora e multa, de mora ou de ofício, na forma da legislação aplicável à comercial exportadora (§ 7º do art. 18).

Considera-se vencido o prazo para o pagamento dos impostos e contribuições na data em que a empresa vendedora deveria fazê-lo, caso a venda houvesse sido efetuada para o mercado interno.

Com relação à contribuição patronal devida pela vendedora, a comercial exportadora deverá recolher, no mesmo prazo previsto, o valor correspondente a 11% (onze por cento) do valor das mercadorias não exportadas.

A empresa comercial exportadora não poderá deduzir do montante devido qualquer valor a título de crédito de Imposto sobre Produtos Industrializados (IPI) da contribuição para o PIS/Pasep ou da COFINS, decorrente da aquisição de mercadorias e serviços objeto da incidência.

Parte Aplicada • Cap. 11 • TRIBUTAÇÃO DO COMÉRCIO | **185**

11.6.2.1 Tributação na Exportação

Para uma MPE cujo somatório de receita anual se situa na 1ª faixa de tributação, no Anexo I, com uma alíquota de 4% e que vende mercadorias, para exportação, para uma empresa comercial exportadora, na tributação deverá excluir os percentuais das alíquotas correspondentes a COFINS, PIS, e ICMS e considerar somente IRPJ, CSL e CPP.

Dessa forma, a alíquota efetiva será:

0,22% (IRPJ) + 0,14% (CSL) + 1,66% (CPP) = 2,02%

Ou 4% − (0,51COFINS + 0,11 PIS + 1,36 ICMS) = 2,02%

11.7 EXEMPLO PRÁTICO

Tome-se como exemplo uma EPP que já estava em atividade no ano-calendário anterior cuja receita acumulada nos últimos 12 meses é de R$ 2.270.000,00:

Em primeiro lugar é necessário apurar a alíquota correspondente à faixa de receita da EPP:

Com esse valor de receita acumulada, a EPP está sujeita à 5ª faixa de tributação da tabela do Anexo I.

Dessa forma, a alíquota será:

$$\frac{RBT12 \times Aliq - PD}{RBT12} = \frac{R\$\ 2.270.000,00 \times 14,30\% - R\$\ 87.300}{R\$\ 2.270.000,00} = 10,46\%$$

A sua receita segregada, na forma da lei, no mês de julho do ano-calendário, é de R$ 190.000,00 e está assim dividida:

a) Revenda de mercadoria para o mercado interno	R$100.000,00
b) Revenda de mercadoria para o mercado interno com substituição tributária do ICMS	R$ 40.000,00
c) Exportação	R$ 50.000,00
Total da receita bruta	R$ 190.000,00

No exemplo dado, o ICMS devido sobre parte das vendas da MPE já foi projetado pela indústria, recolhido por antecipação e repassado no valor de venda da indústria para a EPP. Portanto, esse ICMS deverá ser excluído do cálculo do Simples, pois já está pago. Uma vez que a receita da EPP é segregada, na forma da lei, no mês de julho do ano-calendário, é composta na forma anteriormente indicada e deverá adotar os procedimentos descritos a seguir:

As Micro e Pequenas Empresas e o Simples Nacional • Fabretti

Composição da alíquota de 10,46%

IRPJ	5,50%	0,58%
CSL	3,50%	0,37%
COFINS	12,74%	1,33%
PIS/Pasep	2,76%	0,29%
CPP	42,00%	4,39%
ICMS	33,50%	1,50%
Total de Tributos/Alíquota	**100%**	**10,46%**

a) Sobre a receita de revenda de mercadoria para o mercado interno sem substituição tributária de ICMS, o cálculo será: R$ 100.000,00 × 10,46% = R$ 10.460,00.

b) Sobre a receita de revenda de mercadoria com substituição tributária de ICMS, é necessário excluir a alíquota correspondente ao ICMS do cálculo, uma vez que o remetente da mercadoria para a MPE já calculou e pagou esse ICMS em nome dela.

De acordo com a tabela referente ao *Percentual da Repartição de Tributos* da tabela do Anexo I que está no final deste capítulo, o ICMS da 5ª faixa de receita (onde se localiza a alíquota da EPP) corresponde a 33,50% da alíquota para a tributação pelo Simples, ou seja, 33,50% da alíquota encontrada para a tributação da EPP corresponde ao ICMS. Portanto: 10,46 × 33,50% = 3,5041%.

Esse valor corresponde ao ICMS que deverá ser desconsiderado, uma vez que ele já foi calculado e pago pelo remetente da mercadoria. Portanto, da alíquota de 10,46%, devem ser subtraídos 3,5041%[46] ou 3,50%.

Resta, assim, uma alíquota (sem ICMS) de 6,9559% ou 6,96%.

---

[46] De acordo com a LC nº 123/06, art. 18, § 1º-B, eventual diferença deverá observar o seguinte: "§ 1º-B. Os percentuais efetivos de cada tributo serão calculados a partir da alíquota efetiva, multiplicada pelo percentual de repartição constante dos Anexos I a V desta Lei Complementar, observando-se que: I – o percentual efetivo máximo destinado ao ISS será de 5% (cinco por cento), transferindo-se eventual diferença, de forma proporcional, aos tributos federais da mesma faixa de receita bruta anual; II – eventual diferença centesimal entre o total dos percentuais e a alíquota efetiva será transferida para o tributo com maior percentual de repartição na respectiva faixa de receita bruta."

PARTE APLICADA • Cap. 11 • TRIBUTAÇÃO DO COMÉRCIO | **187**

A receita de revenda para o mercado interno com substituição tributária do ICMS será tributada da seguinte forma: R$ 40.000,00 × 6,96% = R$ 2.784,00.

c) Sobre a receita de exportação não devem ser aplicadas as alíquotas correspondentes ao ICMS, PIS e COFINS, somente as alíquotas referentes ao IRPJ, CSL e CPP:

Soma dos tributos incidentes sobre a operação: 0,57% (IRPJ) + 0,36% (CSL) + 4,403% (CPP) = %

R$ 50.000,00 × 5,34% = R$ 2.670,00.

Conforme cálculos anteriores, a alíquota correspondente ao ICMS é de 3,50%.

Cálculo da alíquota referente a COFINS (vide tabela Anexo 1 – *Percentual de Repartição dos Tributos* – 5ª faixa):

12,74% de 10,46 ou 10,46 × 12,74% = 1,33%

Cálculo da alíquota referente ao PIS:

2,76% de 10,46 ou 10,46 × 2,76% = 0,288%

Portanto, subtraindo-se as alíquotas dos respectivos tributos que não incidem sobre a exportação, obtém-se:

10,46 – 3,50 – 1,33 – 0,288 = 5,34%

Receita de exportação = R$ 50.000,00 × 5,34% = R$ 2.670,00

Somando-se os cálculos referentes às receitas segregadas, obtém-se:

Valor a recolher sobre receita de vendas sem substituição de ICMS R$	10.460,00
Valor a recolher sobre receita de vendas com substituição de ICMS R$	2.784,00
Valor a recolher sobre a receita de exportação R$	2.670,00
Total a recolher R$	15.914,00

Ressalte-se que é um valor menor do que seria o cálculo sem a segregação de receitas e exclusão dos respectivos tributos não incidentes sobre elas:

Total da receita sem segregação = R$ 190.000,00 × 10,46% = R$ 19.874,00.

ANEXO I DA LEI COMPLEMENTAR Nº 123, DE 14 DE DEZEMBRO DE 2006

(Redação dada pela Lei Complementar nº 155, de 27 de outubro de 2016)

(Vigência: *a partir de 01/01/2018*)

Alíquotas e Partilha do Simples Nacional – Comércio

Receita bruta em 12 meses (em R$)		Alíquota	Valor a deduzir (em R$)
1ª faixa	Até 180.000,00	4,00%	–
2ª faixa	De 180.000,01 a 360.000,00	7,30%	5.940,00
3ª faixa	De 360.000,01 a 720.000,00	9,50%	13.860,00
4ª faixa	De 720.000,01 a 1.800.000,00	10,70%	22.500,00
5ª faixa	De 1.800.000,01 a 3.600.000,00	14,30%	87.300,00
6ª faixa	De 3.600.000,01 a 4.800.000,00	19,00%	378.000,00

Faixas	Percentual de repartição dos tributos					
	IRPJ	CSLL	COFINS	PIS/Pasep	CPP	ICMS
1ª faixa	5,50%	3,50%	12,74%	2,76%	41,50%	34,00%
2ª faixa	5,50%	3,50%	12,74%	2,76%	41,50%	34,00%
3ª faixa	5,50%	3,50%	12,74%	2,76%	42,00%	33,50%
4ª faixa	5,50%	3,50%	12,74%	2,76%	42,00%	33,50%
5ª faixa	5,50%	3,50%	12,74%	2,76%	42,00%	33,50%
6ª faixa	13,50%	10,00%	28,27%	6,13%	42,10%	–

12

TRIBUTAÇÃO DA INDÚSTRIA

12.1 INTRODUÇÃO

Indústria é a que tem por atividade econômica transformar insumos em um produto novo.

Insumo é um termo jurídico e econômico que abrange a matéria-prima, os produtos intermediários e o material de embalagem.

Por exemplo: para uma indústria de calçados os insumos são:

- Matéria-prima, o couro.
- Os produtos intermediários são, entre outros, o solado, a palmilha, o cordão de amarrar, ilhoses, forro etc.
- O material de embalagem para acondicionar o produto acabado, ou seja, o calçado.

Esses insumos geram créditos para compensação com o tributo devido na saída dos produtos ou no faturamento. São créditos previstos na legislação dos impostos não cumulativos (ICMS e IPI) e no PIS/COFINS, sistema não cumulativo.

No caso de indústria que optou pelo Simples Nacional, os produtos por ela vendidos não geram crédito dos impostos e contribuições para os seus compradores, exceto no caso do ICMS se a legislação da pessoa jurídica competente para regular o imposto autorizar.

12.2 INDÚSTRIA COM ATIVIDADE DURANTE O ANO-CALENDÁRIO ANTERIOR

A atividade industrial está sujeita à apuração da alíquota do Simples de acordo com a tabela, do Anexo II da LC nº 123/06, constante no final deste capítulo.

O mesmo raciocínio que foi exposto para os cálculos da atividade comercial se aplica à atividade industrial. Assim, para a empresa estabelecida há mais de um ano, a alíquota será determinada pela faixa correspondente à soma da receita bruta dos últimos 12 meses e para a MPE que iniciou sua atividade no próprio ano-calendário, o limite será proporcional ao número de meses em que houver exercido a atividade, aplicando-se a tabela do Anexo II.

Exemplos:

a) ME

Somatório das receitas dos últimos 12 meses = R$ 240.000,00

Essa ME está sujeita à tributação da 2ª faixa de receita prevista na tabela do Anexo II – Indústria da LC nº 123/06:

Receita do mês de julho do ano-calendário = R$ 20.000,00

Aplica-se a fórmula prevista no § 1º-A do art. 18 da LC nº 123/06:

$$\frac{RBT12 \times Aliq - PD}{RBT12}$$

Onde:

RBT12: receita bruta acumulada nos 12 meses anteriores ao período de apuração.

Aliq: alíquota nominal constante dos Anexos I a V da Lei Complementar nº 123/06.

PD: parcela a deduzir constante dos Anexos I a V da Lei Complementar.

No exemplo anterior, será apurada uma alíquota de 7,78%:

$$\frac{240.000,00 \times 7,80\% - 5.940,00}{240.000,00} = 7,78\%$$

Ou seja, 7,78% é a alíquota a ser aplicada sobre a receita do mês de julho.

Portanto, R$ 20.000,00 × 7,78% = R$ 1.556,00

Neste caso, sobre a atividade industrial, além do ICMS, há a incidência de IPI, o que torna a tributação mais elevada.

b) EPP

Somatório = R$ 1.780.000,00

Faturamento de julho do ano-calendário = R$ 150.000,00

A EPP encontra-se na 4ª faixa de receita do Anexo II para determinação de sua alíquota.

$$\frac{R\$ \ 1.780.000,00 \times 11,20\%\% - R\$ \ 22.500,00}{R\$ \ 1.780.000,00} = 9,94\%$$

Valor a recolher = R$ 150.000,00 × 9,94% = R$ 14.910,00

O aumento na tributação em relação ao comércio ocorre por força da incidência do IPI sobre a atividade industrial.

12.3 INDÚSTRIA QUE INICIA SUA ATIVIDADE NO PRÓPRIO ANO--CALENDÁRIO

a) Supondo-se uma indústria ME que iniciou sua atividade em maio do ano-calendário e obteve nesse mês uma receita de R$ 12.000,00:

R$ 12.000 × 12 = R$ 144.000,00

De acordo com a receita acumulada, a alíquota deverá ser calculada na forma da 1ª faixa de receita do Anexo II:

$$\text{Alíquota} = \frac{R\$ \ 144.000,00 \times 4,5\% - 0}{R\$ \ 144.000,00} = 4,5\%$$

Valor a recolher: R$ 12.000,00 × 4,5% = R$ 540,00

Nos 11 meses posteriores ao início da atividade, para efeito de determinação da alíquota, a ME adotará a média aritmética da receita bruta dos meses anteriores ao do período de apuração, multiplicado por 12.

No mês de junho do ano-calendário, a ME obtém uma receita de R$ 20.000,00.

Faturamentos anteriores: maio = R$ 12.000,00 + junho = R$ 20.000,00

Média aritmética = R$ 12.000,00 + R$ 20.000,00 = R$ 32.000,00

R$ 32.000,00 : 2 = R$ 16.000,00 (média)

Determinação da alíquota:

R$ 16.000,00 × 12 = R$ 192.000,00

A ME passou a calcular sua alíquota de acordo com a 2ª faixa de receita do Anexo II:

Alíquota = $\dfrac{\text{R\$ 192.000,00} \times 7,80\% - \text{R\$ 5.940,00}}{\text{R\$ 192.000,00}}$ = 4,70%

Portanto: R$ 20.000,00 × 4,70% = R$ 940,00

b) Supondo-se uma indústria EPP que iniciou sua atividade em abril do ano-calendário, faturando nesse mês R$ 150.000,00:

R$ 150.000,00 × 12 = R$ 1.800.000,00

Essa receita será tributada de acordo com a 4ª faixa de receita do Anexo II:

Alíquota = $\dfrac{\text{R\$ 1.800.000,00} \times 11,20\% - \text{R\$ 22.500,00}}{\text{R\$ 1.800.000,00}}$ = 9,95%

Assim, R$ 150.000,00 × 9,95% = R$ 14.925,00

Faturamentos posteriores: abril = R$ 140.000,00; maio = R$ 145.000,00 e junho = R$ 150.000,00

Média aritmética: R$ 140.000,00 + R$ 145.000,00 + R$ 150.000,00 = R$ 435.000,00

R$ 435.000,00 : 3 = R$ 145.000,00

R$ 145.000,00 × 12 = R$ 1.740.000,00

Determinação da alíquota de acordo com a 4ª faixa de receita:

Alíquota = $\dfrac{\text{R\$ 1.740.000,00} \times 11,20\% - \text{R\$ 22.500,00}}{\text{R\$ 1.740.000,00}}$ = 9,90%

Portanto, R$ 150.000,00 × 9,90% = R$ 14.850,00

12.4 INDÚSTRIA COM SUBSTITUIÇÃO TRIBUTÁRIA APENAS DO IPI

Uma vez que o substituto tributário da MPE já recolheu o IPI devido por ela, assim como ocorre com o ICMS em caso de substituição tributária, o IPI deverá ser excluído do cálculo do Simples, pois já foi pago.

De acordo com a tabela do Anexo II que determina o *Percentual de Repartição de Tributos*, o IPI corresponde a 7,50% da alíquota do Simples nas cinco faixas de receita discriminadas. Se a empresa estiver sujeita à tributação na forma da 6ª faixa de receita, o percentual correspondente ao IPI será de 35% da alíquota efetiva.

Tomando-se como exemplo uma EPP cujo valor de receita acumulada até o mês de maio do ano-calendário seja de R$ 2.380.000,00, a alíquota efetiva, calculada de acordo com a 5ª faixa de receita, estará assim dividida:

IRPJ	5,50%
CSL	3,50%
COFINS	11,51%
PIS/Pasep	2,49%
CPP	37,50%
IPI	7,50%
ICMS	32%

Alíquota efetiva:

$$\text{Alíquota} = \frac{R\$ 2.380.000,00 \times 14,70\% - R\$ 85.500,00}{R\$ 2.380.000,00} = 11,10\%$$

A alíquota efetiva de 11,10% está assim distribuída:

IRPJ	5,50%	0,61%
CSL	3,50%	0,38%
COFINS	11,51%	1,27%
PIS/Pasep	2,49%	0,26%
CPP	37,50%	4,20%[47]
IPI	7,50%	0,83%
ICMS	32%	3,55%

Dessa alíquota efetiva, 7,50% corresponde ao IPI, portanto, $11,10 \times 7,50\% = 0,83\%$, que corresponde ao IPI já pago por substituição tributária.

---

[47] De acordo com a LC nº 123/06, art. 18, § 1º-B, eventual diferença deverá observar o seguinte: "§ 1º-B. Os percentuais efetivos de cada tributo serão calculados a partir da alíquota efetiva, multiplicada pelo percentual de repartição constante dos Anexos I a V desta Lei Complementar, observando-se que: I – o percentual efetivo máximo destinado ao ISS será de 5% (cinco por cento), transferindo-se eventual diferença, de forma proporcional, aos tributos federais da mesma faixa de receita bruta anual; II – eventual diferença centesimal entre o total dos percentuais e a alíquota efetiva será transferida para o tributo com maior percentual de repartição na respectiva faixa de receita bruta."

As Micro e Pequenas Empresas e o Simples Nacional • Fabretti

Assim:

Alíquota efetiva sem o IPI = (11,10 - 0,83) = 10,27%

Faturamento de maio: R$ 170.000,00

Valor a recolher: R$ 170.000,00 × 10,27% = R$ 17.459,00

12.5 INDÚSTRIA COM SUBSTITUIÇÃO TRIBUTÁRIA DO IPI E DO ICMS

Tomando-se o mesmo exemplo da EPP com média de faturamento anual de R$ 2.380.000, com alíquota de 11,10%:

Extrai-se da alíquota de 11,10% os percentuais de 0,83% do IPI e de 3,55% (11,10 × 32%) do ICMS.

Portanto, 11,10 - (0,83% + 3,55%) = alíquota de 6,72%, que deve ser aplicada sobre o faturamento do mês.

Faturamento de maio: R$ 170.000,00

Valor a recolher: R$ 170.000,00 × 6,72% = R$ 11.424,00

12.6 NORMAS GERAIS DA SUBSTITUIÇÃO TRIBUTÁRIA

No caso dos produtos industrializados sujeitos à substituição tributária de diversos tributos, eles devem ser destacados por natureza de substituição tributária e abatidos da sua alíquota os percentuais relativos a cada tributo objeto dessa substituição.

Tomando-se como exemplo a faixa de receita de R$ 2.380.000,00, com alíquota efetiva de 11,10%, os percentuais a serem deduzidos são:

IPI	0,83%
COFINS	1,27%
PIS	0,26%
ICMS	3,55%

A indústria, como primeiro elo da cadeia produtiva, portanto, na origem, quando fabricar produtos sujeitos, por lei, à substituição tributária, deve reter os tributos que serão devidos no preço de venda para o consumidor final se optou pelo regime tributário de substituição do IPI.[48]

---

[48] A substituição tributária no IPI é facultativa. Nos demais casos, ICMS, PIS, COFINS e ISS decorrem de determinação legal.

Parte Aplicada • Cap. 12 • TRIBUTAÇÃO DA INDÚSTRIA | **195**

A substituição tributária "para frente", ou seja, sobre um fato gerador futuro, no caso a venda a ser realizada pelo comerciante ao consumidor final, foi introduzida na CF pela Emenda Constitucional nº 13/93.

A finalidade é concentrar o recolhimento total do tributo na origem, ou seja, na indústria, pois é muito mais fácil fiscalizar algumas dezenas de, por exemplo, fábricas de tintas e vernizes em relação ao ICMS devido pelo ponto de venda do que centenas de depósitos de materiais de construção no destino. Sua finalidade é evitar a evasão fiscal.

No caso do ICMS, a substituição tributária está autorizada no art. 6º e a base de cálculo definida no art. 8º, ambos da LC nº 87/96.

> Art. 8º A base de cálculo, para fins e substituição tributária, será:
>
> I – em relação às operações antecedentes ou concomitantes, o valor da operação, ou prestação praticada pelo contribuinte substituído;
>
> II – em relação às operações ou prestações subsequentes, obtida pelo somatório das parcelas seguintes:
>
> a) o valor da operação ou prestação própria realizada pelo substituto tributário ou pelo substituído intermediário;
>
> b) o montante dos valores de seguro, de frete de outros encargos cobrados ou transferíveis aos adquirentes ou tomadores de serviço;
>
> c) a margem de valor agregado, inclusive lucro, relativo às operações ou prestações subsequentes.

Dessa forma, o substituto tributário deve recolher o ICMS sobre o preço de venda final, no qual estarão inclusos todos os valores agregados, inclusive o lucro do comerciante, o que não deixa de ser um absurdo a lei fixar a margem de lucro do revendedor final.

Vamos exemplificar com um produto sujeito à substituição tributária do ICMS.

O industrial acrescenta no seu preço de venda o ICMS que será devido na venda ao consumidor final. Suponha-se que sua receita líquida (custo comercial + margem de lucro operacional) seja de R$ 200.000,00. Para vender com o preço para o consumidor final de R$ 300.000,00 com a alíquota interestadual de 12%, deverá vender para o comércio por R$ 224.000,00, destacando na nota fiscal o preço de venda ao consumidor final de R$ 300.000,00 e o ICMS de R$ 36.000,00.

Desse valor, 12% se referem à receita líquida de R$ 200.000,00, ou seja, R$ 24.000,00 e os restantes R$ 12.000,00 sobre o valor agregado de mais R$ 100.000,00.[49]

Para o recolhimento do Simples Nacional, deve-se proceder da seguinte forma:

Vamos supor que essa indústria esteja na faixa de receita do Anexo II, já exemplificada anteriormente.

Valor a recolher: R$ 236.000 × 10,11% = R$ 26.196,00

O ICMS de R$ 36.000,00 retido por substituição tributária de empresa não integrante do Simples Nacional, contendo a tributação da operação do industrial e a do substituído, deve ser recolhido em guia própria. No Estado de São Paulo, esse procedimento é disciplinado pelo art. 283 do Regulamento do ICMS.

Nesse caso, a MPE industrial deverá recolher:

Simples Nacional	R$ 26.196,00
ICMS do substituído	R$ 36.000,00
Total	R$ 62.196,00

12.7 PRODUTOS EXPORTADOS

Conforme explicado no Capítulo 11, item 11.5.2, no caso da exportação de produtos industrializados, a EPP recolherá apenas os percentuais relativos ao IRPJ, CSL e CPP.

No exemplo com a faixa de receita anual de R$ 2.380.000, com alíquota de 11,10% (item 12.6), esses percentuais serão os seguintes:

IRPJ 0,61% + CSL 0,38% + CPP 4,20% = 5,19%

Assim, se o valor exportado for de R$ 100.000,00, o valor a recolher sobre a receita de exportação será: R$ 100.000 × 5,19% = R$ 5.190,00.

---

[49] O cálculo do preço a ser sugerido pela indústria deve ser feito por meio do Índice de Valor Adicionado Setorial – IVA-ST divulgado pela Secretaria da Fazenda Estadual.

ANEXO II DA LEI COMPLEMENTAR Nº 123, DE 14 DE DEZEMBRO DE 2006

(Redação dada pela Lei Complementar nº 155, de 27 de outubro de 2016)

Alíquotas e Partilha do Simples Nacional – Indústria

Receita bruta em 12 meses (em R$)		Alíquota	Valor a deduzir (em R$)
1ª faixa	Até 180.000,00	4,50%	–
2ª faixa	De 180.000,01 a 360.000,00	7,80%	5.940,00
3ª faixa	De 360.000,01 a 720.000,00	10,00%	13.860,00
4ª faixa	De 720.000,01 a 1.800.000,00	11,20%	22.500,00
5ª faixa	De 1.800.000,01 a 3.600.000,00	14,70%	85.500,00
6ª faixa	De 3.600.000,01 a 4.800.000,00	30,00%	720.000,00

Faixas	Percentual de repartição dos tributos						
	IRPJ	CSLL	COFINS	PIS/Pasep	CPP	IPI	ICMS
1ª faixa	5,50%	3,50%	11,51%	2,49%	37,50%	7,50%	32,00%
2ª faixa	5,50%	3,50%	11,51%	2,49%	37,50%	7,50%	32,00%
3ª faixa	5,50%	3,50%	11,51%	2,49%	37,50%	7,50%	32,00%
4ª faixa	5,50%	3,50%	11,51%	2,49%	37,50%	7,50%	32,00%
5ª faixa	5,50%	3,50%	11,51%	2,49%	37,50%	7,50%	32,00%
6ª faixa	8,50%	7,50%	20,96%	4,54%	23,50%	35,00%	–

13

TRIBUTAÇÃO DOS SERVIÇOS

13.1 INTRODUÇÃO

A legislação tributária referente às MPE sempre foi contrária a admitir que os serviços pudessem se beneficiar dessa legislação simplificada e favorecida.

O CC, em seu art. 966, exclui da definição de empresário quem exerce profissão intelectual, de natureza científica, literária ou artística, ainda que com o concurso de auxiliares ou colaboradores.

Por essa razão, os escritórios de advocacia, auditoria etc. ficaram por um longo período excluídos do regime do Simples Nacional, pois não poderiam ser considerados empresas.

O CC, entretanto, ressalva o caso de o exercício da profissão constituir-se em elemento de empresa.

Por exemplo: um escritório de contabilidade cujo titular ou sócios investem em máquinas e equipamentos contrata empregados e outros auxiliares para prestar diversos tipos de serviços, tais como: abertura e encerramento de empresas em todas as repartições competentes; elaborar folha de pagamento; guias de recolhimento de tributos; preencher formulários exigidos pela legislação; fazer a escrituração fiscal e a contábil etc., sob a responsabilidade de um contador, devidamente registrado no Conselho Regional de Contabilidade de sua região.

Nesse caso, a empresa é constituída pelos bens móveis (máquinas, equipamentos etc.), seus empregados e seu titular ou sócios que devem ser contadores. Nesse caso, a profissão regulamentada de contador é o elemento de empresa.

A partir de 2014, a legislação ampliou as categorias de serviços que podem ser beneficiadas com o sistema de tributação do Simples.

O Simples Nacional adota um procedimento complicado para os serviços, com tratamento diferenciado em razão do tipo de serviço e da folha de pagamento e encargos sociais. Atualmente existem três anexos diferentes com três

PARTE GERAL • Cap. 13 • TRIBUTAÇÃO DOS SERVIÇOS | **199**

tabelas também diferentes para a tributação dos serviços. Assim, de acordo com o tipo de serviços prestados pela MPE, haverá uma tabela aplicável. Essas tabelas constam dos Anexos III, IV e V da LC nº 123/06. Muitas MPE têm dificuldade de atender às exigências da Lei Geral.

A LC nº 127/07 deu nova redação ao § 2º do art. 17 da Lei Geral, dispondo:

> § 2º Também poderá optar pelo Simples Nacional a microempresa ou empresa de pequeno porte que se dedique à prestação de outros serviços que não tenham sido objeto de vedação expressa neste artigo, desde que não incorra em nenhuma das hipóteses de vedação previstas nesta Lei Complementar.

Essas MPEs serão tributadas na forma do Anexo III, salvo se para alguma dessas atividades houver previsão expressa de tributação na forma dos Anexos IV ou V da Lei Geral.

Os Anexos III a V encontram-se no final deste capítulo.

13.2 SERVIÇOS TRIBUTADOS NA FORMA DO ANEXO III

As atividades de prestação de serviços previstas no art. 18, § 5º-B e § 5º-D, da Lei Geral serão tributadas na forma do Anexo III:

> § 5º-B. Sem prejuízo do disposto no § 1º do art. 17 desta Lei Complementar, serão tributadas na forma do Anexo III desta Lei Complementar as seguintes atividades de prestação de serviços:
>
> I – creche, pré-escola e estabelecimento de ensino fundamental, escolas técnicas, profissionais e de ensino médio, de línguas estrangeiras, de artes, cursos técnicos de pilotagem, preparatórios para concursos, gerenciais e escolas livres, exceto as previstas nos incisos II e III do § 5º-D deste artigo;
>
> II – agência terceirizada de correios;
>
> III – agência de viagem e turismo;
>
> IV – centro de formação de condutores de veículos automotores de transporte terrestre de passageiros e de carga;
>
> V – agência lotérica;
>
> VI – (REVOGADO)
>
> VII – (REVOGADO)
>
> VIII – (REVOGADO)

IX – serviços de instalação, de reparos e de manutenção em geral, bem como de usinagem, solda, tratamento e revestimento em metais;

X – (REVOGADO)

XI – (REVOGADO)

XII – (REVOGADO)

XIII – transporte municipal de passageiros;

XIV – escritórios de serviços contábeis, observado o disposto nos §§ 22-B e 22-C deste artigo;

XV – produções cinematográficas, audiovisuais, artísticas e culturais, sua exibição ou apresentação, inclusive no caso de música, literatura, artes cênicas, artes visuais, cinematográficas e audiovisuais;

XVI – fisioterapia;

XVII – corretagem de seguros.

XVIII – arquitetura e urbanismo;

XIX – medicina, inclusive laboratorial, e enfermagem;

XX – odontologia e prótese dentária;

XXI – psicologia, psicanálise, terapia ocupacional, acupuntura, podologia, fonoaudiologia, clínicas de nutrição e de vacinação e bancos de leite.

§ 5º-D. Sem prejuízo do disposto no § 1º do art. 17 desta Lei Complementar, as seguintes atividades de prestação de serviços serão tributadas na forma do Anexo III desta Lei Complementar:

I – administração e locação de imóveis de terceiros;

II – academias de dança, de capoeira, de ioga e de artes marciais;

III – academias de atividades físicas, desportivas, de natação e escolas de esportes;

IV – elaboração de programas de computadores, inclusive jogos eletrônicos, desde que desenvolvidos em estabelecimento do optante;

V – licenciamento ou cessão de direito de uso de programas de computação;

VI – planejamento, confecção, manutenção e atualização de páginas eletrônicas, desde que realizados em estabelecimento do optante;

PARTE APLICADA • Cap. 13 • TRIBUTAÇÃO DOS SERVIÇOS | **201**

VII – (REVOGADO)

VIII – (REVOGADO)

IX – empresas montadoras de estandes para feiras;

X – (REVOGADO)

XI – (REVOGADO)

XII – laboratórios de análises clínicas ou de patologia clínica;

XIII – serviços de tomografia, diagnósticos médicos por imagem, registros gráficos e métodos óticos, bem como ressonância magnética;

XIV – serviços de prótese em geral.

No que se refere às atividades de locação de bens móveis, elas serão tributadas na forma do Anexo III, porém excluindo-se do cálculo o percentual correspondente ao ISS, uma vez que essas atividades não são tributadas por esse imposto (v. art. 18, § 5º-A, da LC nº 123/06). O cálculo será demonstrado no item 13.8.

Também os serviços de transporte interestadual e intermunicipal de cargas serão tributados na forma do Anexo III, excluindo-se a parcela referente ao ISS e acrescentando-se a parcela referente ao ICMS prevista no Anexo I (comércio). O cálculo será demonstrado no item 13.6.

Já no que se refere às atividades com incidência simultânea de IPI e ISS, elas deverão ser tributadas na forma do Anexo II (indústria), excluindo-se a parcela referente ao ICMS e somando-se a parcela referente ao ISS do Anexo III. Cálculo no item 13.7.

13.2.1 Determinação da Alíquota

A alíquota será determinada na forma já exposta nos Capítulos 10 a 12, ou seja, para as empresas em atividade do ano-calendário anterior, o total da receita bruta dos últimos 12 meses é que determinará a alíquota. Para as que iniciaram sua atividade no próprio ano-calendário, a média aritmética das receitas é multiplicada por 12.

Para uma ME que não exerce atividade de locação de bens móveis cujo somatório de receitas foi de R$ 200.000,00 e o ISS é devido no próprio Município, a alíquota efetiva será obtida da seguinte forma:

RBT12 × alíquota - parcela a deduzir/RBT12

$$\frac{R\$\ 200.000,00 \times 11,20\% - R\$\ 9.360,00}{R\$\ 200.000,00} = 0,0652$$

202 | As Micro e Pequenas Empresas e o Simples Nacional • Fabretti

Assim, por exemplo, receita de julho: R$ 20.000,00

Valor a recolher: R$ 20.000 × 6,52% = R$ 1.304,00

Para uma EPP cujo somatório de receitas é de R$ 2.285.000, com ISS devido no próprio Município, a alíquota efetiva é de:

$$\frac{R\$ 2.285.000,00 \times 21\% - R\$125.640,00}{R\$ 2.285.000,00} = 0,1550$$

Por exemplo: receita de julho = R$ 150.000,00

Valor a recolher: R$ 150.000,00 × 15,5% = R$ 23.250,00

Nesse caso, o ISS está incluído na alíquota do Simples Nacional.

13.2.2 Serviços do Anexo III com Retenção do ISS

Para as mesmas atividades discriminadas na seção 13.2, será descontado da alíquota o percentual referente ao ISS quando este for retido na fonte.[50]

Esse cálculo requer a determinação da alíquota efetiva e a respectiva dedução do percentual do ISS que está contido nela.

Exemplo: MPE com os seguintes dados:

Receita anual de serviços = R$ 2.400.000,00

Receita de serviços com ISS devido do próprio Município= R$ 100.000,00

Receita de serviços com ISS retido na fonte R$ 80.000,00

a) Determinação da alíquota efetiva

$$\frac{R\$ 2.400.000,00 \times 21\% - R\$ 125.640,00}{R\$ 2.400.000,00} = 0,1576$$

Portanto, a alíquota efetiva é de 15,76%.

Para os serviços com ISS devido no próprio Município, o cálculo será:

R$ 100.000,00 × 15,76% = R$ 15.760,00, valor a ser recolhido sobre a receita com ISS devido no próprio Município.

---

[50] Art. 18, § 6º No caso dos serviços previstos no § 2º do art. 6º da Lei Complementar nº 116, de 31 de julho de 2003, prestados pelas microempresas e pelas empresas de pequeno porte, o tomador do serviço deverá reter o montante correspondente na forma da legislação do município onde estiver localizado, observado o disposto no § 4º do art. 21 desta Lei Complementar.

Parte Aplicada • Cap. 13 • TRIBUTAÇÃO DOS SERVIÇOS | **203**

b) Cálculo da alíquota com a exclusão do ISS

Alíquota = 15,76%

De acordo com a tabela que contém o Percentual de Repartição dos Tributos do Anexo III, a faixa correspondente à receita total da empresa é a 5ª faixa e, portanto, o ISS corresponde a 15,76 × 33,5% = 5,20%. Todavia, o percentual correspondente ao ISS não pode ser superior a 5% por força da Lei Complementar nº 116/03 que estabeleceu a alíquota máxima do ISS em 5% art. 8º, II) e, por determinação da LC nº 123/06 (art. 18, § 1º-B, I e II),[51] o valor centesimal excedente deverá ser transferido proporcionalmente aos demais tributos federais.[52]

Então, 15,76 – 5 = 10,76%

A receita com retenção de ISS será tributada da seguinte forma:

R$ 80.000,00 × 10,76% = R$ 8.608,00

c) Total a recolher

R$ 15.760,00 + R$ 8.608,00 = R$ 24.368,00

13.2.3 Serviços de Locação de Bens Móveis

Uma vez que não há incidência de ISS nesse tipo de serviço, do cálculo do recolhimento do Simples Nacional deve ser excluído o percentual correspondente a esse imposto.

Utiliza-se o mesmo raciocínio demonstrado no item 13.2.2.

Exemplo:

ME com receita dos últimos 12 meses igual a R$ 180.000,00. A alíquota efetiva corresponde a 6% (primeira faixa de tributação do Anexo III). Nesta alíquota efetiva está incluso o percentual correspondente a 33,5% de ISS.

---

[51] I – o percentual efetivo máximo destinado ao ISS será de 5% (cinco por cento), transferindo-se eventual diferença, de forma proporcional, aos tributos federais da mesma faixa de receita bruta anual;

II – eventual diferença centesimal entre o total dos percentuais e a alíquota efetiva será transferida para o tributo com maior percentual de repartição na respectiva faixa de receita bruta.

[52] No caso, o excesso corresponde a 0,20 que será dividido entre os cinco tributos federais: IRPJ; CSL, COFINS, PIS e CPP. Portanto, 0,20 dividido por 5 = 0,04. IRPJ passa de 4% para 4,04%, CSL de 3,50% para 3,54%, COFINS de 12,82% para 12,86%, PIS de 2,78% para 2,82% e CPP de 43,40% para 43,44%.

Então 6 × 33,5% = 2,01%.

Esse percentual deve ser excluído da alíquota efetiva: 6 – 2,01 = 3,99%.

Assim, sobre a receita do mês atual, deve ser aplicado o percentual de 3,99%.

Receita do mês atual = R$ 10.000,00

R$ 10.000 × 3,99% = R$ 399,00

13.3 SERVIÇOS TRIBUTADOS NA FORMA DO ANEXO IV

Para os serviços tributados na forma do Anexo IV, na alíquota do Simples Nacional não está incluída a Contribuição Social Patronal - CPP (INSS e SAT), que deve ser recolhida na forma prevista na legislação para os demais contribuintes ou responsáveis (Lei nº 8.212/91). De fato, é o que dispõe o § 5º-C do art. 18 da LC nº 123/06:

> § 5º-C. Sem prejuízo do disposto no § 1º do art. 17 desta Lei Complementar, as atividades de prestação de serviços seguintes serão tributadas na forma do Anexo IV desta Lei Complementar, hipótese em que não estará incluída no Simples Nacional a contribuição prevista no inciso VI do *caput* do art. 13 desta Lei Complementar, devendo ela ser recolhida segundo a legislação prevista para os demais contribuintes ou responsáveis:
>
> I – construção de imóveis e obras de engenharia em geral, inclusive sob a forma de subempreitada, execução de projetos e serviços de paisagismo, bem como decoração de interiores;
>
> II – (REVOGADO)
>
> III – (REVOGADO)
>
> IV – (REVOGADO)
>
> V – (REVOGADO)
>
> VI – serviço de vigilância, limpeza ou conservação;
>
> VII – serviços advocatícios.

A contribuição social para o INSS sobre os salários dos empregados e sobre a remuneração paga a pessoas físicas sem vínculo empregatício (trabalhador avulso ou contribuinte individual que ele lhe presta serviço) é composta pelas seguintes contribuições:

Contribuição previdenciária	20%
Seguro de Acidentes de Trabalho (SAT)	
Risco leve	1%
Risco médio	2%
Risco grave	3%

Dessa forma, a MPE cuja atividade é de risco médio recolherá para o INSS 22% sobre os pagamentos efetuados a pessoas físicas, com ou sem vínculo empregatício.

O FGTS é de 8% sobre a folha de salários.

Logo, os encargos a que se refere a lei, numa atividade de risco médio, são de 22% para o INSS, mais 8% para o FGTS, totalizando 30%, que transformado em fração (30 : 100) é igual a 0,30.

As MPEs que aderirem ao Simples Nacional estão desobrigadas de recolher as contribuições para terceiros arrecadadas pelo INSS (Senai, Senac, Sesi, Sesc, Sebrae etc.), que somam em média 5,8%, conforme disposto no § 3º do art. 13.

Exemplo: MPE com folha de salários mensal no valor de R$ 300.000,00 + 0,30 de encargos, ou seja, mais R$ 90.000,00 = R$ 190.000,00.

Supondo-se que essa EPP tenha como atividade a construção de imóveis com receita anual acumulada de R$ 2.280.000, 00, a alíquota efetiva será calculada de acordo com o Anexo IV:

$$\frac{R\$\ 2.280.000,00 \times 22\% - R\$183.780,00}{R\$\ 2.280.000,00} = 0,1393$$

No mês atual, obtém uma receita de R$ 100.000,00 com ISS devido no próprio Município e R$ 100.000,00 com retenção do ISS.[53]

---

[53] É necessário observar que no Fator Acidentário de Prevenção (FAP) exigível a partir de 2011 as alíquotas correspondentes aos percentuais de riscos leves, médios e graves poderão ser duplicadas ou reduzidas pela metade. Esses aumentos ou reduções dependem dos investimentos da empresa em segurança e prevenção de acidentes de trabalho. Assim, se a prevenção é mínima e, consequentemente, os acidentes mais numerosos, maiores serão as alíquotas, o que poderá elevar uma atividade de risco grave em até 6%. Todavia, se a prevenção é maior e os acidentes menores, tal fato implicará a redução da alíquota pela metade, o que fará uma atividade de risco grave reduzir sua alíquota para 1,5%. Anualmente, a União publica os cálculos referentes ao aumento ou redução que variam em razão dos índices de frequência, gravidade e custo de acidentes, por atividade econômica.

De acordo com a tabela *Percentual de Repartição dos Tributos* (Anexo IV, faixa 5), o percentual de ISS embutido na alíquota efetiva é de 40%.

Então: $13,93 \times 40\% = 5,572$

O teto de ISS é 5%.

Então, $13,93 - 5 = 8,93\%$

$R\$ 100.000,00 \times 13,93\% = R\$ 13.930,00$

$\underline{R\$ 100.000,00 \times 8,93\% = R\$ 8.930,00}$

TOTAIS R\$ 200.000,00   R\$ 22.860,00

Folha de salários	R\$ 100.000,00
INSS 100.000 × 22%	22.000
FGTS 100.000 × 8%	<u>8.000</u>
Total de encargos	30.000

TRIBUTAÇÃO DO MÊS

Simples Nacional	22.860,00
INSS	22.000,00
FGTS	8.000,00
ISS retido	<u>5.000,00</u>
TOTAL	R\$ 57.860,00

13.3.1 Serviços Advocatícios e Demais Serviços de Profissão Regulamentada

Uma vez que os serviços advocatícios são realizados por sociedades de profissão regulamentada, composta por sócios que exercem a mesma profissão (uniprofissional) e que todos os integrantes prestam serviços sob sua responsabilidade, a tributação de ISS é feita de forma diferenciada. Nesses casos, em alguns municípios, como São Paulo, o ISS não é calculado sobre a receita de serviços, mas por profissional integrante da sociedade.

A Prefeitura fixa, anualmente, um valor de receita por profissional e, sobre esse valor, deve ser aplicada a alíquota de 5% para calcular o ISS devido pela sociedade.

Assim, por exemplo, uma sociedade composta por dois advogados será tributada da seguinte forma:

Base de cálculo mensal - valor atribuído pelo Município a cada profissional: R$ 1.713,61[54]

Alíquota: 5%

ISS referente a cada mês = 2 sócios = 2 × R$ 1.713,61 = R$ 3.463,22 × 5% = R$ 173,16

O recolhimento deve ser feito trimestralmente:

ISS no trimestre = R$ 173,16 × 3 = R$ 519,48

De acordo com o disposto no inciso II do § 4º-A do art. 18 da LC nº 123/06, as receitas decorrentes de serviços com ISS recolhido sob a forma de tributação fixa deverão ser tributadas em separado, o que significa que, nesses casos, a alíquota correspondente ao ISS nos Anexos III a V deverão ser excluídas do cálculo.[55]

13.4 SERVIÇOS TRIBUTADOS NA FORMA DO ANEXO V

Os serviços tributados na forma do Anexo V, de acordo com o art. 18, § 5º-I, são:

> § 5º-I. Sem prejuízo do disposto no § 1º do art. 17 desta Lei Complementar, as seguintes atividades de prestação de serviços serão tributadas na forma do Anexo V desta Lei Complementar:
>
> II – medicina veterinária;
>
> V – serviços de comissaria, de despachantes, de tradução e de interpretação;
>
> VI – engenharia, medição, cartografia, topografia, geologia, geodésia, testes, suporte e análises técnicas e tecnológicas, pesquisa, design, desenho e agronomia;
>
> VII – representação comercial e demais atividades de intermediação de negócios e serviços de terceiros;
>
> VIII – perícia, leilão e avaliação;
>
> IX – auditoria, economia, consultoria, gestão, organização, controle e administração;

---

[54] Valor vigente em 2017.

[55] "§ 4º-A. O contribuinte deverá segregar, também, as receitas: (...) II – sobre as quais houve retenção de ISS na forma do § 6º deste artigo e § 4º do art. 21 desta Lei Complementar, ou, na hipótese do § 22-A deste artigo, seja devido em valor fixo ao respectivo município;".

X – jornalismo e publicidade;

XI – agenciamento, exceto de mão de obra;

XII – outras atividades do setor de serviços que tenham por finalidade a prestação de serviços decorrentes do exercício de atividade intelectual, de natureza técnica, científica, desportiva, artística ou cultural, que constitua profissão regulamentada ou não, desde que não sujeitas à tributação na forma dos Anexos III ou IV desta Lei Complementar.

Exemplifique-se com uma EPP que exerça representação comercial e demais atividades de intermediação de negócios e serviços de terceiros, com ISS devido no próprio Município.

Receita acumulada nos 12 meses anteriores = R$ 2.400.000,00

Receita do mês atual = R$ 100.000,00

Alíquota efetiva de acordo com o Anexo V:

$$\frac{R\$\ 2.400.000,00 \times 23\% - 62.100,00}{R\$\ 2.400.000,00} = 0,2041$$

R$ 100.000,00 × 20,41% = R$ 20.410,00

13.4.1 Exceções dos Serviços Sujeitos à Tributação Prevista no Anexo V e no Anexo III

A LC nº 123/06 estabelece um sistema de tributação de serviços que leva em consideração a quantidade de pessoas que a MPE tem em sua folha de pagamentos.

Dessa forma, a tributação poderá variar em função da maior ou menor quantidade que as despesas com a folha de pagamentos representam para a MPE.

a) Exceções dos serviços sujeitos à tributação prevista no Anexo V

De acordo com o art. 18, § 5º-J, da LC nº 123/06:

As atividades de prestação de serviços a que se refere o § 5º-I serão tributadas na forma do Anexo III desta Lei Complementar caso a razão entre a folha de salários e a receita bruta da pessoa jurídica seja igual ou superior a 28% (vinte e oito por cento).

Dessa forma, as atividades descritas anteriormente apenas serão tributadas na forma do Anexo V se a razão entre folha de salários e a receita bruta for menor que 28%.

PARTE APLICADA • Cap. 13 • TRIBUTAÇÃO DOS SERVIÇOS | **209**

Caso ela seja maior ou igual a 28%, essas atividades serão tributadas na forma do Anexo III (item 13.2).

Para apurar a relação (R) entre a folha de salários nos 12 meses do período anterior ao de apuração e a receita bruta total acumulada nos 12 meses anteriores ao período de apuração, deverá ser feito o cálculo a seguir:

R = Relação percentual

F = Folha de salários

RB = Receita bruta acumulada

Exemplifique-se com uma EPP que exerça representação comercial e demais atividades de intermediação de negócios e serviços de terceiros, com ISS devido no próprio Município.

Receita acumulada nos 12 meses anteriores = R$ 1.800.000,00

Folha de salários = R$ 758.000,00

Receita do mês atual = R$ 100.000,00

R = R$ 758.000,00 : R$ 1.800.000,00 = 0,42

Portanto, nesse caso, a MPE do exemplo descrito deverá ser tributada na forma do Anexo III e não do Anexo V.

Assim, sua alíquota efetiva será:

$$\frac{R\$\ 1.800.000,00 \times 16\% - 35.640,00 = 0,1402}{R\$\ 1.800.000,00}$$

$$R\$\ 100.000,00 \times 14,02\% = R\$\ 14.020,00$$

Para efeito da Lei Geral, considera-se como folha de salários:

> Art. 18. (...)
>
> § 24. Para efeito de aplicação do § 5º-K, considera-se folha de salários, incluídos encargos, o montante pago, nos doze meses anteriores ao período de apuração, a título de remunerações a pessoas físicas decorrentes do trabalho, acrescido do montante efetivamente recolhido a título de contribuição patronal previdenciária e FGTS, incluídas as retiradas de pró-labore.

b) Exceções dos serviços sujeitos à tributação prevista no Anexo III

De acordo com o § 5º-M do art. 18, quando a relação entre a folha de salários e a receita bruta da microempresa ou da empresa de pequeno porte for inferior a 28% (vinte e oito por cento), serão tributadas na forma do Anexo V da

210 | As Micro e Pequenas Empresas e o Simples Nacional • Fabretti

Lei Complementar as atividades previstas nos incisos XVI, XVIII, XIX, XX e XXI do § 5º-B e aquelas que estão no § 5º-D.

São elas:

a) Previstas no § 5º-B:

XVI – fisioterapia;

XVIII – arquitetura e urbanismo;

XIX – medicina, inclusive laboratorial, e enfermagem;

XX – odontologia e prótese dentária;

XXI – psicologia, psicanálise, terapia ocupacional, acupuntura, podologia, fonoaudiologia, clínicas de nutrição e de vacinação e bancos de leite.

b) Previstas no § 5º-D:

I – administração e locação de imóveis de terceiros;

II – academias de dança, de capoeira, de ioga e de artes marciais;

III – academias de atividades físicas, desportivas, de natação e escolas de esportes;

IV – elaboração de programas de computadores, inclusive jogos eletrônicos, desde que desenvolvidos em estabelecimento do optante;

V – licenciamento ou cessão de direito de uso de programas de computação;

VI – planejamento, confecção, manutenção e atualização de páginas eletrônicas, desde que realizados em estabelecimento do optante;

IX – empresas montadoras de estandes para feiras;

XII – laboratórios de análises clínicas ou de patologia clínica;

XIII – serviços de tomografia, diagnósticos médicos por imagem, registros gráficos e métodos óticos, bem como ressonância magnética;

XIV – serviços de prótese em geral.

Essas atividades deixam de ser tributadas na forma do Anexo III e passam a ser tributadas na forma do Anexo V, quando o cálculo da relação entre folha de salários e receita resultar em um valor inferior a 28%.

PARTE APLICADA • Cap. 13 • TRIBUTAÇÃO DOS SERVIÇOS | 211

Essas exceções tornam o sistema mais complexo e requerem especial atenção da MPE para não cometer erros que poderão levar a sua exclusão de ofício do regime do Simples Nacional.

13.5 ESCRITÓRIOS DE SERVIÇOS CONTÁBEIS

Os serviços contábeis (inciso XIV do § 5º-B do art. 18 da LC nº 123/06) são tributados de acordo com o Anexo III. Porém, para que tenham direito a utilizar o sistema do Simples Nacional, devem atender às seguintes condições:

- Individualmente ou por meio de suas entidades representativas de classe (Conselho Federal de Contabilidade, Conselho Regional de Contabilidade, Sindicato etc.), promover atendimento gratuito para Microempreendedor Individual (MEI) que optar pelo recolhimento de impostos e contribuições abrangidos pelo Simples Nacional em valores fixos mensais. Esse atendimento gratuito envolve orientações quanto à inscrição para legalização do empreendimento do MEI, a opção pelo regime de tributação, bem como a entrega da primeira declaração anual simplificada da microempresa individual.

- Fornecer resultados de pesquisas qualitativas e quantitativas relativas às microempresas e empresas de pequeno porte que são optantes pelo Simples Nacional e que são atendidas pelo escritório de serviços contábeis. A forma de preenchimento das informações da pesquisa é estabelecida pelo Comitê Gestor do Simples Nacional.

- Promover eventos de orientação fiscal, contábil e tributária para as microempresas e empresas de pequeno porte optantes pelo Simples Nacional atendidas pelo escritório.

Caso o escritório deixe de cumprir essas exigências, será excluído automaticamente do Simples Nacional e no mês subsequente ao descumprimento das exigências passará a ser tributado pelos regimes existentes para o IRPJ (lucro presumido ou real).

Assim, para o ingresso no Simples Nacional, é necessário que o escritório avalie os custos para a implantação de uma logística que lhe permita atender às exigências legais.

Um escritório que tenha uma receita anual em torno de R$ 1.400.000,00 e uma receita mensal de R$ 120.000,00 será tributado, se ingressar no Simples Nacional, da seguinte forma:

As Micro e Pequenas Empresas e o Simples Nacional • Fabretti

A faixa de receita bruta anual de R$ 1.400.000,00 encontra-se na 4ª faixa de tributação do Anexo III. Então sua alíquota efetiva será:

$$\frac{R\$\ 1.400.000,00 \times 16\% - 35.640,00 = 0,1346}{R\$\ 1.400.000,00}$$

R$ 120.000,00 × 13,46% = R$ 16.152,00

Devem-se avaliar os custos para atender às exigências legais (enviar relatórios de pesquisas, promover eventos etc.):

Se optar pelo regime do lucro presumido:

Lucro presumido da receita = 32%

R$ 120.000,00 × 32% = R$ 38.400,00

IRPJ = R$ 38.400,00 × 15% = R$ 5.760,00

Adicional de IRPJ sobre a parcela excedente a R$ 20.000,00 no mês = 10%

R$ 38.400,00 – R$ 20.000,00 = R$ 18.400,00 × 10% = R$ 1.840,00

Cálculo da CSLL:

Base presumida da receita = 32%

R$ 120.000,00 × 32% = R$ 38.400,00

CSLL = R$ 38.400,00 × 9% = R$ 3.456,00

PIS e COFINS sobre a receita: R$ 120.000,00 × 3,65% = R$ 4.368,00

Total: R$ 5.760,00 + R$ 1.840,00 + R$ 3.456,00 + R$ 4.368,00 = R$ 15.424,00

Porém, não estão inclusos neste cálculo INSS e SAT sobre a folha (que dependem das características da empresa) e o ISS (que é calculado em função das características da sociedade de profissionais) e não ocorrerão os custos com o atendimento das exigências para permanecer no Simples Nacional.

13.6 PRESTAÇÃO DE SERVIÇOS DE COMUNICAÇÃO E DE TRANSPORTE INTERMUNICIPAIS E INTERESTADUAIS DE CARGAS

Esses serviços serão tributados na forma do Anexo III. Porém, como estão sujeitos à incidência do ICMS e não de ISS, o cálculo deverá ser feito de acordo com a previsão do § 5-E do art. 18 da LC nº 123/06:

Da alíquota obtida de acordo com os cálculos na forma do Anexo III, exclui-se o percentual referente ao ISS e, em seu lugar, acrescenta-se o percentual referente ao ICMS do Anexo I.

Por exemplo, EPP cuja receita anual é de R$ 1.400.000,00 com receita mensal de R$ 120.000,00.

PARTE APLICADA • Cap. 13 • TRIBUTAÇÃO DOS SERVIÇOS | **213**

A faixa de receita bruta anual R$ 1.400.000,00 encontra-se na 4ª faixa de tributação do Anexo III. Então sua alíquota efetiva será:

$$\frac{R\$\ 1.400.000,00 \times 16\% - 35.640,00}{R\$\ 1.400.000,00} = 0,1346$$

No caso, a alíquota de ISS a ser excluída corresponde a 32,5% da alíquota efetiva de 13,46%.

13,46% × 32,50% = 4,37% que devem ser excluídos.

13,46% - 4,37% = 9,09%

Calcula-se o % correspondente ao ICMS previsto na 4ª faixa de tributação do Anexo I (33,5%) para essa alíquota efetiva:

13,46% × 33,5% = 4,50%

Acrescenta-se a alíquota obtida com a exclusão do ISS para se obter a inclusão do ICMS:

9,09 % + 4,5% = 13,59%

R$ 120.000,00 × 13,59% = R$ 16.308,00

13.7 SERVIÇOS COM INCIDÊNCIA SIMULTÂNEA DE IPI E ISS

A atividade de industrialização por encomenda gera controvérsias no que tange à incidência simultânea de IPI e ISS. Assim, a jurisprudência tem firmado o entendimento no sentido de que essa operação se caracteriza como "obrigação de fazer" e, portanto, fato jurídico tributável pelo ISS. Então, poderão existir empresas com atividades mistas, isto é, com atividades que tenham a natureza típica da incidência do imposto sobre produtos industrializados e atividades que tenham a natureza típica do ISS conforme previsão da lista anexa à LC nº 113/06. Se uma empresa submete determinado produto, adquirido por ela, à operação que lhe modifique a natureza ou finalidade ou ainda o tenha aperfeiçoado para o consumo e o revenda, essa operação será tributada pelo IPI. Se também aceita serviços de industrialização por encomenda, que tenham a natureza típica de obrigação de fazer, estará, nesses casos, sujeita ao ISS de acordo com a lista atualizada da LC nº 126/03 (alterações produzidas pela LC nº 157/16).

Para efeitos do Simples Nacional, as receitas dessa empresa deveriam ser segregadas para a aplicação correta das alíquotas do Simples Nacional. O § 5º-F do art. 18 da LC nº 123/06 determina que outras atividades de prestação de serviços que não estejam expressamente proibidas de ingressar no Simples Nacional serão tributadas nas formas do Anexo III. Esse seria o caso da receita da atividade da empresa que

214 | As Micro e Pequenas Empresas e o Simples Nacional • Fabretti

realiza o serviço de industrialização por encomenda sujeito apenas ao ISS. Quanto à receita decorrente de atividade sujeita à incidência do IPI, esta deveria ser tributada na forma do Anexo II. Porém, o § 5º-G do art. 18 da LC nº 123/06 determina que as atividades sujeitas à incidência simultânea de IPI e ISS sejam tributadas de outra forma:

As atividades com incidência simultânea de IPI e ISS serão tributadas na forma do Anexo II da LC nº 123/06, deduzindo-se a parcela correspondente ao ICMS e acrescentando-se a parcela correspondente ao ISS prevista no Anexo III da citada Lei (art. 18, § 4º, VI).

Exemplo: Empresa com receita anual no valor de R$ 1.400.000,00 com receita mensal de R$ 120.000,00:

De acordo com o Anexo II (4ª faixa de tributação), a alíquota efetiva será:

$$\frac{R\$\ 1.400.000,00 \times 11,20\% - 22.500,00 = 0,096}{R\$\ 1.400.000,00}$$

No caso, a alíquota de ICMS a ser excluída corresponde a 32% da alíquota efetiva de 9,6%.

9,6% × 32% = 3,07%, que devem ser excluídos.

9,6% − 3,07% = 6,53%

Calcula-se o % correspondente ao ISS previsto na 4ª faixa de tributação do Anexo III (32,5%) para essa alíquota efetiva:

9,6% × 32,5% = 3,12%

6,53% + 3,12% = 9,65%

R$ 120.000,00 × 9,65% = R$ 11.588,00

13.8 SERVIÇOS COM RETENÇÃO OBRIGATÓRIA DO ISS NA FONTE

A LC nº 116/03, que dispõe sobre as normas gerais do ISS, determina:

> Art. 6º Os Municípios e o Distrito Federal, mediante lei, poderão atribuir de modo expresso a responsabilidade pelo crédito tributário a terceira pessoa, vinculada ao fato gerador da respectiva obrigação, excluindo a responsabilidade do contribuinte ou atribuindo-a a este em caráter supletivo do cumprimento total ou parcial da referida obrigação, inclusive no que se refere à multa e aos acréscimos legais.
>
> § 1º Os responsáveis a que se refere este artigo estão obrigados ao recolhimento integral do imposto devido, multa e acréscimos legais, independentemente de ter sido efetuada sua retenção na fonte.

Parte Aplicada • Cap. 13 • TRIBUTAÇÃO DOS SERVIÇOS | **215**

> § 2º Sem prejuízo do disposto no *caput* e no § 1º deste artigo, são responsáveis:
>
> I – o tomador ou intermediário de serviço proveniente do exterior do País ou cuja prestação se tenha iniciado no exterior do País;
>
> II – a pessoa jurídica, ainda que imune ou isenta, tomadora ou intermediária dos serviços descritos nos subitens 3.05, 7.02, 7.04, 7.05, 7.09, 7.10, 7.12, 7.14, 7.15, 7.16, 7.17, 7.19, 11.02, 17.05 e 17.10 da lista anexa.

Nesses casos, o prestador do serviço deve excluir da alíquota do Simples Nacional a ele aplicável o percentual correspondente ao ISS, uma vez que este já foi retido na fonte.

13.9 CASO PRÁTICO: ALTERNATIVA PELO LUCRO PRESUMIDO

Em muitos casos, a MPE prestadora de serviços tem sua carga tributária bastante agravada ao fazer a opção pelo Simples Nacional.

Como, por disposição constitucional, a adoção do sistema do Simples Nacional é opcional para o contribuinte (inciso I, parágrafo único, do art. 146 da CF), este pode optar por outra alternativa de tributação, ou seja, pelo lucro real ou presumido.

Para as MPE, geralmente, a melhor alternativa é pelo lucro presumido, uma vez que o lucro real pressupõe para sua correta apuração contabilidade muito bem organizada e eficaz, que evidentemente tem um bem maior.

O lucro real e o presumido estão expostos no Capítulo 15 desta obra.

Vamos exemplificar com uma EPP prestadora de serviços cumulativamente de administração e de locação de imóveis de terceiros (art. 18, § 5º-D, I, da LC nº 123/06).

Exemplo 1: Supondo que essa empresa tenha sua receita bruta acumulada na maior faixa: R$ 4.700.000,00, ou seja, na 6ª faixa de tributação, com ISS pago no próprio Município (alíquota máxima 5%) e receita mensal tenha sido R$ 390.000,00,

$$\frac{R\$\ 4.700.000,00 \times\ 33\% - 648.000,00}{R\$\ 4.700.000,00} = 0,1881$$

Sua alíquota será de 18,81%.

    a)   Tributação pelo Simples Nacional

            R$ 390.000,00 × 18,81% = R$ 73.359,00

            Valor a recolher = R$ 73.359,00

216 | As Micro e Pequenas Empresas e o Simples Nacional • Fabretti

b) Tributação pelo lucro presumido

O lucro é presumido por um percentual de 32% da receita bruta.

Sobre o lucro presumido incidem IRPJ de 15% + CSLL de 9% = 24%.

Se o valor do lucro presumido for maior do que 60.000 no trimestre, sobre o valor excedente incidirá o adicional de 10%.

No caso:

390.000,00 × 32% =124.800,00

124.800,00 × 24% = 29.952,00

Adicional de R$ 124.800,00 - 60.000,00 = 64.800,00 × 10% = 6.480,00

Ou

PIS/COFINS cumulativo

3,65% × 390.00,00 = 14.235,00

ISS 5% = R$ 390.000,00 × 5% = 19.500,00

Total da tributação: R$ 70.167,00

Assim, dependendo da folha de pagamento da EPP, o regime do lucro presumido pode ser mais vantajoso.

Exemplo: Folha = R$ 4.000,00

R$ 4.000,00 × 20% INSS = R$ 800,00

R$ 4.000,00 × 2% SAT = R$ 80,00

R$ 4.000,00× 5,8% terceiros = R$ 232,00

Total dos encargos = R$ 1.112,00

Total do lucro presumido + encargos = R$ 70.167,00 + R$ 1.112 = R$ 71.279,00

Diferença do Simples

R$ 73.359,00 – R$ 71.279,00 = R$ 2.080,00

Em 12 meses a diferença será de R$ 24.960,00.

Exemplo 2: Supondo que essa empresa tenha sua receita bruta acumulada na faixa média, ou seja, na 3ª faixa de tributação, com ISS pago no próprio Município (alíquota máxima 5%) e a receita mensal tenha sido R$ 60.000,00 e a anual seja R$ 720.00,00,

$$\frac{R\$\ 720.000,00 \times 13,5\% - 17.640,00}{R\$\ 720.000,00} = 0,1105$$

PARTE APLICADA • Cap. 13 • TRIBUTAÇÃO DOS SERVIÇOS | **217**

Sua alíquota será de 11,05%.

a) Tributação pelo Simples Nacional

R$ 60.000,00 × 11,05% = R$ 6.630,00

Valor a recolher = R$ 6.630,00

b) Tributação pelo lucro presumido

O lucro é presumido por um percentual de 32% da receita bruta.

Sobre o lucro presumido, incidem IRPJ de 15% + CSLL de 9% = 24%.

Se o valor do lucro presumido for maior do que R$ 60.000,00 no trimestre, sobre o valor excedente incidirá o adicional de 10%.

No caso:

60.000,00 × 32% = R$ 19.200,00

19.200,00 × 24% = R$ 4.608,00

PIS/COFINS cumulativo

3,65% × 60.000,00 = R$ 2.190,00

ISS de 5% = R$ x 5% = R$ 3.000,00

Total da tributação: R$ 9.798,00

Assim, dependendo da folha de pagamento da EPP, o regime do lucro presumido pode ser mais vantajoso.

Exemplo: Folha = R$ 4.000,00

R$ 4.000,00 × 20% INSS = R$ 800,00

R$ 4.000,00 × 2% SAT = R$ 80,00

R$ 4.000,00× 5,8% terceiros = R$ 232,00

Total dos encargos = R$ 1.112,00

Total do lucro presumido + encargos = R$ 9.798,00 + R$ 1.112,00 = R$ 10.918,00

Diferença do Simples

R$ 10.918,00 – R$ 6.630,00 = R$ 4.288,00

Em 12 meses, a diferença será de R$ 51.456,00.

Nesse exemplo, a melhor opção é o regime do Simples.

218 | As Micro e Pequenas Empresas e o Simples Nacional • Fabretti

13.10 ANEXOS DA LEI COMPLEMENTAR Nº 123/06 – TRIBUTAÇÃO DE SERVIÇOS

ANEXO III DA LEI COMPLEMENTAR Nº 123, DE 14 DE DEZEMBRO DE 2006

Alíquotas e partilha do Simples Nacional – Receitas de locação de bens móveis e de prestação de serviços não relacionados no § 5º-C do art. 18 desta Lei Complementar

Receita bruta em 12 meses (em R$)		Alíquota	Valor a deduzir (em R$)
1ª faixa	Até 180.000,00	6,00%	–
2ª faixa	De 180.000,01 a 360.000,00	11,20%	9.360,00
3ª faixa	De 360.000,01 a 720.000,00	13,50%	17.640,00
4ª faixa	De 720.000,01 a 1.800.000,00	16,00%	35.640,00
5ª faixa	De 1.800.000,01 a 3.600.000,00	21,00%	125.640,00
6ª faixa	De 3.600.000,01 a 4.800.000,00	33,00%	648.000,00

Faixas	Percentual de repartição dos tributos					
	IRPJ	CSLL	COFINS	PIS/Pasep	CPP	ISS (*)
1ª faixa	4,00%	3,50%	12,82%	2,78%	43,40%	33,50%
2ª faixa	4,00%	3,50%	14,05%	3,05%	43,40%	32,00%
3ª faixa	4,00%	3,50%	13,64%	2,96%	43,40%	32,50%
4ª faixa	4,00%	3,50%	13,64%	2,96%	43,40%	32,50%
5ª faixa	4,00%	3,50%	12,82%	2,78%	43,40%	33,50% (*)
6ª faixa	35,00%	15,00%	16,03%	3,47%	30,50%	–

(*) O percentual efetivo máximo devido ao ISS será de 5%, transferindo-se a diferença, de forma proporcional, aos tributos federais da mesma faixa de receita bruta anual. Sendo assim, na 5ª faixa, quando a alíquota efetiva for superior a 14,92537%, a repartição será:

	IRPJ	CSLL	COFINS	PIS/Pasep	CPP	ISS
5ª faixa, com alíquota efetiva superior a 14,92537%	(Alíquota efetiva – 5%) × 6,02%	(Alíquota efetiva – 5%) × 5,26%	(Alíquota efetiva – 5%) × 19,28%	(Alíquota efetiva – 5%) × 4,18%	(Alíquota efetiva – 5%) × 65,26%	Percentual de ISS fixo em 5%

PARTE APLICADA • Cap. 13 • TRIBUTAÇÃO DOS SERVIÇOS | 219

ANEXO IV DA LEI COMPLEMENTAR N° 123, DE 14 DE DEZEMBRO DE 2006

Alíquotas e partilha do Simples Nacional – Receitas decorrentes da prestação de serviços relacionados no § 5°-C do art. 18 desta Lei Complementar

Receita bruta em 12 meses (em R$)		Alíquota	Valor a deduzir (em R$)
1ª faixa	Até 180.000,00	4,50%	–
2ª faixa	De 180.000,01 a 360.000,00	9,00%	8.100,00
3ª faixa	De 360.000,01 a 720.000,00	10,20%	12.420,00
4ª faixa	De 720.000,01 a 1.800.000,00	14,00%	39.780,00
5ª faixa	De 1.800.000,01 a 3.600.000,00	22,00%	183.780,00
6ª faixa	De 3.600.000,01 a 4.800.000,00	33,00%	828.000,00

Faixas	Percentual de repartição dos tributos				
	IRPJ	CSLL	COFINS	PIS/Pasep	ISS (*)
1ª faixa	18,80%	15,20%	17,67%	3,83%	44,50%
2ª faixa	19,80%	15,20%	20,55%	4,45%	40,00%
3ª faixa	20,80%	15,20%	19,73%	4,27%	40,00%
4ª faixa	17,80%	19,20%	18,90%	4,10%	40,00%
5ª faixa	18,80%	19,20%	18,08%	3,92%	40,00%
6ª faixa	53,50%	21,50%	20,55%	4,45%	–

(*) O percentual efetivo máximo devido ao ISS será de 5%, transferindo-se a diferença, de forma proporcional, aos tributos federais da mesma faixa de receita bruta anual. Sendo assim, na 5ª faixa, quando a alíquota efetiva for superior a 12,5%, a repartição será:

Faixa	IRPJ	CSLL	COFINS	PIS/Pasep	ISS
5ª faixa, com alíquota efetiva superior a 12,5%	(Alíquota efetiva – 5%) × 31,33%	(Alíquota efetiva – 5%) × 32,00%	(Alíquota efetiva – 5%) × 30,13%	(Alíquota efetiva – 5%) × 6,54%	Percentual de ISS fixo em 5%

ANEXO V DA LEI COMPLEMENTAR N° 123, DE 14 DE DEZEMBRO DE 2006

(Redação dada pela Lei Complementar n° 155, de 27 de outubro de 2016)
(Vigência: a partir de 01/01/2018)

Alíquotas e partilha do Simples Nacional - Receitas decorrentes da prestação de serviços relacionados no § 5°-I do art. 18 desta Lei Complementar

Receita bruta em 12 meses (em R$)		Alíquota	Valor a deduzir (em R$)
1ª faixa	Até 180.000,00	15,50%	–
2ª faixa	De 180.000,01 a 360.000,00	18,00%	4.500,00
3ª faixa	De 360.000,01 a 720.000,00	19,50%	9.900,00
4ª faixa	De 720.000,01 a 1.800.000,00	20,50%	17.100,00
5ª faixa	De 1.800.000,01 a 3.600.000,00	23,00%	62.100,00
6ª faixa	De 3.600.000,01 a 4.800.000,00	30,50%	540.000,00

Faixas	Percentual de repartição dos tributos					
	IRPJ	CSLL	COFINS	PIS/Pasep	CPP	ISS (*)
1ª faixa	25,00%	15,00%	14,10%	3,05%	28,85%	14,00%
2ª faixa	23,00%	15,00%	14,10%	3,05%	27,85%	17,00%
3ª faixa	24,00%	15,00%	14,92%	3,23%	23,85%	19,00%
4ª faixa	21,00%	15,00%	15,74%	3,41%	23,85%	21,00%
5ª faixa	23,00%	12,50%	14,10%	3,05%	23,85%	23,50%
6ª faixa	35,00%	15,50%	16,44%	3,56%	29,50%	–

14

MICROEMPREENDEDOR INDIVIDUAL – MEI

14.1 CARACTERÍSTICAS

O instituto do MEI é uma política pública que tem por objetivo retirar da informalidade os pequenos empreendedores, bem como realizar a sua inclusão social e previdenciária.

De acordo com a LC nº 123/06, art. 18-E, § 1º, a formalização do MEI não tem objetivos exclusivamente econômicos e fiscais, mas de inclusão.

Considera-se MEI o empresário individual que se enquadre na definição do art. 966[56] do Código Civil, ou o empreendedor que exerça as atividades de industrialização, comercialização e prestação de serviços no âmbito rural, que seja optante pelo Simples Nacional e que não exerça atividades que sejam objeto de vedação para o ingresso no regime do Simples Nacional.

A Lei Complementar nº 123/06 estabelece um tratamento especial para o empreendedor individual cuja receita bruta anual não ultrapasse o limite de R$ 81.000,00 (oitenta e um mil reais).

Além de processos e trâmites simplificados para abertura do empreendimento, que pode ser realizado com auxílio de profissional contábil sem custos para o empresário, o seu regime de tributação é feito por valores fixos estabelecidos anualmente pelo CGSN.

O art. 4º, § 3º, da citada lei assim estabelece:

---

[56] Art. 966. Considera-se empresário quem exerce profissionalmente atividade econômica organizada para a produção ou a circulação de bens ou de serviços.

Parágrafo único. Não se considera empresário quem exerce profissão intelectual, de natureza científica, literária ou artística, ainda com o concurso de auxiliares ou colaboradores, salvo se o exercício da profissão constituir elemento de empresa.

> § 3º Ressalvado o disposto nesta Lei Complementar, ficam reduzidos a 0 (zero) todos os custos, inclusive prévios, relativos à abertura, à inscrição, ao registro, ao funcionamento, ao alvará, à licença, ao cadastro, às alterações e procedimentos de baixa e encerramento e aos demais itens relativos ao Microempreendedor Individual, incluindo os valores referentes a taxas, a emolumentos e a demais contribuições relativas aos órgãos de registro, de licenciamento, sindicais, de regulamentação, de anotação de responsabilidade técnica, de vistoria e de fiscalização do exercício de profissões regulamentadas.

O mesmo se aplica ao agricultor familiar inscrito em cadastro próprio e ao empreendedor de economia solidária desde que a receita anual não ultrapasse o limite legal.

A legislação também protege o MEI contra fraudes cometidas em seu nome, uma vez que lhe assegura o direito de solicitar, por meio eletrônico, baixa de inscrições falsas feitas por terceiros, inclusive no que se refere às cobranças de contribuições associativas que somente poderão ser efetuadas se houver expressa anuência do MEI nesse sentido.

Quanto aos conselhos representativos de categorias das atividades exercidas pelo MEI, é vedada a exigência de obrigações diferentes daquelas que já estão autorizadas pela LC nº 123/06, para que o MEI possa participar de seus quadros. Na realidade, a lei autoriza a cobrança de valores referentes à inscrição nesses conselhos. Todavia, o MEI inscrito em conselho profissional como pessoa física não deverá realizar nova inscrição como pessoa jurídica, pois a LC nº 123/06 o dispensa dessa obrigação (art. 18-A, § 19). A lei também veda a possibilidade dos conselhos profissionais exigirem inscrições e promoverem fiscalizações quando a atividade exercida pelo MEI não requeira registro profissional da pessoa física.

O MEI cuja atividade venha a gerar uma receita bruta anual igual ou inferior a R$ 81.000,00 recolherá um valor fixo mensal calculado da seguinte forma:

a) R$ 45,65 (quarenta e cinco reais e sessenta e cinco centavos), a título da contribuição previdenciária.

b) R$ 1,00 (um real), a título de ICMS, caso a atividade exercida por ele esteja sujeita a esse tributo.

c) R$ 5,00 (cinco reais), a título do imposto de ISS, caso a atividade exercida por ele esteja sujeita a esse tributo.

Ressalte-se que o MEI não está sujeito a limite mensal de receita para se enquadrar no regime do Simples. Somente não poderá ultrapassar o limite legal anual da mesma forma que acontece com as MEs e EPPs. Todavia, para calcular

Parte Aplicada • Cap. 14 • MICROEMPREENDEDOR INDIVIDUAL – MEI | **223**

o seu limite anual de inclusão no regime em caso de início de atividades, deverá utilizar como valor referência R$ 6.750,00 (seis mil, setecentos e cinquenta reais), multiplicado pelo número de meses compreendido entre o início da atividade e o final do respectivo ano-calendário, consideradas as frações de meses como um mês inteiro (art. 18-A, § 2º).

Assim, por exemplo, se o MEI inicia as suas atividades em 30 de maio do ano-calendário, deverá observar o limite anual de R$ 54.000,00 para poder utilizar o benefício legal:

R$ 6.750,00 × 8 meses = R$ 54.000,00

14.2 IMPEDIMENTOS

A LC nº 123/06, em seu art. 18-A, § 4º, não autoriza o enquadramento no regime de tributação simplificada (valores fixos) do MEI o empreendedor que esteja nas seguintes condições:

- Exerça atividades de serviços tributadas na forma do Anexo V.
- Possua mais de um estabelecimento.
- Participe de outra empresa como titular, sócio ou administrador.
- Contrate empregado. Exceto se contratar apenas um empregado que receba exclusivamente um salário mínimo ou o piso salarial da categoria profissional (art. 18-C).

Ressalte-se que, na hipótese de contratação de empregado nas condições anteriormente descritas, o MEI estará obrigado a reter e recolher a contribuição previdenciária relativa ao segurado a seu serviço que será de 3% sobre o salário de contribuição previsto na legislação previdenciária. Além disso, deverá prestar à previdência social as informações referentes ao segurado.[57]

Em caso de afastamento legal do único empregado, a LC nº 123/06 (art. 18-C, § 2º) faculta ao MEI a possibilidade de contratar outro empregado por prazo determinado até que cessem as condições legais previstas para o afastamento.

14.3 DESENQUADRAMENTO

O desenquadramento do sistema de cobrança de tributos do MEI previsto na LC nº 123/06 será realizado pela autoridade administrativa nos casos em que

---

[57] Para o MEI, não se aplicam isenções ou deduções dos cálculos do valor a ser recolhido mensalmente previstas para as MEs e EPPs.

224 | As Micro e Pequenas Empresas e o Simples Nacional • Fabretti

sejam apuradas irregularidades ou por iniciativa do próprio MEI quando este deixar de preencher os requisitos para optar pelo recolhimento simplificado de tributos ou optar pela sua exclusão do regime.

A autoridade fiscalizatória irá promover o desenquadramento do MEI nos seguintes casos:

- O MEI deixou de promover o seu desenquadramento obrigatório.
- Deixou de cumprir obrigações legais.

Se o MEI simplesmente optar pela sua exclusão do regime de tributação deverá comunicar à RFB no início do ano-calendário nos prazos e formas estabelecidos pelo CGSN. Essa comunicação passará a produzir efeitos a partir de 1º de janeiro do ano-calendário.

Nas hipóteses em que o MEI deixe de atender aos requisitos legais, a comunicação do desenquadramento será obrigatória. Nesses casos, a comunicação deverá ocorrer até o último dia útil do mês subsequente àquele em que ocorreu a situação de impedimento, produzindo efeitos a partir do mês subsequente ao da sua ocorrência.

Por exemplo: o MEI passou a possuir mais de um estabelecimento a partir de março do ano-calendário. Esse é um fato impeditivo para continuar pagando tributos pela sistemática de recolhimento unificado. Deverá comunicar a sua exclusão até 30 de abril. Porém, a partir do início de abril, deverá recolher os tributos como microempresa, utilizando os cálculos previstos nos Anexos I a V da LC nº 123/06.

Nas hipóteses em que o MEI venha a exceder o limite anual de receita bruta, também deverá comunicar a sua exclusão até o último dia útil do mês subsequente àquele em que ocorreu o excesso. Porém, podem ocorrer duas situações:

a) Ultrapassou o limite legal em até 20%: continuará recolhendo de forma unificada e a partir de 1º de janeiro do próximo ano-calendário passará a recolher os tributos como microempresa, utilizando os cálculos previstos nos Anexos I a V da LC nº 123/06 (de acordo com a sua atividade).

Assim, se a receita anual obtida pelo MEI for até o valor de R$ 97.200,00 (R$ 81.000,00 + 20%), ele continuará a recolher na forma que vinha fazendo. Somente alterará a forma de tributação no ano seguinte.

b) Ultrapassou o limite legal em mais de 20%: deverá recolher os tributos como microempresa, utilizando os cálculos previstos nos Anexos I a V da LC nº 123/06 (conforme o caso). Esse cálculo será retroativo até o início do ano- calendário.

Exemplo: O MEI ultrapassou, em outubro do ano-calendário, o limite de receita. Sua receita anual acumulada elevou-se para R$ 100.000,00.

Deverá recalcular os tributos desde janeiro do ano-calendário a recolher como microempresa, utilizando os cálculos previstos nos Anexos I a V da LC nº 123/06.[58]

14.4 RETIRADAS E LIMITES DE ISENÇÃO DO IRPF

Da mesma forma que o titular de ME ou EPP, o MEI está sujeito a limites de retiradas de valores isentos para efeitos de Imposto de Renda da Pessoa Física.

Não são abrangidos pela isenção os valores retirados a título de pró-labore, remuneração de serviços pagos e aluguéis.

As demais retiradas estão sujeitas aos mesmos limites aplicáveis à ME e EPP, que foram estudados no Capítulo 10, item 10.10 da presente obra. Ou seja, deverá aplicar o percentual de presunção para o lucro presumido (que varia de 1,6% a 32%) à receita obtida. O valor apurado corresponderá ao limite de isenção.

Assim, por exemplo, se o MEI obtém uma receita mensal no valor de R$ 5.000,00 e exerce atividade de prestação de serviços de pintura, deverá utilizar a tabela do lucro presumido que será aplicada à receita obtida no mês (subtraídos os cancelamentos e devoluções) para apurar o seu limite de isenção.

No caso, de acordo com a tabela do lucro presumido, o percentual aplicável de presunção de lucro para essa atividade é 16%. Portanto, o limite de isenção será:

R$ 5.000,00 × 16% = R$ 800,00

14.5 OUTRAS DISPOSIÇÕES

A LC nº 123/06 estabelece uma série de regras que beneficiam o MEI:

a) Quanto às tarifas cobradas por concessionárias de serviços públicos:

Tais entidades estão impedidas de aumentarem as suas tarifas devido à modificação da condição do MEI de pessoas física para pessoa jurídica. Dessa forma, não haverá, por exemplo, aumento nas tarifas de energia elétrica, água etc. em razão da mudança de condição do MEI (art. 18-A, § 22).

---

[58] O MEI poderá ter sua inscrição automaticamente cancelada após o período de 12 (doze) meses consecutivos sem recolhimento ou declarações, independentemente de qualquer notificação, devendo a informação ser publicada no Portal do Empreendedor, na forma regulamentada pelo CGSIM (§ 15-B).

226 | As Micro e Pequenas Empresas e o Simples Nacional • Fabretti

b) Quanto ao IPTU:

Uma vez que é permitido ao MEI utilizar sua residência como sede de seu estabelecimento, exceto se for indispensável ter um estabelecimento próprio para exercer suas atividades, a tributação de IPTU (Imposto Predial e Territorial Urbano) deverá ser regulada, pelas prefeituras municipais, de forma a lhe assegurar um tratamento fiscal favorecido. Esse tratamento consiste em se aplicar a menor alíquota vigente para a localidade onde se situa o MEI. Se a região tiver isenção ou imunidade, o MEI não perderá esse benefício (art. 18-D).

c) Quanto às licitações:

É vedado impor restrições ao MEI relativamente ao exercício de profissão ou participação em licitações, em função da sua natureza jurídica, inclusive por ocasião da contratação dos serviços previstos no § 1º do art. 18-B desta Lei Complementar (art. 18-D, § 4º).

d) Quanto à Previdência Social:

A empresa que contrata serviços por intermédio de MEI para a prestação de serviços de hidráulica, eletricidade, pintura, alvenaria, carpintaria e manutenção ou reparo de veículos tem a obrigação de recolher a contribuição previdenciária de contratante de trabalhador avulso, calculada a alíquota de 23% sobre a remuneração paga (art. 18-B).

Essa obrigação somente não é aplicável se a contratação decorrer em função de relação de emprego, hipótese em que o empregador estará sujeito a todas as obrigações decorrentes de empregador.

Ressalte-se que o empreendedor que exerça suas atividades na forma de MEI continua a ter os benefícios da Previdência Social.

e) Quanto ao cancelamento de inscrição:

Uma vez procedida a baixa do MEI por meio do portal eletrônico, não será necessária a comunicação aos demais órgãos públicos. Todavia, convém ressaltar que os Municípios poderão cancelar a inscrição do MEI caso tenham regulamentação própria de classificação de risco e o respectivo processo simplificado de inscrição e legalização (art. 18-A, § 18).

15

ALTERNATIVAS TRIBUTÁRIAS PARA AS MPES

15.1 INTRODUÇÃO

A MPE que verificar que a sua tributação pelo Simples Nacional é mais onerosa do que a que vinha sendo submetida pelo regime anterior do Simples Federal poderá não optar e apurar seus lucros pelo regime do lucro real ou presumido da legislação do IR.

Deve, entretanto, fazer um amplo estudo, de preferência com a assessoria de profissional competente, para verificar como será sua tributação pelos demais impostos e contribuições federais, estaduais e municipais.

Estudam-se a seguir as normas constitucionais do CTN e da legislação federal sobre o IRPJ.

15.2 NORMAS GERAIS

A CF dá competência à União para cobrança do Imposto de Renda e Proventos de Qualquer Natureza, em seu art. 153:

> Art. 153. Compete à União instituir impostos sobre:
>
> (...)
>
> III – renda e proventos de qualquer natureza;
>
> (...)
>
> § 2º O imposto previsto no inciso III:
>
> I – será informado pelos critérios da generalidade, da universalidade e da progressividade, na forma da lei.

228 | As Micro e Pequenas Empresas e o Simples Nacional • Fabretti

Definida a competência tributária para instituir o imposto, cabe à lei ordinária federal (aprovada pelo Congresso Nacional) instituí-lo, atendidos os princípios constitucionais e as normas gerais da legislação tributária, definidas na lei complementar, que, como já se disse, é lei nacional, que se sobrepõe às leis ordinárias (federais, estaduais e municipais).

A lei complementar que disciplina as normas e os conceitos fundamentais do IR é o CTN (Lei nº 5.172/66), que dispõe:

> Art. 43. O imposto, de competência da União, sobre a renda e proventos de qualquer natureza tem como fato gerador a aquisição da disponibilidade econômica ou jurídica:
>
> I – de renda, assim entendido o produto do capital, do trabalho ou da combinação de ambos;
>
> II – de proventos de qualquer natureza, assim entendidos os acréscimos patrimoniais não compreendidos no inciso anterior.

O CTN define os três aspectos fundamentais desse imposto, ou seja, o fato gerador, a base de cálculo e o contribuinte. Nenhuma disposição de lei hierarquicamente inferior poderá ser-lhe contrária.

A legislação ordinária do IR também estabelece vários conceitos que serão expostos a seguir.

15.2.1 Período de Apuração

O fato gerador do IR é um fato complexo, ou seja, não se concretiza por um único fato econômico ou jurídico. Por exemplo: a transmissão da propriedade de um imóvel pela venda é um fato gerador simples, pois constitui-se em um único fato jurídico – a mudança de titular. Gera a obrigação de pagar o Imposto de Transmissão de Bens Imóveis (ITBI), de competência municipal.

Já o fato gerador do IR só se completa após a prática de vários fatos econômicos, num determinado período de tempo, e concretiza-se pela apuração de resultado positivo, ou seja, lucro, que será a base de cálculo do tributo. Tome-se como exemplo uma indústria de transformação: ela compra insumos (matéria-prima, material de embalagem etc.) que são transformados em um produto, com aplicação de tecnologia e mão de obra, que geram encargos fiscais e sociais; em seguida comercializa esse produto, o que requer despesas de propaganda, comissões de vendedores, fretes para a entrega, cobrança bancária, despesas financeiras etc., as quais, por sua vez, geram outros encargos fiscais e sociais.

Por essa razão, para a avaliação do resultado dessas operações, é preciso dimensioná-lo em determinado período de tempo.

a) Período de apuração:

O período de apuração é dimensionado, pela atual legislação do IR, em um trimestre. A Lei nº 9.430/96 determinou que, a partir do ano-calendário de 1997, o lucro real, presumido ou arbitrado deve ser apurado trimestralmente.

b) Ano-calendário:

De acordo com a Lei das Sociedades por Ações, o exercício social deve corresponder ao período de um ano, ao final do qual é apurado o resultado e são elaboradas as demonstrações financeiras.

Esse exercício social pode não coincidir com o ano civil. Por exemplo: início em julho e término em junho do ano seguinte. Esse fato foi usado como parte do planejamento tributário no passado.

A legislação do IR, a partir do Decreto-lei nº 1.371/74, passou a determinar que todas as empresas, sem embargo de seu exercício social, devem apresentar declaração anual correspondente ao ano-calendário de 12 meses consecutivos, contados de 1º de janeiro a 31 de dezembro de cada ano.

A declaração anual demonstrará receitas, custos, despesas operacionais, lucro líquido e real, IR e CSL, bem como outras informações de interesse do Fisco, relativas a cada trimestre do ano-calendário, mediante a Declaração de Informações Econômico-Fiscais da Pessoa Jurídica (DIPJ) e dos balanços patrimoniais do ano anterior e do ano-calendário.

Note-se, por oportuno, que durante o ano-calendário não se apresenta nenhuma informação sobre cada trimestre à Secretaria da Receita Federal (SRF). Basta recolher o IR e a CSL no prazo da lei. Encerrado o exercício, entrega-se, no ano seguinte, a declaração anual, ou seja, a DIPJ.

Todavia, é necessário atentar para o fato de que a contabilidade comercial e dos demais tributos deve ser registrada por meio do SPED, e esse sistema não exclui a obrigação da pessoa jurídica manter sob sua guarda e responsabilidade os livros e documentos exigidos pela legislação comercial e tributária conforme dispõe o § 2º do art. 2º do Decreto nº 6.022/07.

15.2.2 Fato Gerador do IR

O art. 43 dispõe que o fato gerador é a aquisição da disponibilidade econômica ou jurídica da renda ou do provento.

Aquisição da disponibilidade econômica é o efetivo recebimento da renda. Regime de caixa, portanto.

A aquisição da disponibilidade jurídica é a constituição do direito de receber a renda.

A venda de mercadoria a prazo, no ato de sua entrega ao comprador, acompanhada do respectivo documento fiscal, gera, para o vendedor, o direito de receber seu valor no prazo convencionado. Dessa forma, o vendedor adquiriu a disponibilidade jurídica. É o credor de uma relação jurídica na qual o devedor é o comprador, o objeto é a prestação patrimonial representada pelo pagamento do valor da venda que teve como causa a vontade das partes. O título de crédito representativo desse direito é a duplicata.

Se vendida em março para pagamento em abril, ela será considerada na receita de março pela aquisição da disponibilidade jurídica e não em abril, quando seu valor será efetivamente recebido, ou seja, quando será adquirida a disponibilidade econômica. Regime de competência, portanto.

A renda é definida, no inciso I, do art. 43, do CTN, como o produto do capital, do trabalho ou da combinação de ambos.

Produtos da aplicação de capital, pura e simplesmente, são, por exemplo: juros, aluguéis, dividendos etc.

As remunerações do trabalho, com ou sem vínculo empregatício, são, por exemplo: salários (empregados), honorários (profissionais liberais), vencimentos (funcionários públicos), soldos (militares), pró-labore (sócios) etc.

A combinação de aplicação de capital (máquinas, instalações, mercadorias, matérias-primas, material de embalagem, produtos, depósitos bancários etc.) e do trabalho, com ou sem vínculo empregatício, é a característica principal da atividade empresarial, que, se bem administrada, vai produzir um resultado econômico positivo, ou seja, o lucro. Este é, portanto, o produto da aplicação do capital e do trabalho combinados.

Aliás, uma definição de empresa, reduzida em sua forma mais simples, pode ser a de que é a unidade econômica, organizada, que tem por objetivo o lucro.

Os proventos de qualquer natureza são os acréscimos patrimoniais que não sejam resultantes da aplicação de capital, trabalho ou combinação de ambos. Exemplos: ganhos em loterias, heranças etc.

O fato gerador do imposto de renda é, por definição legal, um fato periódico, ou seja, não resulta de um único ato em determinada data. Ele desenvolve-se durante todo o ano-calendário. Inicia-se no dia 1º de janeiro e só se completa no encerramento desse período, em 31 de dezembro.

Assim, o resultado econômico final só é conhecido no encerramento do exercício, em conformidade com as leis comerciais.

PARTE APLICADA • Cap. 15 • ALTERNATIVAS TRIBUTÁRIAS PARA AS MPES | **231**

Durante o transcorrer do ano-calendário, poderá haver meses de prejuízo, alternados com outros de lucros. O resultado final será a soma algébrica desses resultados mensais, positivos ou negativos.

15.2.3 Base de Cálculo

O art. 44 do CTN define como base de cálculo do IR o montante real, arbitrado ou presumido da renda ou dos proventos tributáveis.

O montante real é o total da disponibilidade jurídica ou econômica, adquirida no período-base.

Para a pessoa física, que recebe rendimentos do trabalho, a base de cálculo é o total auferido no ano-calendário que, feitas as deduções permitidas pela legislação (dependentes, despesas médicas etc.), vai resultar na renda líquida, que, dependendo de seu valor, será tributada progressivamente ou isenta.

O imposto retido mensalmente na fonte é considerado antecipação do devido na declaração anual de ajuste.

Para as empresas, a base de cálculo é o lucro real, presumido ou arbitrado.

a) Lucro real

O lucro real é um conceito fiscal e não econômico. No conceito econômico, o lucro é o resultado positivo da soma algébrica de:

Receita bruta (de vendas ou serviços)

    (–) devoluções e impostos

    = receita líquida de vendas

    (–) custos

    = lucro bruto

    (–) despesas operacionais

    = lucro operacional

    (+) receitas não operacionais

    (–) despesas não operacionais

    = resultado contábil antes da tributação sobre o lucro.

Desse resultado contábil são deduzidas as provisões para pagamento do IR e da CSL.

232 | As Micro e Pequenas Empresas e o Simples Nacional • Fabretti

O saldo restante é o lucro líquido. Não obstante, o Regulamento do Imposto de Renda – RIR (arts. 247 e 248) denomina o resultado contábil (econômico) de lucro líquido, que é o ponto de partida para os ajustes determinados em lei, para a apuração de lucro real (fiscal):

Resultado contábil

(+) adições

(–) exclusões

(–) compensação de prejuízos fiscais

= Lucro real

Logo, o lucro real só pode ser determinado pela escrituração contábil e é, regra geral, para apuração do lucro e de sua tributação.

A denominação de lucro real para uma apuração eminentemente fiscal é, na prática, para dizer o menos, inadequada.

Real dá a ideia de verdadeiro, que, no caso, é o resultado econômico positivo – receita maior do que despesa.

Na prática, verifica-se que, às vezes, a empresa tem resultado econômico negativo (prejuízo), mas como a legislação do IR manda adicioná-lo de diversos valores que considera não dedutíveis, acaba-se apurando, para fins fiscais, um "lucro real" que será tributado. Nada mais irreal.

b) Lucro presumido

É uma alternativa para as empresas que obtiveram receita bruta total de até R$ 78.000.000,00 (setenta e oito milhões de reais) ou R$ 6.500.000,00 (seis milhões e quinhentos mil reais) por mês, multiplicados pelo número de meses de atividade no ano-calendário anterior (art. 13 da Lei nº 9.718/98 com nova redação dada pelo art. 46 da Lei nº 10.637/02). Essas empresas, em vez da apuração pelo lucro real, ou seja, por meio de escrituração contábil, podem presumir esse lucro, mediante aplicação de determinado percentual sobre a receita de vendas ou serviços (por exemplo: 8% de uma receita de R$ 100.000,00 = lucro presumido de R$ 8.000,00).

c) Lucro arbitrado

É uma faculdade do Fisco, prevista para os casos em que a pessoa jurídica não mantém escrituração na forma das leis comerciais e fiscais; deixa de elaborar as respectivas demonstrações financeiras; tem sua escrituração desclassificada pela fiscalização; optou indevidamente pela tributação com base no lucro presumido; ou, ainda, não mantém arquivo de documentos. Em qualquer dessas hipóteses, o Fisco poderá arbitrar o lucro (arts. 530, 535 e 538 – RIR).

PARTE APLICADA • Cap. 15 • ALTERNATIVAS TRIBUTÁRIAS PARA AS MPES | 233

A autoridade tributária poderá fixar o lucro arbitrado por um percentual sobre a receita bruta, quando conhecida, ou com base no valor do ativo, do capital social, do patrimônio líquido, da folha de pagamento de empregados, das compras, do aluguel das instalações ou do lucro líquido auferido em períodos-base anteriores.

O arbitramento do lucro não exclui a aplicação de penalidades cabíveis.

15.2.4 Contribuinte

O art. 45 do CTN define o contribuinte como o titular da disponibilidade da renda ou provento, ou seja, a pessoa física ou jurídica. A lei pode, ainda, atribuir essa condição ao possuidor, a qualquer título, dos bens produtores da renda ou proventos tributáveis.

A lei atribui, ainda, à fonte pagadora da renda ou provento tributável a condição de responsável pelo imposto cuja retenção e recolhimento lhe caibam.

O RIR – Decreto nº 3.000/99 define os contribuintes:

a) Pessoa física

Art. 2º As pessoas físicas domiciliadas ou residentes no Brasil, titulares de disponibilidade econômica ou jurídica de renda ou proventos de qualquer natureza, inclusive rendimentos e ganhos de capital, são contribuintes do imposto de renda, sem distinção da nacionalidade, sexo, idade, estado civil ou profissão.

§ 1º São também contribuintes as pessoas físicas que perceberem rendimentos de bens de que tenham a posse como se lhe pertencessem, de acordo com a legislação em vigor.

§ 2º O imposto será devido à medida que os rendimentos e ganhos de capital forem percebidos, sem prejuízo do ajuste estabelecido no art. 85.

b) Pessoa jurídica

Art. 146. São contribuintes do imposto e terão seus lucros apurados de acordo com este Decreto:

I – as pessoas jurídicas (Capítulo I);

II – as empresas individuais (Capítulo II).

§ 1º As disposições deste artigo aplicam-se a todas as firmas e sociedades, registradas ou não.

Art. 147. Consideram-se pessoas jurídicas, para efeito do disposto no inciso I do artigo anterior:

I – as pessoas jurídicas de direito privado domiciliadas no País, sejam quais forem seus fins, nacionalidade ou participantes no capital;

II – as filiais, sucursais, agências ou representações no País das pessoas jurídicas com sede no exterior;

III – os comitentes domiciliados no exterior, quanto aos resultados das operações realizadas por seus mandatários, ou comissários no País.

(...)

§ 4º As empresas públicas e as sociedades de economia mista, bem como suas subsidiárias, são contribuintes nas mesmas condições das demais pessoas jurídicas.

c) Empresa individual[59]

Art. 150. As empresas individuais, para efeitos do imposto de renda, são equiparadas às pessoas jurídicas.

§ 1º São empresas individuais:

I – as firmas individuais;

II – as pessoas físicas que, em nome individual, explorem, habitual ou profissionalmente, qualquer atividade econômica de natureza civil ou comercial, com o fim especulativo de lucro, mediante venda a terceiros de bens ou serviços;

III – as pessoas físicas que promoverem a incorporação de prédios em condomínio ou loteamento de terrenos, nos termos da Seção II deste Capítulo.

15.3 LUCRO REAL

15.3.1 Pessoas Jurídicas Obrigadas à Apuração do IR pelo Lucro Real

A legislação do IR determina que é obrigatória a apuração pelo regime do lucro real, para as seguintes pessoas jurídicas, relacionadas no art. 246 do RIR, com a nova redação dada pela Lei nº 10.637/02:

Art. 246. Estão obrigadas à apuração do lucro real as pessoas jurídicas:

---

[59] A LC nº 128/08, que introduziu modificações na LC nº 123/06, criou, para empresas individuais com receita anual de até R$ 60.000,00 (valor atualizado pela LC nº 139/11), a categoria de MEI (Microempreendedor Individual). Essa categoria recolhe os impostos e contribuições em valores fixos conforme exposto no Capítulo 5, item 5.1.3.

PARTE APLICADA • Cap. 15 • ALTERNATIVAS TRIBUTÁRIAS PARA AS MPES | **235**

I – cuja receita total, no ano-calendário anterior, seja superior ao limite de R$ 78.000.000,00 (setenta e oito milhões de reais) ou proporcional ao número de meses do período, quando inferior a 12 (doze) meses;

II – cujas atividades sejam de bancos comerciais, bancos de investimento, bancos de desenvolvimento, caixas econômicas, sociedades de crédito, financiamento e investimento, sociedades de crédito imobiliário, sociedades corretoras de títulos, valores mobiliários e câmbio, distribuidores de títulos e valores mobiliários, empresas de arrendamento mercantil, cooperativas de crédito, empresas de seguros privados e de capitalização e entidades de previdência privada aberta;

III – que tiverem lucros, rendimentos ou ganhos de capital oriundos do exterior;

IV – que autorizadas pela legislação tributária, usufruam de benefícios fiscais relativos à isenção ou redução do imposto;

V – que, no decorrer do ano-calendário, tenham efetuado pagamento mensal pelo regime de estimativa, na forma do art. 222;

VI – que explorem as atividades de prestação cumulativa e contínua de serviços de assessoria creditícia, mercadológica, gestão de crédito, seleção e riscos, administração de contas a pagar e a receber, compras de direitos creditórios resultantes de vendas mercantis a prazo ou de prestação de serviços (*factoring*).

15.3.2 Base de Cálculo

O lucro real é apurado a partir do resultado contábil do período-base, que pode ser positivo (lucro) ou negativo (prejuízo). Logo, pressupõe escrituração contábil regular e mensal.

O art. 247 do RIR expressa o conceito fiscal de lucro real:

Art. 247. Lucro real é o lucro líquido do período de apuração ajustado pelas adições, exclusões ou compensações prescritas ou autorizadas por este Decreto.

§ 1º A determinação do lucro real será precedida da apuração do lucro líquido de cada período de apuração com observância das disposições das leis comerciais.

Os preceitos da lei comercial a que se refere esse artigo estão contidos na Lei nº 6.404/76 (Lei das Sociedades por Ações) que, em relação à apuração do

236 | As Micro e Pequenas Empresas e o Simples Nacional • Fabretti

lucro líquido, estão expressos no art. 187, relativo à demonstração do resultado do exercício.

15.3.3 Compensação de Prejuízos Fiscais

A Lei nº 8.981/95, em seu art. 42, limitou a compensação dos prejuízos fiscais em 30% do lucro ajustado, ou seja, o resultado do exercício ajustado com as adições e exclusões prescritas ou autorizadas em lei.

As disposições desse artigo foram complementadas pelo art. 15 da Lei nº 9.065/95:

> Art. 15. O prejuízo fiscal apurado a partir do encerramento do ano-calendário de 1995 poderá ser compensado, cumulativamente com os prejuízos fiscais apurados até 31 de dezembro de 1994, com o lucro líquido ajustado pelas adições e exclusões previstas na legislação do Imposto de Renda, observado o limite máximo, para a compensação, de trinta por cento do referido lucro líquido ajustado.
>
> Parágrafo único. O disposto deste artigo somente se aplica às pessoas jurídicas que mantiverem os livros e documentos, exigidos pela legislação fiscal, comprobatórios do montante do prejuízo fiscal utilizado para a compensação.

Essa limitação é polêmica, pois o prejuízo (resultado negativo) é redução do patrimônio líquido que só se recompõe após obter resultados positivos que superem o negativo, recompondo, dessa forma, o patrimônio líquido.

Só após a recomposição do patrimônio líquido é que os resultados positivos aumentam o patrimônio líquido e são considerados lucros.

Por exemplo:

31-12-94 – Resultado Negativo (Prejuízo) de 80.000

Patrimônio Líquido		
Capital	200.000	
– Prejuízo 94	(80.000)	120.000
31-12-95 Resultado positivo	110.000	

Patrimônio líquido

Capital	200.000	
Prejuízo 94	(80.000)	
+ Resultado 95	<u>110.000)</u>	<u>230.000</u>

Logo, na realidade do resultado positivo (110.000), a parcela até 80.000 apenas repõe o patrimônio líquido na situação inicial, ou seja, capital 200.000. Somente o excedente dessa reposição é que é renda do sentido de acréscimo de patrimônio líquido.

Em resumo: compensado o prejuízo anterior, o lucro é de 30.000.

Pela legislação vigente até 31-12-94, o prejuízo podia ser compensado até o limite do lucro. Pela legislação vigente a partir de 1995, do resultado de 1995, só serão compensados 30%, ou seja:

Lucro líquido (IR) de 1995	110.000
+ Adições	8.000
– Exclusões	(6.000)
Lucro ajustado	112.000
– Compensação 30%	(33.600)
Lucro real	78.400

Ocorre, porém, que, entre o lucro real apurado pela nova regra de compensação do prejuízo e o resultado econômico "renda" (78.400 – 30.000), existe uma diferença a maior de 48.400, que, de fato, é tributação sobre o patrimônio e não sobre a renda.

O IR nos termos da CF é um imposto sobre a renda e proventos (art. 153, inciso III).

Logo, não pode incidir sobre parcela do patrimônio, o que é inconstitucional e indevido.

No exemplo, a diferença de tributação à alíquota de 15% é a seguinte:

IR 15% do Lucro real de 78.400	= 1.760
IR 15% s/ Lucro efetivo de 30.000	= 4.500
Diferença	= 7.260

Relação percentual: $11.760 : 4.500 - 1 \times 100 = 161,33\%$

As Micro e Pequenas Empresas e o Simples Nacional • Fabretti

Ou seja, a empresa está pagando 161,33% a mais do que o IR realmente devido.

Enquanto não for realizada uma reforma tributária eficaz, o contribuinte estará sempre sujeito aos malabarismos tributários que o Governo pratica no final de cada ano para atender ao déficit das contas públicas, que continua crescendo.

15.3.4 Custos e Despesas Operacionais – Limitações

Na escrituração contábil, todos os custos e despesas devem ser deduzidos da receita líquida de vendas para a apuração do lucro operacional, desde que devidamente comprovados a critério da administração da empresa e de acordo com a legislação comercial. Todavia, o IR estabelece critérios, limitações e parâmetros para aceitar determinado custo ou despesa como dedutível para fins da apuração do lucro real.

Assim, os custos e despesas admitidos na escrituração contábil pelos critérios estabelecidos pela administração da empresa serão contabilizados e o resultado será aprovado ou não pela diretoria, sócios ou acionistas. Entretanto, para o IR, os custos e despesas que excederem os limites ou parâmetros fixados serão adicionados ao lucro contábil, por meio de registros, cálculos e demonstrações no Lalur (portanto de forma extracontábil), para fins puramente tributários.

Atualmente, com a introdução do regime do Sistema Público de Escrituração Digital, essa escrituração ocorre no E-Lalur.

15.3.5 Custos

Para a correta apuração do custo, um dos fatores fundamentais é o método de avaliação de estoques. Ao final de cada período de apuração, a pessoa jurídica deverá promover o levantamento e a avaliação de seus estoques, ou seja, trimestralmente.

O contribuinte deve manter sistema de custo integrado e coordenado com o restante da escrituração contábil, assim entendido aquele que:

- Apoiado em valores originados da escrituração contábil (matéria-prima, mão de obra direta, custos gerais de fabricação).

- Permita determinação contábil, ao fim de cada mês, do valor dos estoques de matérias-primas e outros materiais, produtos em elaboração e produtos acabados.

- Apoiado em livros auxiliares, ou fichas, ou formulários contínuos, ou mapas de apropriação ou rateio, tidos em boa guarda e de registros coincidentes com aqueles constantes da escrituração principal.

PARTE APLICADA • Cap. 15 • ALTERNATIVAS TRIBUTÁRIAS PARA AS MPES | **239**

- Permite avaliar os estoques existentes na data de encerramento do período-base de apropriação de resultado, segundo os custos efetivamente incorridos.

Se o contribuinte não tiver esse sistema de custo integrado e coordenado com o restante da escrituração contábil, o IR determina que os estoques sejam avaliados da seguinte forma:

a) Matéria-prima, mercadorias e bens de almoxarifado, pelo custo de aquisição.

b) Os produtos em elaboração: I) por uma vez e meia o maior custo das matérias-primas adquiridas no período-base; ou II) em 80% do preço do valor dos produtos acabados determinados na forma do item c.

c) Os produtos acabados: em 70% do maior preço de venda do período-base.[60]

Esses estoques devem ser registrados no livro de Registro de Inventário, no encerramento de cada período de apuração.

15.3.6 Tributos e Multas

A partir do ano-calendário de 1995, os tributos voltaram a ser dedutíveis, na determinação do lucro real, segundo o regime de competência, ressalvados os tributos cuja exigibilidade esteja suspensa nos termos do art. 151 do CTN, por seu depósito judicial ou pela concessão de medida liminar em mandado de segurança (haja ou não depósito judicial).

Assim, se a empresa está questionando na Justiça algum tributo, este não pode ser deduzido como despesa, já que sua exigibilidade está suspensa nos termos do art. 151 do CTN.

Os depósitos judiciais feitos em garantia devem ser contabilizados no ativo circulante, no grupo de despesas antecipadas, em conta de depósitos judiciais, pois o resultado está pendente de uma decisão judicial.

Se a empresa perder, a Justiça determinará a conversão desse depósito em renda da Fazenda Pública, na forma do art. 156, inciso VI, do CTN. Após essa determinação judicial, a empresa poderá contabilizar esse valor, corrigido até essa data, como despesa efetiva.

---

[60]   b = 80% de 70%, ou seja, 56%.

240 | As Micro e Pequenas Empresas e o Simples Nacional • Fabretti

Se a empresa vencer, vai obter autorização judicial para levantar esses depósitos, que retornarão a seu ativo circulante, como disponibilidade, em caixa ou depósitos bancários, e, portanto, não se efetivou como despesa.

O IR (tributo direto) não é dedutível como despesa, tanto que o IRPJ é provisionado após a apuração do lucro contábil. Seu valor é levado a uma conta de provisão para o IRPJ, no passivo circulante, registrado, portanto, como exigibilidade, obrigação, dívida fiscal da empresa.

Se a empresa devia reter o IRF sobre os rendimentos como fonte (responsável) e não o fez, arcará com esse imposto, que passa a ser de sua obrigação, onerado, ainda mais, pelo fato de não poder deduzir essa despesa na apuração do lucro real.

Ao adquirir bens para o ativo fixo, a empresa, a seu critério, pode ativar o total pago na aquisição, para posterior depreciação, ou levar diretamente para despesa tributária os tributos pagos (II, IPI, ICMS), ativando somente o custo líquido do bem, deduzido desses tributos.

Dispõe ainda o art. 344 do RIR:

> § 5º Não são dedutíveis, como custo ou despesas operacionais, as multas por infrações fiscais, salvo as de natureza compensatória e as impostas por infrações de que não resultem falta ou insuficiência de pagamento de tributo.

Por essa determinação, o IR acrescenta mais um castigo a quem cometeu infração fiscal. Além de pagar multa sobre o valor do débito, sofre uma segunda penalidade: não pode deduzir a multa como despesa.

Em outras palavras, vai adicionar ao resultado do exercício mais uma despesa tributária (multa) sobre a qual incidirá o IRPJ.

Ressalte-se, entretanto, que a lei só não permite a dedutibilidade de multas por infrações fiscais. Assim, a empresa, ao realizar suas vendas, pode ter cumprido todas as obrigações acessórias (emitiu nota fiscal, escriturou, no caso do ICMS, o Registro de Saídas; apurou o imposto devido no encerramento de cada período; escriturou o livro de Apuração do ICMS; prestou as informações cabíveis pelo preenchimento da Guia de Informação e Apuração – GIA e a entregou no prazo legal).

Entretanto, por dificuldades de caixa, não conseguiu recolher o ICMS no prazo.

Ao recolher esse tributo atrasado, corrigido, pela Unidade Fiscal do Estado de São Paulo (Ufesp), pagará uma multa de mora, ou seja, uma compensação

PARTE APLICADA • Cap. 15 • ALTERNATIVAS TRIBUTÁRIAS PARA AS MPES | **241**

ao Fisco pela demora. É claro que no caso não houve infração fiscal, já que a legislação foi integralmente cumprida no que se refere às obrigações acessórias.

A multa de mora paga é de natureza compensatória, ressalvada no § 5º, "salvo as de natureza compensatória". Da mesma forma, uma multa de trânsito (caminhão de entrega estacionou em local proibido) não é multa por infração fiscal. É multa por infração às normas que regulam o trânsito de veículos, portanto, de Direito Administrativo e não de Direito Tributário.

Assim, se os inspetores do trabalho multarem a empresa por infração à CLT (por exemplo: infrações às disposições relativas à higiene e segurança do trabalho), essa infração não é de natureza tributária, mas trabalhista. Não está na área do Direito Tributário, mas na área do Direito do Trabalho. Logo, as multas não dedutíveis são as impostas por infração fiscal devidamente formalizada por auto de infração e da qual resultou "falta ou insuficiência do pagamento do tributo".

Em razão de todo o exposto, pode-se concluir que as multas fiscais meramente compensatórias (multa de mora, isto é, pelo atraso no pagamento), as multas de trânsito, trabalhistas e todas as que não se referem à matéria tributária são dedutíveis como despesa, pela ressalva expressamente consignada no § 5º do art. 344 do RIR.

15.3.7 Outras Limitações

15.3.7.1 Perdas por Desfalque, Apropriação Indébita ou Furto

As perdas por desfalque, furto ou apropriação indébita, praticadas por empregado ou por terceiros, só são dedutíveis para o IR se houver inquérito instaurado nos termos da legislação trabalhista ou queixa à autoridade policial.

15.3.7.2 Pagamentos sem Causa ou a Beneficiário Não Identificado

Não são dedutíveis as despesas referentes a pagamentos sem que se demonstre sua causa. Exemplo: comissões pagas a representantes sem especificar as notas fiscais das vendas a que ela se refere.

Também não são dedutíveis as despesas pagas a beneficiário não identificado, ou seja, quando no respectivo documento não constar o CPF ou CNPJ do beneficiário.

São consideradas documentos de identificação fiscal do contribuinte as inscrições no CPF para a pessoa física e no CNPJ para a pessoa jurídica.

15.3.7.3 Provisões

Somente são dedutíveis as provisões, para pagamento de férias e décimo terceiro salário a empregados e as provisões técnicas das companhias de seguro e de capitalização e das entidades da previdência privada, cuja constituição é exigida pela legislação especial a elas aplicáveis. Logo, não são dedutíveis outras provisões, como, por exemplo, de ajuste de estoques a valor de mercado; para perdas em investimentos etc. Estas últimas são provisões recomendáveis pela convenção contábil do conservadorismo ou da prudência; portanto, é recomendável que a empresa as contabilize e as deduza do resultado contábil, adicionando-as, porém, ao lucro líquido apurado para efeito de determinação do lucro real e da base de cálculo da CSL.

15.3.7.4 Arrendamento Mercantil e Aluguel

Não são dedutíveis, para efeito de determinação do lucro real e de base de cálculo da CSL, as contraprestações de arrendamento mercantil ou aluguel de bens imóveis não relacionadas intrinsecamente com a produção ou comercialização. Entretanto, o cálculo e a análise dos custos de produção são feitos pela administração, bem como o controle das despesas de comercialização, sem falar em orçamento empresarial e outras ferramentas de administração.

15.3.7.5 Custos e Despesas Gerais

Também não serão dedutíveis as despesas de depreciação, amortização, manutenção, reparo, conservação, impostos, taxas, seguros e quaisquer outros gastos com bens móveis ou imóveis, exceto se intrinsecamente relacionados com a produção ou comercialização dos bens ou serviços.

15.3.7.6 Despesas com Alimentação

Não são dedutíveis as despesas com alimentação de sócios, acionistas e administradores. Essa norma, de fato, procura coibir abusos que se verificam em certas empresas, a título de representação. Entretanto, é sabido que faz parte dos negócios a participação em almoços ou jantares com clientes, onde se resolvem e consolidam negócios iniciados nos gabinetes.

Note-se que essa norma não proíbe as despesas de representação feitas por vendedores, representantes comerciais, gerentes de vendas etc. Todavia, serão admitidas como dedutíveis as despesas com alimentação fornecida pela pessoa jurídica, indistintamente, a todos os seus empregados.

PARTE APLICADA • Cap. 15 • ALTERNATIVAS TRIBUTÁRIAS PARA AS MPES | **243**

15.3.7.7 Contribuições Não Compulsórias

A lei permite apenas a dedução de contribuições não compulsórias destinadas a custear seguros e planos de saúde, bem como benefícios complementares aos da previdência social instituídos a favor dos empregados e dirigentes da pessoa jurídica.

Note-se que a expressão *dirigentes* refere-se às pessoas em efetivo exercício da administração da empresa. Não alcança sócios ou acionistas que apenas participam dos lucros, sem qualquer prestação efetiva de trabalho na gestão da empresa.

15.3.7.8 Doações

A dedutibilidade das despesas com doações foi limitada exclusivamente às seguintes:

a) projetos de natureza cultural aprovados pelo Pronac;

b) instituições de ensino e pesquisa sem finalidade lucrativa, cuja criação tenha sido autorizada por lei federal, que preencham os requisitos dos incisos I e II do art. 213 da CF, respeitado o limite de 1,5% (um e meio por cento) do lucro operacional, antes de computada sua dedução e a de que trata a letra c, a seguir;

c) entidades civis sem fins lucrativos, legalmente constituídas no Brasil, que prestem serviços gratuitos em benefício de empregados da pessoa jurídica doadora, e respectivos dependentes, ou em benefício da comunidade onde atuem, respeitado o limite de 2% (dois por cento) do lucro operacional, antes de computada essa dedução, e observadas as seguintes regras:

• as doações em dinheiro serão feitas mediante crédito em conta corrente bancária diretamente em nome da entidade beneficiária;

• a doadora manterá em arquivo declaração da beneficiária, em modelo aprovado pela Secretaria da Receita Federal, de que aplicará integralmente os recursos recebidos na realização de seus objetivos sociais, com identificação da pessoa física responsável por seu cumprimento, e de que não distribuirá lucros, bonificações ou vantagens a dirigentes, mantenedores ou associados, por nenhuma forma ou pretexto;

• a entidade civil beneficiária deverá ser reconhecida de utilidade pública por ato formal de órgão competente da União.

244 | As Micro e Pequenas Empresas e o Simples Nacional • Fabretti

Observe-se que essas normas são altamente moralizadoras e impedirão práticas de sonegação e desvio de recursos, ocorridos nos últimos anos e que são de conhecimento público.

15.3.7.9 Brindes

Não são mais dedutíveis, para efeito de apuração do lucro real, as despesas com brindes.

Portanto, se deduzidas na escrituração contábil com despesa, devem ser adicionadas ao lucro líquido para efeito de determinação do lucro real.

15.3.7.10 Contribuições para a Previdência Privada e para o Fundo de Aposentadoria Programada Individual – FAPI

A legislação do Imposto de Renda procura sempre aumentar sua arrecadação, impondo cada vez mais limites à dedução de despesas para fins de determinação do lucro real e da base de cálculo da contribuição social sobre o lucro.

A lei limita o valor das despesas com contribuições para a previdência privada (art. 13, V, da Lei nº 9.249/95) e os Fundos de Aposentadoria Programada Individual – FAPI (Lei nº 9.477/97), cujo ônus seja da pessoa jurídica, a 20% do total dos salários dos empregados e da remuneração dos dirigentes da empresa vinculados ao respectivo plano.

Por exemplo:

Folha de salários		120.000
Remuneração de dirigentes		60.000
Total		180.000
Limite dedutível 20%	36.000	
Despesas com o FAPI	41.000	
– Limite	(36.000)	
Excesso	5.000	

O excesso de despesa deve ser adicionado ao lucro líquido para efeito de determinação do lucro real. O mesmo excesso deve também ser adicionado ao lucro líquido para a determinação da base de cálculo da CSL. A diferença de conceito de lucro líquido para a Lei das Sociedades por Ações e para a legislação do IRPJ já foi comentada.

15.3.8 Estudo de Caso

Apresenta-se, a seguir, um caso-base para estudo e aplicação das normas do IR.

Como já se expôs, a apuração pelo lucro real é a regra geral do IR. Seus cálculos são feitos a partir dos elementos fornecidos pela escrituração contábil.

O caso-base a seguir exposto apresenta apenas os valores da Demonstração do Resultado, que são os parâmetros utilizados pela legislação do IR para determinar o lucro real e apurar o IR, Adicional e CSL devidos.

Os valores referem-se ao resultado contábil de um trimestre, que é o período de apuração previsto no art. 220 do RIR, como regra geral.

São destacados da demonstração do resultado do período de apuração os seguintes valores:

Receita bruta	1.000.000
Lucro operacional	250.000
Receita não operacional	10.000
Lucro antes do IR/CSL	260.000

Ajustes (art. 249 do RIR):

1. Nas despesas operacionais estão contidas as seguintes verbas:

Donativos	8.000
Brindes	3.000
Multa por infração fiscal	10.160
Multa de trânsito	800
Multa trabalhista	1.200
Desfalque (sem inquérito policial)	4.000
Multa de mora	1.500

2. A receita não operacional refere-se a dividendos avaliados pelo custo de aquisição.

3. O prejuízo fiscal anterior é de 100.000

Resolução do caso-base:

1ª etapa: Verificar se os donativos excedem o limite legal.

O donativo foi feito à entidade civil de beneficência que atende todos os requisitos exigidos pela lei.

O art. 365 do RIR limita essa doação até 2% do lucro operacional, antes dessa dedução.

Logo:

Lucro operacional	250.000
+ Donativo	8.000
Base de cálculo	258.000

Limite 2% de 258.000 = 5.160

Cálculo do excesso:

Donativo	8.000
– Limite	(5.160)
Excesso tributável	2.840

2ª etapa: Adicionar os valores não dedutíveis.

Excesso de donativos	2.840
Brindes – item 15.7.3.9	3.000
Multa por infração fiscal – item 15.3.6	10.160
Desfalque – item 15.3.7.1	3.000
Total das adições	20.000[61]

3ª etapa: Excluir os valores permitidos.

Dividendos	(2.000)

4ª etapa: Determinar o lucro ajustado, que é base de cálculo para compensação dos prejuízos.

---

[61] Não foram adicionadas as multas de trânsito e de mora, que salvo melhor juízo são dedutíveis.

Lucro antes do IR e CSL	260.000
+ adições	20.000
– exclusões	(10.000)
Lucro ajustado	270.000

5ª etapa: Compensação do prejuízo fiscal.

30% de 270.000	(81.000)
Lucro real	189.000
a) IR 15%	28.350
b) Adicional:	
189.000 – 60.000 = 129.000 × 10%	12.900
c) CSL 9%	17.100

Tributação total a + b + c = 60.150

60.150 : 260.000 × 100 = 23,13%

15.3.9 Provisão para o IR

O lucro real é apurado à parte da contabilidade, no Livro de Apuração do Lucro Real – LALUR.

Sobre o valor apurado aplica-se a alíquota de 15% do IR e, se for o caso, o respectivo adicional.

O total do IR devido (IR + Adicional) e da CSL deve ser provisionado na contabilidade, abatendo-se seu valor do lucro por meio de débito na conta de resultado, tendo como contrapartida o crédito na conta de provisão para IRPJ, que representa a obrigação de pagar esses tributos, no passivo circulante.

15.4 LUCRO PRESUMIDO

15.4.1 Introdução

As MPEs, principalmente as prestadoras de serviços que devem ser tributadas pelos Anexos III a V, com alíquotas variáveis que são bem elevadas, podem concluir que não há vantagem em optar pelo Simples Nacional.

15.4.2 Conceito de Lucro Presumido

O lucro presumido também é um conceito fiscal. Tem por finalidade facilitar o pagamento do IR e CSLL pelo empresário, sem ter que recorrer à complexa sistemática de apuração pelo lucro real, que pressupõe contabilidade bem organizada e eficaz, ou seja, capaz de apurar o resultado trimestral antes do último dia útil do mês subsequente ao encerramento do trimestre.

15.4.3 Condições para Opção pelo Lucro Presumido

Podem optar pelo lucro presumido apenas as pessoas jurídicas que não estejam obrigadas, por lei, à apuração pelo lucro real (art. 14 da Lei nº 9.718/98).

São obrigadas à apuração pelo lucro real, a partir de 1º-1-1999, as seguintes pessoas jurídicas:

I – cuja receita bruta total (operacional e não operacional) tiver ultrapassado, no ano-calendário anterior, o limite correspondente a R$ 78.000.000,00;

O limite é proporcional ao período de atividade da pessoa jurídica.

Assim, o limite é proporcional ao número de meses de funcionamento quando este for inferior a 12 meses. O limite mensal é de R$ 6.500.000,00. Uma empresa que começou suas atividades em setembro do ano-calendário anterior terá limite de 4 × 6.500.000,00 = 26.000.000,00;

II – instituições financeiras: bancos comerciais, bancos de investimentos, bancos de desenvolvimento, caixas econômicas, sociedades de crédito imobiliário, sociedades corretoras ou distribuidoras de títulos e valores mobiliários, empresas de arrendamento mercantil, cooperativas de crédito, empresas de seguros privados e de capitalização e entidades de previdência privada aberta;

III – que tiverem lucros, rendimentos ou ganhos de capital obtidos no exterior;

IV – que, autorizadas pela legislação tributária, usufruam de benefícios fiscais relativos à isenção ou redução do imposto;

V – que, no decorrer do ano-calendário, tenham efetuado pagamento mensal pelo regime de estimativa, na forma do art. 2º da Lei nº 9.430/96;

VI – que exploram as atividades de prestação cumulativa e contínua de serviços de assessoria creditícia, mercadológica, gestão de crédito, seleção e riscos, administração de contas a pagar e a receber, compras de direitos creditórios resultantes de vendas mercantis a prazo ou de prestação de serviços (*factoring*).

Parte Aplicada • Cap. 15 • ALTERNATIVAS TRIBUTÁRIAS PARA AS MPES **249**

15.4.4 Percentuais de Presunção

Os percentuais de presunção do lucro são os seguintes:[62]

* Para as atividades comercial, industrial, transporte da carga e serviços hospitalares   8%
* Para a revenda, para consumo de combustível derivado de petróleo, álcool etílico carburante e gás natural   1,6%

Para a prestação de serviços

* Faturamento anual até 120.000,00   16%
* Superior a 120.000,00 anual   32%
* Transporte (exceto carga)   16%

15.4.5 Apuração do Resultado Trimestral

I – Imposto de Renda

A base de cálculo do IR trimestral deve ser apurada da seguinte forma:

a) Lucro presumido

Determinado mediante a aplicação do percentual de presunção do lucro correspondente à atividade da pessoa jurídica, sobre a receita bruta mensal (faturamento), que no caso será de serviços.

b) Adicionar o ganho de capital na alienação de bens do ativo fixo e demais receitas financeiras.

---

[62]   1. As sociedades prestadoras de serviços de profissão regulamentada, mesmo com receita anual inferior a 120.000,00, estão sujeitas ao percentual de 32%.

2. Também estão sempre sujeitas ao percentual de 32% as seguintes atividades:

a) intermediação de negócios;

b) administração, locação ou cessão de bens imóveis, móveis e direitos de qualquer natureza.

Exemplo: A empresa X apresenta no primeiro trimestre os seguintes dados:

Receita bruta do trimestre:

a) Serviços	600.000
Venda do ativo fixo:	
Venda de máquina	50.000
(–) Custo corrigido	(48.000)
b) Ganho de capital	2.000
(+) Juros de mora	250
(+) Ganhos líquidos de renda variável	200
(+) Aplicação de renda fixa	550
c) Total de receitas financeiras	1.000
RECEITA TOTAL	603.000
Determinação do IR:	
Serviços 600.000 × 32% =	192.000
(+) Ganhos de capital	2.000
(+) Receitas financeiras	1.000
Base de cálculo do IR	195.000
IR 15% × 195.000 = 29.250[63]	

II – Contribuição Social s/ Lucro Líquido

No regime de apuração pelo lucro presumido, a base de cálculo da CSLL também é apurada de forma presumida, ou seja, pela aplicação do percentual de 12% sobre a receita de vendas e na maioria dos serviços 32%.

---

[63] No caso, não incide adicional pelo fato de o lucro presumido ser inferior ao limite de 60.000 trimestral.

No presente caso, temos:

Serviços	600.000
Ganhos de capital	2.000
Receitas financeiras	<u>1.000</u>
Receita total	603.000
% PRESUMIDA 32% de 600.000 =	192.000
(+) Ganho de capital	2.000
(+) Receitas financeiras	<u>1.000</u>
BASE DE CÁLCULO	<u>195.000</u>
CSL = 9% × 195.000 =	17.550
TRIBUTAÇÃO TOTAL	
IR	29.250
CSL	<u>17.550</u>
Total	**46.800**

A apuração do IRPJ e da CSLL, pelo regime do lucro presumido, é trimestral como o recolhimento do Simples Nacional é mensal; para efeito de comparação, deve-se usar a média mensal do lucro presumido, ou seja:

46.800 : 3 = 15.600

Uma vantagem financeira para as MPEs é que o lucro presumido é apurado trimestralmente e seu pagamento é até o último dia do mês subsequente ao da *apuração*. Já o Simples Nacional é de apuração e pagamento mensal.

No caso deste exemplo, verifica-se que a tributação mensal será de:

IRPJ/CSLL	15.600
ISS 5% de 200.000 receita média do mês	<u>10.000</u>
TRIBUTAÇÃO DO MÊS	25.600
25.600 : 200.000 = 0,128 × 100 = 12,8%	

15.5 DISTRIBUIÇÃO DE LUCROS ISENTA

Seja no regime do lucro presumido ou real, a distribuição de lucros entre os sócios tem um limite para isenção do Imposto de Renda da Pessoa Física (art. 10

da Lei nº 9.249, de 1995, base legal dos arts. 654, 662 e 666 do RIR/99 – Decreto nº 3.000/99).[64]

No lucro real, o limite é o lucro líquido contábil após a provisão para o Imposto de Renda e a Contribuição Social sobre o Lucro ou o Lucro Real apurado. Para que o contribuinte realize a opção pela distribuição do lucro contábil é imprescindível que a sua escrituração contábil e fiscal esteja em perfeita ordem.

Para o lucro presumido, o limite corresponde ao próprio lucro presumido obtido conforme os cálculos demonstrados anteriormente, subtraindo-se dele todos os impostos e contribuições incidentes sobre as atividades da pessoa jurídica.

Também há a possibilidade de distribuição de lucro contábil desde que a pessoa jurídica mantenha sua escrituração em ordem.

Exemplo: Sociedade com quatro sócios com as seguintes participações no lucro:

Sócio A = 40%

Sócio B = 30%

Sócio C = 20%

Sócio D = 10%

Considerando-se que o lucro apurado conforme determinação legal seja de R$ 1.000.000,00, cada sócio terá direito a retirar os valores a seguir, a título de lucro distribuído, sem o pagamento do IRPF.

Sócio A = R$ 400.000,00

Sócio B = R$ 300.000,00

Sócio C = R$ 200.000,00

Sócio D = R$ 100.000,00

---

[64] A isenção não abrange pró-labore, aluguéis e remunerações por serviços prestados ou outros valores pagos.